企业管理咨询

理论与实践

沈柏亮 著

西安交通大学出版社
XI'AN JIAOTONG UNIVERSITY PRESS
国家一级出版社
全国百佳图书出版单位

内容提要

本书选载了 1986—2017 年期间，作者在新疆机械电子工业厅、新疆大学、新疆财经大学、新疆咨询业联合会工作期间所发表的一部分文章、咨询案例、演讲和报告。

本书分四个部分，内容包括：企业管理咨询理论与咨询案例篇，赴企业调查与研究篇，专题研究与报告篇，访谈录篇。

本书对相关行业管理部门和管理企业领导、企业管理咨询工作者以及大专院校师生，都有很好的参考价值。

图书在版编目（CIP）数据

企业管理咨询理论与实践 / 沈柏亮著. — 西安：西安交通大学出版社，2019.12

ISBN 978-7-5693-1572-1

Ⅰ. ①企… Ⅱ. ①沈… Ⅲ. ①企业管理-咨询 Ⅳ. ①F272

中国版本图书馆 CIP 数据核字（2019）第 287402 号

书　　名 企业管理咨询理论与实践
著　　者 沈柏亮
责任编辑 袁　娟

出版发行 西安交通大学出版社
（西安市兴庆南路 1 号　邮政编码 710048）
网　　址 http://www.xjtupress.com
电　　话 (029)82668357　82667874（发行中心）
(029)82668315（总编办）
传　　真 (029)82668280
印　　刷 西安五星印刷有限公司

开　　本 700mm×1000mm　1/16　**印张** 15.875　**字数** 331 千字
版次印次 2020 年 6 月第 1 版　2022 年 3 月第 1 次印刷
书　　号 ISBN 978-7-5693-1572-1
定　　价 98.00 元

读者购书、书店添货，或发现印装质量问题，请与本社发行中心联系、调换。
订购热线：(029)82665248　(029)82665249
投稿热线：(029)82668133　(029)82665379
读者信箱：xj_rwjg@126.com

写下这些文字，是一种感谢。

感谢引我走上职业之路的一双双温暖的手，每一段经历都是值得我珍惜的财富，也感谢一路上遇到的所有人和事！

——沈柏亮

序

新疆咨询业联合会沈柏亮同志请我为其《企业管理咨询理论与实践》一书作序，我很乐意。

回想起来，我与沈柏亮相识已有十几年，我们是在企业管理咨询业务的工作和交流中认识的。先是2006年下半年，我在新疆经济和信息化委员会担任副主任期间，沈柏亮担任原新疆机械电子工业厅新疆机械电子工业协会专职秘书长一职，又担任了新疆经济和信息化委员会直管的新疆咨询业联合会党支部书记、常务副会长兼秘书长，我们有过很多直接的业务联系；后来我调到新疆财经大学工作，又遇到他受聘担任新疆财经大学客座教授、硕士生导师，并多年担任MBA学院学位论文答辩委员会主席。在我的印象中，这是一位在新疆工业企业管理咨询领域享有声望的咨询专家，他有长年的实际工作经验，参与了很多行业政策和规划制定，承担了大量政府部门安排的专业评审、检查验收、专题调研工作，多次受组织委托带队去国外考察，去内地先进企业参观学习，同时，也为企业做咨询和培训，为新疆大学和新疆财经大学学生讲授现代企业管理专业课并担任研究生导师。这些，都能通过这本书的内容反映出来。

看到了他的个人简介，才准确地知道，沈柏亮同志是1966年来疆工作的上海支边青年，有44年工龄。2010年9月他在机关退休后继续在咨询业联合会工作至今，算起来在新疆工作有53年之久，可谓将毕生精力献给了新疆工业现代化建设事业，真是令人肃然起敬，也不免让我感慨万分。新疆是多民族的边疆地区，经济文化发展相对落后。新中国成立后，新疆之所以能够紧跟全国发展步伐建设起现代工业体系，特别是在机械电子制造业方面取得了令全国瞩目的成就，离不开一大批像沈柏亮这样各行业、各领域汉族业务骨干的专业奉献，他们是新疆工业现代化事业的积极推动者，是新疆民族团结进步事业的奉献者，是当之无愧的新疆“儿子娃娃”！

这本书是沈柏亮一生工作实践和学习研究的成果精选，既是给新疆企业管理工作者的一本良书，也是新疆以机械电子制造业为主的工业企业管理现代化进程的侧面描述，业内人士和大专院校学生读来也不无裨益。希望有更多的同志能读到这本书。

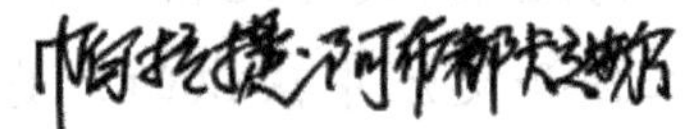

（新疆财经大学党委副书记、校长）

2019 年 3 月 16 日

目 录

第一部分

企业管理咨询理论与咨询案例篇

第一章

企业管理咨询理论简述[①]

第一节 企业管理咨询概述

通俗地讲，企业咨询就是给企业看病。企业咨询与人体诊断相比，大体是类似的，都是依据“病情”找出发病的部位和原因，然后开处方进行“治疗”。

第二次世界大战后，西方各国出现了一个新兴行业——技术与管理咨询，以公开交易的方式提供各种咨询服务，按工作任务的性质和时间长短收取费用。除了独立开业的咨询工程师和咨询专家外，还有许多中小规模的咨询公司，一些政府机构、大学、工业研究所和国际性机构也提供一部分咨询服务。某些设备和原材料供应商、情报机构和工程建筑承包商也从事这种咨询业务活动。管理咨询成了社会上的一种公开职业，从事这种职业的人还成立了专业协会和联合会，制定了一些规章条例，以保障其自身利益。

目前，西方各国提供的咨询服务包括以下五个方面：①设计和工艺；②技术；③经济；④企业管理；⑤人员培训。提供上述各方面服务的咨询专家或咨询公司一般来说具有广泛的专业知识和经验，而且在某一门或几门专业中掌握了一定的专门技术和技术秘密，具有解决问题和改进某些问题的能力。为了充分利用外界现有的知识和现成的经验，以加快经济发展的速度，西方各国的政府部门、公司和大型企业、财经机构、公用设施部门以及服务行业广泛采用咨询方式来解决一些疑难问题；各发展中国家为了加快工业发展的步伐，也充分利用这一途径来弥补其本国技术力量和专业技术的不足或空白。

西方各国向发展中国家提供的工业管理咨询有许多类型和方式：有的是向某国政府提供直接的援助，帮助他们制定总的工业发展计划指标、发展重点和程序；有的是向某一工业企业或行业提供具体的技术援助项目。

---

① 原载(有删改)：沈柏亮.企业管理咨询与案例研究[M].乌鲁木齐：新疆大学出版社，1998.

一、提供咨询服务的由来

20 世纪以来，西方各工业国在管理方面出现了许多新概念，尤其是工业部门。随着政治、经济和社会的发展变化，各国也面临许多管理方面的问题，如：某一公司或企业经营系统的设计和确定，总目标的制定和与之相适应的组织机构的设置，管理水平的提高，人事管理以及市场销售，等等。企业本身往往没有足够的时间和能力来解决上述各种问题，甚至对怎样解决这些问题在内部还有不同看法。因此，企业需要借助外界的技术咨询力量来出主意、当参谋。从管理领域来讲，提供技术咨询不能只限于解决纯属理论性、抽象性和技术性的问题，而是要针对问题性质提出拟采取的措施，以提高管理效率和经济效益。但一般来说咨询专家并不代表企业的管理部门采取行动。

对发展中国家的企业来说，取得管理方面的咨询服务尤为重要。因为这些企业在经济发展过程中面临最棘手的问题之一是管理问题。而通过管理方面的咨询服务可以帮助他们掌握必要的管理知识和技术，以充分发挥所引进的技术和设备的作用。

二、寻求外界咨询的原因

某些企业在管理方面之所以要取得外界的咨询援助，一般说来，有下列几种原因：

(1)随着组织机构的扩大和经营业务的发展，必然会产生一系列新问题，如筹措资金、增加工作量、规划问题、组织机构的复杂化以及内部如何加强联系等。

(2)有些企业，要解决的问题已找出，但本身不具备能力和条件来解决。管理层内部对已找到的问题持怀疑态度，意见分歧，争执不下，因而请外界人士当参谋，对实际情况做出全面客观的分析。

(3)企业自己寻求解决的办法失败，企图通过外界力量得到解决问题的一些新想法或新思路。

(4)随着经济的迅速发展，管理方面出现的问题，涉及的范围越来越广，而且变得更加复杂。当一个企业碰到某些不可能解决的问题时，需要借助外界咨询来解决。

三、提供管理咨询服务的范围和形式

外界咨询力量协助企业解决存在的问题，究竟要提供哪些咨询服务取决于咨询专家对问题的解决程度。一般是请咨询专家向客户提供他们所掌握的专门技术、专业知识和技术秘密；或者请他们对如何发挥组织机构的作用提出意见，提出改进方法、完善组织机构和工作程序的建设；还有一种是监督检查，通过全面检查，咨询专家使企业的管理部门在问题刚露头时就及时发现，并在没产生严重后果之前就采取纠正措施；另外还有一种是当企业的最高管理层更换时，对经营管理的各个环节进行一次总检，以评价企业的长处和不足，策划未来的发展。

我国从20世纪80年代后期开始引进和研究企业咨询学。三十几年来，伴随着对外开放、对内搞活，北京、上海、广州等陆续出现咨询服务公司。有一批中外合资企业和国有中小型企业应发展的需要纷纷请咨询机构来企业提供咨询服务，以帮助其提高经营管理水平。目前管理咨询服务有以下几种具体形式。

(1)一般性管理服务。其范围包括对一个企业进行目的研究、目标和政策研究、企业总的经营策略研究，以及组织建构、降低成本和提高利润、改进管理和优化薪酬的研究咨询等。

(2)生产率的研究。近年来，人们对这个问题的研究给予了较大的重视。有时人们也称之为工业工程学的研究。进行这项研究的目的是找到一些办法，使现有的设备、人力和物力得到最有效的利用。

这方面的研究有：研究工厂总体布置的合理性以确保最佳的材料流通和工作效果；制定合理的生产程序以保证劳动力的合理使用；建立必要的检验制度、生产标准、生产方法和生产进度以减少不合格的产品；防止原材料的浪费；订立安全措施，减少工伤事故；加强培训工作以提高工人的技术水平。

(3)物品的分布。这方面所提供的服务是对总的材料的控制，研究流通和储存系统的各个环节。如研究材料入库和材料运输，研究材料流通、储存、取货、发货、包装、订货处理，准备发货单据和经营报告，确定和设计供分布产品用的各种设备等。对有外贸出口权的企业来说，出口产品的有效分布特别重要，还有怎样使产品更有效地送到消费者手中的问题也很重要。

(4)市场销售。这方面的服务内容包括：销售策略和长远规划，产品系列规划，销售控制和程序，销售机构、销售人员的报酬，销售方法和销售费用，销售管理和办法，市场研究。市场研究指的是，通过代理商及代销机构、许可证贸易方式、合资经营方式来调查研究如何开辟新市场和寻找开展贸易的新伙伴，并搜集国际上的贸易动态和情报。

(5)行政管理和办事机构问题。该方面包括：研究办公机构的总体布置和部门设置，简化工作层次，计算工作量，配备职工名额，制定工作系统和设备，建立信件往来、文件报告和记录的管理制度，等等。

(6)会计和财务管理。这方面的服务主要指协助企业建立健全的会计制度。对新建的企业来说，帮助它们设置现代化的成本会计系统，对其财经政策提供咨询意见，建立更好的工作程序，并协助培训当地的会计人才，使其更有效地进行生产效率的分析研究、生产规划和控制、财务和预算控制等。

(7)介绍现代化管理手段。随着科学技术的发展，计算机为工业部门的决策处理了大量数据。管理咨询机构在处理政府机构或工业企业经营管理中涉及的许多变量的复杂系统时，还可以大量采用数学分析的办法，如协助受咨询单位采用“关键路线法（CPM）”“计划评审技术（PERT）”以及模拟分析等方法，为企业提供一系列新的管理思想、管理模式和管理方法。

(8)电子数据处理服务。研究现有电子数据处理系统的适应性、数据流的一体化，研究计算机应用的可行性，研究设备的规格和选用、成本管理和质量控制、机构人员配置等，培训专业人员。

第二节　企业管理咨询的作用及特点

一、企业管理咨询的作用

企业咨询以过程和知识为中心，通过咨询人员的诊断活动，结合企业所存在的问题，传授企业经营管理的先进技术和方法，从而提高企业素质和经济效益。企业咨询的主要作用有以下几方面。

1. 排除疑难

通过咨询，企业可以在短期内找出自身生产经营管理方面存在的问题，并及时获取经济合理的改进方案。

2. 改善素质

企业素质的高低与企业发展以及经营管理密切相关，因此企业咨询要把提高企业素质作为一个根本性问题加以重视。

3. 提高效益

企业通过咨询可以提高经济效益。咨询人员运用科学测定法及数据统计方法，对企业经营管理的现场情况摸得清，问题抓得准，原因查得明，改进措施有效，改进方案也就能认真落实，经济效益也就能得到明显提高。

二、企业管理咨询的特点

企业咨询是一项严谨而又系统的服务工作，它具有以下特点。

1. 科学性

科学性是企业咨询最基本的特点。企业咨询的整个过程既是运用科学方法进行调查、测定和分析的系统过程，也是向广大企业员工推广与传播现代科学管理方法的过程。

为了保证企业咨询的科学性，咨询人员应根据现场观察和测定，通过数据认真进行定量分析和评价，坚持一切以数据来说话的原则，体现科学求实精神。

2. 创造性

创造性，是企业咨询生命力的源泉。企业咨询全过程是面对现实、探索未来发展的过程，只有依靠高度的科学求实精神，才能制订出切实可靠的富有创造性的改善方案。这些方案主要包括：针对企业的现状，设计和推行企业新的发展战略、新的管理方法、新的规章制度；创新管理机构及其职能系统；设计和推行高效率的信息管理系统；开创新的培训体制；等等。这种富有创造性的改善意见，既要有充分的科学依据，又要有实现的可能。这就要求咨询人员通过艰苦努力求得成功。

3. 独立性

这里所谓的独立性，是指咨询人员具有一定的管理知识和实践经验，遇事要能独立思考，拿出处理的方法。这是咨询人员取得工作成效的基本功。一般来说，咨询人员应通过认真独立的思考，结合掌握到的大量材料，提出自己的见解。这里讲的咨询人员的独立思考，并不是主观臆断或偏听一部分同志的看法，更不是不管对错，只按照领导的意图，投其所好，见风使舵。

4. 系统性

所谓企业咨询的系统性，就是必须对企业进行全面的了解、分析，按照系统论的观念对一个企业进行系统的分析、思考。咨询人员必须从企业整体利益出发，不局限于局部。例如，不能仅看几个车间或几个科室的材料就开咨询处方。在处理企业内部任何一个问题时，必须树立整体的观点，只有从整体的、长期的、持续的利益出发，协调各个局部之间的关系，才能达到提高企业管理素质、促进企业整体素质提高的目的。

5. 集体性

集体性是企业咨询的又一显著特点。当咨询机构收到企业提出的咨询委托书后，咨询机构全体人员应根据企业提供的基本情况，明确指导思想，选定咨询人员，确定咨询小组，着手拟定咨询程序和具体工作方法。在企业咨询全过程中，要在短时间里全面了解情况，咨询人员是很辛苦的。全体人员互相配合、良好合作是企业咨询取得成功的保证。

第三节 企业管理咨询的原则及程序

一、企业管理咨询的原则

在企业咨询工作中，要充分发挥企业咨询的作用，取得良好效果，必须遵循以下七个原则。

1. 自愿原则

企业咨询是面向企业的一种服务活动,不是一种行政措施。只有企业根据自己的情况,认为有必要咨询,自愿提出书面咨询要求,并表示愿意接受咨询和治疗,欢迎咨询人员进企业,愿意支持咨询人员,咨询工作才能顺利开展,提出的改进方案才能有效实施。

2. 客观原则

企业咨询必须坚持客观原则,深入企业各个部门做调查研究,通过大量的第一手材料,用事实和数据来说明问题,切不可“先入为主”,不做调查分析就草率作出结论,更不能弄虚作假。

3. 内涵为主原则

由于企业咨询是针对企业现状和存在的实际问题提出改进方案,因此必须坚持群众路线,坚持以内涵为主的原则。要充分利用企业现有的人、财、物,帮助企业用最少的消耗生产出适销对路的产品,取得较好的经济效益。

4. 点面结合的原则

对不同的企业要采取不同的咨询方法。对长期亏损的企业,可采用点面结合的方法。先解剖一个分厂、一个车间、一个工段,认真找出病症,对症下药,综合治理,找出与问题有关的因素,采取相应的改进措施。

5. 系统原则

企业是一个有机整体,又是一个开放系统,企业经营中的问题都不是孤立的,各个部门与企业是一个结合体。在咨询全过程中要坚持系统原则,用全局观点、长远观点去分析和解决问题。

6. 合作原则

企业咨询是企业自己提出的要求。咨询人员要与企业员工搞好团结,在全体员工的支持下开展工作。咨询人员之间也应互相合作、互相帮助,协同有关人员共同会诊,提出解决问题的办法。

7. 治本原则

一个企业是有机整体,各部门、各科室之间的关系是错综复杂、相互制约的。企业的病因往往不是一个部门的问题,原因是多方面的。所以要抓住病根,治病要治本,不能为表象迷惑,而要抓住问题的本质。在拟定改善方案时,要辩证论证,根据各企业特点提出解决方案,不能千病一方。

二、企业咨询的程序

企业咨询的程序,可因咨询类型、人员、课题以及企业经营状况不同而有所区别。一般程序大体上可分为咨询申请、预备咨询、正式咨询、实施指导四个阶段。具体见图 1-1,咨询部门按此程序进行工作。

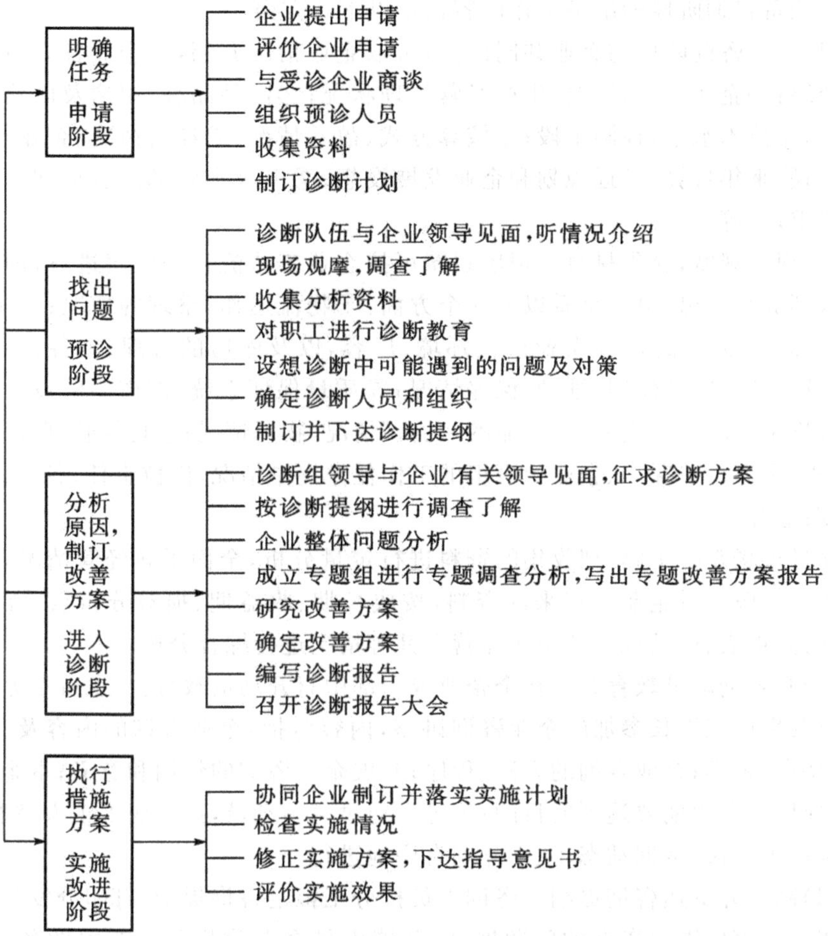

图 1-1　企业咨询诊断程序

1. 咨询申请阶段

(1)企业申请。企业向有关咨询机构提出要求咨询的申请。

(2)评价企业申请。咨询组织根据企业申请,对申请企业要求解决的问题及咨询目标进行评价,确认企业是否具有咨询的条件及本咨询组织能否满足企业的要求,研究决定是否接受企业的咨询申请。同时,要与受咨询企业磋商,双方明确咨询的目标、范围、日期、费用等问题,最后以合同形式确定下来。

咨询机构前往受咨询企业前,应将相关咨询表发给企业,请企业在规定日期内填好。

2. 预备咨询阶段

这是企业咨询中非常重要的环节，如果这一阶段准备不充分，正式咨询则很难进行。预备咨询阶段的准备工作内容包括以下几方面。

(1)预备咨询队伍与企业共同商量，听取企业情况介绍，请企业各方面负责人简要介绍：①企业简史、概况、生产经营管理状况；②产品品种、用途及已获得的各种称号；③技术水平、检测手段；④核算方式、盈亏情况；⑤经营情况、企业能力、经营环境；⑥来年打算、长远规划和企业发展设想；⑦上级主管部门意见和企业对咨询的要求；等等。

(2)现场观摩，收集材料。现场观摩可按企业工艺流程的顺序进行，即从原材料投入到成品产出，可着重看以下几个方面：①物流运作、整理等情况；②工厂、分厂、各车间的设备布局；③企业厂区环境、厂容，以及库房的管理、储备、存放的情况；④设备精度以及使用、维护、保养情况；⑤质量保证系统，即产品的设计、工艺，产品合格率、成品率、废品率，产品的"三检"情况，物耗情况；⑥现场管理，即各工序间人、机、物运行情况，从企业到班组的工作任务定量情况、岗位责任、各项标准、完成进度；等等。

通过现场观摩了解，把收集的资料进行定量分析，全面了解经营情况，从中发现问题。一般查看企业三年来的资料，按成长期、收益期、损益分析点、资金周转率、年财务报表、产品成本及企业经营方针等情况进行综合分析。

(3)开咨询动员教育会。在全企业或干部中召开动员教育会，也可举办企业管理人员及生产班组长参加的企业咨询讲座，内容包括：企业咨询的内容及其产生、发展、特点、种类；企业咨询的方法、程序；开展企业咨询的作用和意义；本企业的目标、指导思想和预期要达到的目的；等等。通过宣传动员，提高职工主人翁意识，广泛征求职工建议，掌握动态，便于计划有序地进行。

(4)制订并下达咨询提纲。咨询人员按分工拟定咨询提纲，打印分发到有关部门。咨询提纲应围绕咨询的问题展开，并能引导企业收集与其有关的各种资料。如确认咨询的重点是提高经济效益，改善经营管理，降低原材料物耗，等等，其主要资料包括下列内容：①按原材料消耗的品种、重量、金额，提供近三年产品消耗的原材料总量；②提供近三年主导产品的物料、工具、消耗数量及金额；③原材料物料(包括工具)是否有完整的消耗定额，其定额指标是否先进，合理，影响的重要因素是什么；④原材料物料管理办法是否完善，是否有完整考核方法；⑤对价格高、用量大的A类物资购入、消耗是否确定了最佳储备量，并实现控制。

3. 正式咨询阶段

正式咨询是企业咨询中最重要的一环，必须高度重视。这一阶段包括以下几个步骤。

(1)和企业领导见面,确定材料的来源。这里说的材料来源,不仅是提供各种书面的材料和数字,还包括老职工、党、团谈话,举办专题座谈会,摸清家底,确定真实数据和情况,还可根据情况吸收1～2名企业领导参加课题咨询。通过上述各种活动,摸清企业各种文件和财务报表的准确性,进一步了解企业的经营情况。

(2)进行企业整体问题调查分析。调查的对象包括企业的经营者和职工。收集经营战略、财务状况、劳动生产率和生产增产等方面的资料。通过咨询搞清情况,基本上掌握企业的全局性问题,依据调查了解到的情况,整理问题点,验证、整理调查表,并在此基础上进行整体分析。

(3)确定改善方案。为保证咨询的质量,咨询人员应再次与企业领导见面,确定改善方案,分析改善方案的利弊、期望的可能效果,预计可能发生的问题,确定将采取的防范和应变措施等。在写改善方案时,必须按照逻辑顺序分析问题。改善方案的内容应写明:咨询目的、主要问题、改善重点、可以实现的经济效益和所需要的费用。改善方案座谈会应请企业和各部门的负责人参加。在公布、讲解改善方案时,可下发书面材料,也可用各种图表、视频等。

(4)编写咨询报告。先由负责的专题小组起草报告,最后汇总各专题小组的报告,综合整理、修改,编成咨询组报告书。报告内容要数据化、图表化,经咨询组全体人员讨论通过,并征求企业领导同意后,正式打印下发。

4. 实施指导阶段

出台改善方案和编写咨询报告之后,咨询人员还需要在实施过程中给予指导。实施指导的内容包括:

(1)制订实施计划和保证计划完成的措施。

(2)如在实施中遇到特殊情况,需要调整方案时,将调整意见写成中期指导意见书再下达企业有关部门。

第四节 咨询目标的设立和咨询方案的确定

工作伊始,一般来说,咨询人员对要进行咨询的企业并不了解,但这不是坏事,因为外部咨询人员进行企业咨询的好处,恰恰在于这些咨询人员可以用一种新的、客观的、不带偏见的眼光看待企业。

咨询人员的首要任务是迅速而有效地了解企业,了解其干部、车间、科室、产品和存在的问题。咨询人员在调查时,不宜和调查对象过多纠缠,以防产生厌倦心理,妨碍日后的深入调查。

为了避免浪费时间,富有成效地收集五花八门、杂乱无章、浩如烟海的资料,咨询人员应该严格地、有步骤地进行工作。

本节介绍一种循序渐进的工作方法,使咨询人员能够迅速而有效地了解企业,了解其产品、工艺、管理和效益以及企业存在的问题,以便确定咨询目标和拟定咨询方案。

一、企业关键问题的初步调查

初到企业,咨询人员将受到企业领导及其主要助手的接待,然后到企业各部门参观。咨询人员应通过以下方面了解掌握情况。

1. 企业领导的介绍

企业领导对情况的介绍,是讲给咨询人员听的,也是讲给其主要助手听的。关于咨询的目的,企业领导所说的以及未说的均可能具有极大的重要性。如果企业领导不反对,应将其谈话录音。

咨询人员要当场详细记录企业领导列举的问题及其排列顺序和提出的方式。事后将领导谈话尽量客观地整理成摘要,不超过一页。

2. 对企业的首次参观

首次参观同样至关重要,此时应着重记下参观中形成的印象:生产现场是否整洁,秩序如何,环境气氛如何,是否有反常现象,等等。在参观时,热衷于收集专业信息是不合适的,专业信息应等到以后全面系统地加以收集。

参观中,咨询人员要和陪同人员建立无拘无束的融洽关系,使之毫不掩饰地表露,通过谈话能够看出其对单位工作的某些看法和评价。

在此阶段最为重要的是让企业领导畅所欲言,尽量全面地表达他们各自对企业问题的看法。

参观后,咨询人员应立即将初步印象整理成简要的书面总结,让对方人员自发地表达看法。

此阶段的困难是让对话者无所顾忌地自由发表看法。此时咨询人员不要限定、诱导和干预对方人员所谈的内容。为了保持好的谈话气氛,一定要让对方人员随意讲话,想到什么说什么,不必有条有理、头头是道。

二、企业基本目标的调查

此阶段的调查风格与前一阶段迥然不同。前一阶段主要是通过调查,让企业领导和相关人员直言不讳地表达他们对企业问题的看法。而此阶段的调查目的则是非常明确的,那就是对企业的基本目标有一个初步的认识。

1. 上级规定的目标

企业的许多目标必须符合上级的有关规定。例如:行业增长率、企业效益、利润分配、财务制度、社会福利等。

衡量企业好坏主要是看企业经济效益的高低。当然,将上级的要求具体化、数量化往往不是一件轻而易举的事。

2. 对上级目标约束力的评估

对咨询人员来说，最大的困难是评估国家计划对企业目标的约束力究竟有多大。事实上，约束力并不如想象的那么大。评估时可以采取如下方法，向企业领导提出以下问题：企业没实现上级计划目标会有什么后果？如果回答者含糊其词，可以换另外一种方法提出问题：假如企业没有实现上级计划目标，可能会出现什么情况？企业领导回答这种问题会更好开口。

在企业咨询诊断中，及早了解企业经济指标、财政指标和对个人的惩罚方式是十分重要的。

对企业领导人的约束力很可能并非来自上级机关，而是来自企业员工。因为增长率低下、利润低下，意味着职工收入低下。

约束力，是一种主观现实，它取决于企业领导的个性、独立精神和所处的位置。

3. 企业计划

所有企业都有与上级计划并存的企业计划。咨询人员可以分别询问企业各位领导成员，企业正在采取什么措施来解决存在的问题，以改变现状。这样可以对企业计划有个初步的认识。咨询人员可以从每个人的谈话中发现企业问题之所在。

4. 初步调查

此阶段调查的目的不是对企业设定的目标进行全面研究，而是要寻找解决企业问题的突破口。像每个咨询阶段结束时一样，咨询人员应该做一份简短的调查情况综合摘要。

三、资料收集和一般情况调查表

收集企业现存的书面资料，是迅速了解企业具体经营情况的有效方法。这些资料可分为以下三种。

(1)关于企业产品市场和销售网点的商业资料；

(2)工艺车间平面图等技术资料；

(3)组织机构图等一般资料。

咨询人员应该尽早了解企业产品，其中包括产品的商业特点及制造工艺等有关知识。与此同时，咨询人员应让企业填写一份一般情况调查表。一般情况调查表应包括以下五个部分：

(1)企业身份信息。

企业身份信息包括：①名称；②地址、电话、电传；③从属关系——总公司或分公司；④法定代表人姓名；⑤负责与咨询机构联络的人员姓名；⑥营业额；⑦产量、产值；⑧职工总人数；⑨企业成立时间；⑩企业大事记(企业的三四件大事)；⑪企业主要计划和目标(产量、利润等)。

(2)产品类别。

(3)材料采购(原材料、零部件)。

(4)组织结构图。

(5)职工统计表。

四、设立咨询目标和确定咨询方案

提出初步咨询方案是为了解决在预备咨询阶段所发现的问题。但此时要解决的问题不一定是企业开始提出的问题。在进一步咨询之前,咨询人员应同企业领导交换意见,以便对下一步咨询取得一致看法。

此时咨询人员应注意到,企业领导最能发现本企业的真正问题。如果忽视他们的意见,可能会铸成大错。企业领导聘请咨询人员,主要是希望咨询人员帮助解决一些他们感到束手无措的具体问题。但是咨询人员通过初步调查往往会发现,可能在这些问题后面还隐藏着更重要的问题。而说服企业领导同意咨询组的看法是相当困难的,这正是一个高水平咨询人员应具备的素质。

第五节　企业管理咨询的一般方法

在企业管理系统咨询中所发现的优劣势,必须与其他管理系统中所发现的问题相对照。特别是与企业的目标、战略和文化以及在战略分析和环境分析中所发现的问题相对照,从而加以重新评价。

一、企业内部五大管理系统的划分

在企业咨询中划分管理系统至关重要。企业管理系统的划分,绝不仅仅是为企业提供一种遵循的组织结构模式,而是为咨询人员提供一种按专业分工的方法和一种进行专业分析的手段。

(一)五大管理系统的划分

将复杂的整体分割开来,总不免带有主观的武断色彩。虽然如此,在收集和整理大量信息的工作中,分类是不可避免的。

企业主要管理系统通常可划分为下列五种:①市场营销管理系统;②生产管理系统;③物流管理系统;④信息和财务决策管理系统;⑤人力资源和高层领导管理系统。当然也可将企业划分为更多的或更少的管理系统,但原则上不宜划出过多的系统,因为这与咨询本身的特点相背离。企业咨询是一种整体行动,划分系统数目过多,便需要有相应多的专门领域的咨询人员,最终将影响甚至破坏对事物做出统一的整体的看法和最后的综合评审。

重要的是，要使企业内部管理系统的划分能够成为一种有效的分析工具，系统的范围应该小些，以适应咨询人员的专业能力范围，同时它也必须足够广大，以迫使咨询人员力图在一个相当广泛的领域内对问题进行综合评审。

(二)研究开发系统和质量管理系统

研究开发系统和质量管理系统日益被视为企业至关重要且不可分割的完整系统，这无疑是正确的。但是，前面提到的五大系统，很多企业并未将它们列为单独的系统。理由很简单，咨询行动与企业管理行动各有特点，不能混为一谈。

研究开发系统主要涉及两个领域：新产品和新生产程序。面对这两个领域的咨询工作，很难交给一个人完成。因为兼备这两种专业能力的咨询人员实为罕见。从咨询即综合评审的角度来看，当着眼点是新产品时，研究开发被视为市场战略不可分割的部分；当着眼点是新生产程序时，研究开发被视为生产战略不可分割的组成部分。因此我们选择不单独划出研究开发系统，而将新产品研究开发纳入市场营销系统，将新生产程序的研究开发纳入生产系统。

“全面质量管理”涉及企业活动的所有领域。实践中很难找到一个兼具诸多专业能力，且对关系到产品生产程序、库存管理、采购、财务信息等方面复杂的质量问题均有了解的咨询人员。在企业咨询中，产品质量是市场营销战略不可分割的因素，新生产程序是生产战略不可分割的因素，因此我们选择在各相关系统中分析相应的质量问题。

但是在企业管理中，研究开发和质量管理应视为独立、完整的系统。为了进行有效的分析而分割开来的东西，在一定时候必须重新加以整合，最后咨询阶段中的综合评审工作即起这一作用，所以称之为企业战略咨询。

(三)新管理系统——物流

物流系统涉及三个主要领域：商业物流、生产物流和材料供应物流。基于上面提到的咨询人员专业能力的局限性和逐步深入分析的必要性，应将此系统分成三种物流类型而分别纳入市场营销系统、生产系统和材料供应系统。但是为了保留它的完整性，在此将其单独划为一个系统。

二、各大系统中子系统的划分

上面确定的五大管理系统中的各个系统将由一名具有相应技术能力的咨询人员来专门进行分析。每个系统均与企业的一个相当广泛的活动领域相关。对各系统的分析是复杂的工作，所以应该按一定的步骤进行。

咨询人员的首要工作是将所分析的大系统划分为他认为有用的和必要的若干

子系统。这种分解的原则是能够制成一种详细分析表，制定咨询人员所希望的现场分析日程表。

(一)市场营销管理系统的细分

市场营销管理系统可分为市场信息系统、新产品市场的研究和开发系统、营销决策和控制系统三个子系统，每个子系统可再分解为若干个基本单位。

(1)市场信息系统：①研究市场对产品的吸引力及对企业产品的特定需求；②研究供给以及企业的市场竞争力。

(2)新产品市场的研究和开发系统(革新系统)。此系统负有科学技术进步的使命，又与市场紧密相关。其中包括技术研究、新产品设计和实验、革新。另一方面，此系统也指为了对市场需求和竞争做出反应而进行新市场和新战略研究的系统。

(3)营销决策和控制系统。此系统指产品活动的管理：价格、销售力、分销和外部交际系统。

(二)生产管理系统的细分

生产管理系统可分成生产系统、研究和开发系统、采购与材料供应系统三个子系统，每个子系统亦可分解为若干个基本单位。

1.生产系统(主要系统)

生产系统是指将投入生产过程中的各种生产要素有效地进行组合，生产出满足社会需要的产品或提供用户满意的服务。生产系统是该系统中的主要系统。

2.研究和开发系统

研究和开发系统指负有科学技术进步使命，又与生产程序紧密相关的系统，其中包括技术研究、设计与方法、实验室试制车间技术转让、企业与科研组织的联系等。

3.采购与材料供应系统

采购与材料供应系统可细分为两个基本单位：

①市场——研究市场和开发与生产和销售直接相关的新产品。

②采购——负责企业与材料供应者的关系。

(三)物流管理系统的细分

物流管理系统可分为材料供应物流系统、生产物流系统、商业物流系统三个子系统，每个子系统也可分解为若干个基本单位。

1. 材料供应物流系统

材料供应物流系统指材料管理和信息从供方至企业生产车间的所有流动和存放，其中包括：运输、海关、验货、质量检查、库存、内部分配、采购供应信息等。

2. 生产物流系统

所谓生产物流系统指半成品和成品在整个形态转化过程中的流动和存放系统。其中包括：计划、运送、库存以及生产质量管理、新工艺的开发、管理和设备的维修、生产能力的保持与提高、生产系统的信息管理等。

3. 商业物流系统

商业物流系统是指产品从产出至售后服务间的管理，主要包括商业计划存放、运输、分发、商业系统的信息管理等。

(四)信息和决策管理系统的细分

信息和决策管理系统可分为财会信息系统、计划控制指导系统、金融系统三个子系统，每个子系统可再分为若干基本单位。

(1)财会信息系统。该系统包括：①管理及税务；②产品成本分析；③以责任为中心的会计。

(2)计划控制指导系统。该系统包括：①战略计划；②中长期计划；③预算及预算控制。

(3)金融系统。该系统包括：①中长期金融；②资金。

(五)人力资源及高层领导管理系统的细分

人力资源及高层领导管理系统包括人事管理系统、中心部门系统、高层领导系统三个子系统，每个子系统又可分为若干基本单位。

(1)人事管理系统。该系统包括：①招收、选择、培训；②工资、奖金；③社会福利。

(2)中心部门系统。该系统包括：①公共关系；②法律事务；③内部及外部咨询。

(3)高层领导系统。该系统包括：①技术性和内外部管理方面信息的获得及利用能力；②计划能力，即企业经营计划、目标、前景预测、战略决策、超前能力、观察环境的能力、应变能力；③组织能力，即级别结构、组织结构方面的决策能力；④协调能力，即调动全体人员的能力、横向及纵向的联系能力、社会关系；⑤指挥能力，即指挥风格、人员管理、企业文化；⑥检查能力，即成绩的评价，酌情修正改变的能力、奖惩能力。

三、企业管理咨询技术的一般方法和步骤

(一)管理咨询技术的一般方法

为了提高咨询效率,方便以后的综合评审工作,对各基本管理单位的分析应该尽可能按一定的方式进行。对专业基本管理单位的咨询不能交给一般咨询人员来完成,必须由此专业的专门咨询人员来加以实现。

需要提醒的是,在基本的管理单位中发现的问题,必须置于更大的管理系统背景中分析,根据企业问题,重新加以评价。

1.“生态系”分析方法

有人提出一种“生态系”分析的具体方法,同企业管理系统以及整个企业一样,其基本管理单位是人们所说的生态系。

梅莱泽提出一种生态系模表示法。他将生态系分解为两种模:技术模(或称生产模)和制导模(或称领导模),信息流通正反二向连接两种模,这样即可明确地将工作的集体程序表现为以下三种相关程序的合成结果:技术程序、信息获取及处理程序、解决问题及决策的智能程序。信息流通连接生产程序和领导程序,产生两种不同的循环:一种是将生产程序和信息获取及处理程序结为一体的生产循环,另一种是将信息流动程序和决策程序结为一体的领导循环,此循环有时称为管理信息系统。

企业的管理系统,大都可以分为技术模和领导模。

技术模可以简单地用“输入→处理→输出”的经典方法来加以分析。在此方法中,企业的一切管理系统如同企业本身皆被视为一个向环境开放的“处理机”。它接受环境提供的物、服务、能、信息和资金,向环境提供物、服务、降低的能、弃物和废品、信息和货币。一个生态系统即是一个吸收并转化能的集体工作程序。

以上方法不仅仅有理论意义,同时它使参与同一咨询的咨询人员掌握共同使用的精确语言,以及共同使用的统一分析程序。因此,它在咨询人员中间,产生了一种“共同文化”。

2.“目的”型分析

一般地说,对基本管理单位的分析,可按企业自然流向,从分析输入着手,然后分析处理,最后分析输出,但我们不主张这种分析次序。

在咨询中,一般总是从下游向上游分析。比如,为了评价输出,便需要首先了解顾客需求。同样如果不考虑我们想得到什么样的输出,不考虑它们的质量、交付期和成本等主要指标,那么对处理的分析则无任何意义。并且输入的主要指标也是与处理本身的特性和所产生的输出相关的。从而认为是下游“牵引”上游,而非

上游推动下游。在咨询中，只能根据目的来判断手段的正误。

(二)管理咨询技术的五个步骤

管理咨询技术可分为以下五个步骤。

1. 第一步骤：输出的技术分析

一般来说，输出的种类远比人们通常所想象的更为复杂。输出可以是物，是各种形式的服务，是废品，是降低的能，是信息，甚至可以是一种精神状态、一种文化、一种活力。所以关键在于分析，找到真正的输出，不能仅仅局限于显而易见的输出，如物资产品等，必须要扩展到其他一切更加无形的暗藏的输出，如社会性的输出等。

对输出的分析可按以下三个步骤进行：

(1)基本单位输出特性的内部分析。应分析的主要特征有：①品种，②总量，③交付期，④价格、成本。输出分析的步骤：第一是分析其上年指标，第二是研究过去的演变过程，第三是估测在目前管理条件下，将来最有可能的输出发展趋势。

(2)需求和竞争的外部分析。输出必然是供给企业内部或外部顾客的，因此必须通过调节确定顾客的实际需求，即确定顾客所希望和所要求的输出特性。输出还须同竞争对手所实现的最佳输出进行比较。为了生存和发展，企业必须在生产过程的每个阶段都做得至少和竞争对手一样好。

(3)找出本企业输出与顾客的需求以及竞争对手所实现的输出之间的差距。

2. 第二步骤：处理及输入的技术分析

处理及输入的技术分析按以下三个步骤进行：

(1)本企业实际采用的工艺程序和输入程序的分析。系统分析：谁、何时、何地、如何。①画出整体组织结构图。②时间及空间的分析，设备、工艺和方法，形态流动，存放，生产力，技术和管理信息的流动。③与过去相比较，分析其目前特性的变化过程，预见未来最可能变化的趋势。

(2)目前生产系统与输出所要求的指标一致程度的分析。这一分析主要是确定为满足内部和外部顾客需要和对付竞争对手的挑战，输出应该具备哪些特性，如果这些特性没有达到，说明所采用的工艺程度和输入不适宜。咨询的目的即大致确定为满足顾客需求，在生产系统中可做何种改变。

(3)生产系统与行业现有工艺状况和竞争对手工艺状况之比较。这主要是对设备和工艺进行比较。企业应该了解竞争对手的工艺水平及其技术储备和正在研究的新技术，以便衡量本企业与其他企业之间的差距。

3. 第三步骤：领导管理程序的分析

领导和管理是一个智能的、集体的复杂程序，可以按以下的简单逻辑结构进行分析：

(1)组织和计划能力。①收集和利用技术管理内部和外部信息的能力，了解和注意正在发生的变化的能力。②组织能力，即安排各管理单位权限的能力。一方面要使各单位相对其他单位具有充分的自主权，使其和谐地自我发展，另一方面要使各单位具有一个有效的、逐级管理的层次结构，明确各级机构的任务、权限、个人及工作组合的地位。③计划能力，即确定行动目标、预计和选择最合适的战略、制订具体行动计划的能力，简言之，即预料与应变的能力。

(2)驾驭能力。①人与人和管理组织间协调的能力。②交际能力：保持、加强和建立有形的或无形的，横向的或纵向的联系能力。③指挥人与工作组织的能力。④发挥、调动职工为完成共同任务而尽职尽力的能力。

每个领导者各有自己的领导风格，因此没有绝对的标准来判断其好坏，而应了解其风格的基本特性，具体情况具体分析。

(3)领导者检查结果的能力。①正确"解释"结果和做出严格咨询的能力。②根据结果、环境、机会和威胁，"修正"正在进行的事物的能力，即随机应变的领导能力。③为了避免造成不良后果和引发消极的因素，从而采取的巧妙而有效的惩罚措施。

4. 第四步骤：关键问题的综合评审和排列

此步骤是前三个步骤的综合，咨询人员应做出书面报告、摘要，主要内容如下：

(1)指明本企业所输出的特性与顾客需求的特性以及竞争对手同类输出的特性之间的差距。重大差距的存在构成了关键问题之所在。

(2)找出技术模和领导模中的关键因素，指明企业在哪些工作中并未以最佳方式去做，此点至关重要。但是不能不分主次，眉毛胡子一把抓，指望一下子将所有的问题解决。应优先解决与本企业成功与否休戚相关的几个关键问题。

(3)指明本企业在关键因素上的主要优劣势，这样可以明确地显示出上面提到的差距。

5. 第五步骤：初步解决方案的提出

(1)提出有助于改进输出的可供选择的、现实的、富有想象力的解决方案。

(2)这些解决方案，可能是指导性的，因为这些方案还将在一个更总体的层次上加以研究。

第六节　管理咨询总结报告

咨询有两个目的：第一是通过对企业过去和目前现状的细致、系统的观察、分析和解释，尽可能完整地了解构成企业良好成绩和不良成绩的主要机制。第二个目的是提出切实可行的建议，改善管理组织的应变力，消除可能影响企业达到目标的阻力。

管理咨询总结报告应以咨询目的为着眼点，对本次管理咨询进行系统的总结和报告。管理咨询总结报告应包括以下几方面内容。

一、遵循管理咨询的总体逻辑

咨询总结报告必须简短，遵循咨询逻辑，主要包括六个部分的内容。

(1)列出管理组织的综合目的性；

(2)列出与竞争环境相关的主要因素：机会与限制；

(3)列出企业内部的主要因素：优势与劣势；

(4)检查上述各要素间的关系，精确指出管理组织的根本问题；

(5)分析管理组织的活力；

(6)针对问题提出指导性的全部解决方案。

二、回顾管理组织的目标

一切企业，如同一切机构，必定是为达到某些内部或外部的目标而建立的，其意图可能是明确的，也可能是暗含的。一切机构存在的本身即说明它至少带有某种暗含的综合“目的性”。这种综合的目的性，如果未明确表明，则必然表现在组织行为经常性的倾向上。

(一)主要伙伴的要求

管理组织的每个社会伙伴自然会产生对管理组织的独特要求，如果相关的人或集团能够以某种方式将这些要求强加给整个集体，这些要求便可以成为管理组织的目标。

按照主要伙伴的性质，管理组织目标可分为以下几种：

(1)管理组织的外部目标：此目标与造成压力的社会和外部集团有关。

(2)管理组织的内部目标：此目标表现为工作集体的要求，有时是无意识的，但大大超过其成员的要求。

(3)自我和集团的原始目标：此目标是从主要个体成员和造成压力的有限集团的要求而来。

(二)管理组织的外部综合目的性

社会对企业这样的管理组织有两个要求：①社会的经济使命，创造和分配财富；②道德使命，维护公共利益。

(三)管理组织的内部综合目的性——生存与发展

一个组织是一个社会细胞,它是一个协调的、自制的——一般来说——有历史的、服从集体准则的(尽管这些准则,有时是暗含的)社会集团。它的内部综合目的性,既区别于其环境所强加的综合目的性,也区别于其成员所强加给它的综合目的性。这种综合目的性,尽管有时未被意识到,但实际上已融合在管理组织和组织工作的所作所为之中了。一个组织在其初步成功之后仍可继续生存,他的后力往往同其中工作的成员关系不大。像所有复杂的社会系统一样,一个组织要遵守两个综合目的性,一是不惜一切代价维持自身,二是不可能避免地发生变化。二者可用以下关键词来形容:

(1)维持:生存,继续,稳定,保护,抗拒变化,保守。

(2)变化:进步,发展,冒险,挑战。

在一切组织中,这两种倾向都是相辅相成的,各组织的特性表现在两种倾向的各自性质和力量上,以及存在于他们之间的动力平衡上。

(四)自我和行为的目标

一个组织表达了其成员共同劳动的必要性,但是,每个社会伙伴都要按其自身的要求来满足。如果他有权,便会要求组织满足他。拥有支配权力的个人和集团力图使其自我的目标变为企业的综合目的。因此,组织的一个重要的综合目的性便是满足其占有支配地位成员的需要。

企业领导需要的满足可以是:控制事务的意愿、独立的愿望、指挥的意愿、壮大和统治的愿望,创造力、行动本能、竞争精神、冒险精神、求稳定的思想、树立个人声誉和得到社会的承认、人道精神和关心集体利益的思想等。

(五)单一目标的神话

一切组织,都建立在多种意愿的基础上进行集体活动,达到各种内部及外部的目标,满足主要成员的需要。一个组织往往具有多种目标,有时甚至是自相矛盾的目标。

在复杂的社会组织中,只有一个优先的目标,这仅是一种神话。一切组织都具有企业试图优先实现的多种目标。多种目标所造成的不可避免的冲突和危险越来越被视作是有益的,特别是在合理排列目标大小次序而避免最严重的利益冲突时尤为如此。

在确定目标中有几个容易搞错的难点:

(1)一个目标,可能并不表明真正的目的,一个组织可能认为其真正的目标不应该公开表明,因而只承认一些小的目标。

(2)将手段视为目的。由于确定真正的目标相当困难,有时可能将为达到真正目标而采用的手段视为现行目标。

(3)当手段就是目的时,不将手段视为目的。此情况与上面情况相反,有时候规划比结果更重要,行动的手段比行动的结果更重要。

(4)测定是了解的手段,但并不一定正确。有时真正的目标不能定量分析,而是被数据掩盖起来了。

三、成功和失败的主要因素

咨询报告首先应将战略进行综合,应指出在企业所处行业中,企业成功的关键因素,以及企业活动所面临的机会和威胁,然后对内部咨询进行综合,确定企业面对竞争环境的机会和威胁所具有的优势和劣势。

1.成功关键因素至关重要

掌握成功的关键因素至为重要,这是咨询的主要任务之一。企业目标的实现取决于企业内部的大量因素,但是不可能将所有的因素一一分析,也不可能将所有考虑到的因素可能发生的变化一一加以控制,而且这也没有必要。因为在绝大多数情况下,目标的实现最终仅取决于为数甚少的几个关键因素,只要控制住这几个关键因素,即可取得成功。关键因素决定企业的成败,找出关键因素是咨询的主要任务之一。

2.区分主要和次要的艺术

这一咨询阶段异常重要也异常困难。它不仅要求分析者深入了解企业、企业的环境以及它们的变化,而且要求分析者具有较高的管理组织水平,并对咨询企业存在的问题,具有搞清什么是主要因素、什么是次要因素的本领。

分清主要和次要因素显然是极为重要的,因为任何判断的错误都可能使企业将主要的力量投入到次要的工作上,而忽略真正需要投入力量的主要工作。比如,有很多企业在决定投资后,以令人难以置信的细致和严密的控制检查产品和材料的费用,而实际上,更应该控制、检查的不该是生产,而是投资决策。

3.确定关键因素的困难

由于关键因素数目不多,而且对企业成败具有重大意义,这些因素理应被大家所认识。但事实并非如此,例如,如果向企业不同的领导人提出下列问题:近年来,哪些是影响企业发展和利润的主要因素?它们的次序应该如何排列?很多人不能明确回答,并且很可能众说纷纭。

这种现象是可以理解的。要确定一个因素是关键因素,此因素的变数必然和成绩的水平有直接的、特定的关系。然而这种关系很少是一目了然的。比如生产能力的提高、领导机构的加强、研究与开发部门力量的加强,这些并不总是长期效益的可靠保证。同时还存在着大批所谓权益因素，如广告等促销活动、公共关系部门的活动等，有时很难评价它们对成绩的真正影响。

另外，分辨什么是主要因素、什么是次要因素的时候，无论对管理者来说，还是对专家来说，都很难排除个人的偏见、臆断和利益。不要忘记，在事实与人们所见、所想和所说之间，总有很大的偏差。每个人都可能有意无意地倾向于夸大其现状和其控制下因素的重要性，都可能倾向于过高估计能表现其才能的因素，忽视他所不熟悉、所怀疑或不相信的因素。有时候，某些关键因素存在于某些领导成员的心理状态中，或是变化的复杂社会现象中，这领域没人愿意明确涉足。

四、主要问题的协调性分析和表述

（一）协调或和谐的观念

一个企业要想达到发展的和获利的目标，必须在以下所有参数之间存在一种充分的协调：

（1）企业的综合目的性、目标、领导者价值系统、集体文化。

（2）企业活动所面临的行业逻辑、机会和威胁。

（3）企业和企业内部管理部门所特有的优势、劣势。

在企业中总会存在一些不协调、不和谐的问题，将这些不协调的问题看作同样重要是错误的。有些不协调的问题无足轻重，有些则对企业活动影响至关重要。咨询中应该确定这些影响较大的不协调问题，并帮助企业克服。

（二）准确地找出管理组织的主要问题

咨询的目的之一即帮助企业找到主要问题。要做到这一点，自然是要有正确的判断力和丰富的经验，但也要有方法。

可以以目标和成绩间的差距的形式提出问题。在咨询中，一切问题最终都是以目标和实际之间的差距加以表示，如果企业的总成绩与企业所定的基本目标不相吻合，说明存在问题。

（三）解释问题的两个方面

为了准确提出要解决的问题，必须毫不含糊地解释形成“差距”的两个方面，即预定目标和实际成绩。如果两方面中的任何一方面不准确或模棱两可，整个咨询的可靠性便受到影响。

正确地提出主要问题，比想象的更困难。首先，人们倾向于将问题的一方面，即人们想做的，置于一个不够充分的整体范围内。在咨询中，一个部门、一个车间、一个处、一个科、一部机器或一个分系统，是否达到各自的目标并不重要，重要的是企业整体达到其目标。事实上，为达到最佳总体成绩，常常需要某些局部处于非最佳状态。重要的是达到总体目标，而非局部目标。从这个角度出发，以达到局部目标为依据确定问题是错误的。另一种倾向是只考虑问题的另一个方面，即绝对成绩。在复杂的管理组织中，总能找到许多环节本可以做得比实际情况更好，取得比实际更佳的成绩。这种不足，事实上是不可避免的，这并不构成问题。只有当分析者能够证明这种不足切实、持久地影响了企业总目标的实现时，才构成问题。事实上企业目标的制订，绝对不会建立在企业所有环节都处于最佳工作状态这一假设上。

五、对变化机制和变化阻力的评价及解决问题的提案

(一)企业维持平衡

1. 两种力量

一切企业必须能够维持两种相反力量的平衡：①进步、发展、冒险、挑战和创造的进攻力量；②稳定、谨慎、生存、持续和保守的防御力量。

2. 评价反抗变化的现象

然而，当某一严重问题出现时，往往是因为社会经济管理组织出现大面积僵死，对变化的反抗力开始膨胀，这将毫不留情地将企业引向危机。

出现此种现象时，人们往往可以看到对关键因素采取了极强的防御战略。这种防御战略形成的集体的规划，取代了环境所要求的规划，因而损失了大量的灵活性和更佳的效率。

主要的防御战略有以下几种。

(1)退却和逃避战略。

管理者采取此种战略多出于一些自然反应，减轻自己的责任，尽可能少地将自己的命运和管理组织的命运连在一起，避免将自己牵连进去。总之，采取退却和逃避战略时，管理者对管理组织采取的是一种完全被动的态度。

退却战略可使管理者不做任何多余的努力，避免各种纠纷，他们征求大量的信息，采取明哲保身的态度，表现出过分的谨慎，以致毫无行动。

(2)墨守成规战略。

墨守成规的表现是：坚持现有规定，厌恶新的规定。如果让墨守成规者在新规定和旧规定之间做出选择，他必然设法保留旧规定。这种对现状无限留恋的保守态度使他们觉得任何革新主张都是反对他们的。这些人在企业内部中可能形成一个联盟，发展为一种“集团”精神，反对任何变化的企图。

如果变化成为一种他们必须接受的思想，他们便会采取一种极其圆滑的态度表面上进行变化，其实并未出现真正的新东西，他们只是为变化而变化，设法使原

来的东西不发生任何根本的变化，同时又做出样子，以提高他们在上级眼中的声誉。

(3)反抗战略。

这是一种高层次的积极态度，这种战略不拒绝任何合作，但不断否定新事物的合法性，只是在被迫的情况下就范。他们始终站在传统的对立面，不断斗争取得部分权力，这使他们可以施行部分的反抗。

(二)解决问题的方案

管理咨询所提出的供选择的、现实的和具有想象力的解决方案，必须考虑到实施这些方案的现实可能性，能在一定期限取得有一定意义的成绩。企业应根据对实现发展、生存和获利的战略目标的贡献，来评价每个建议。它必须与企业文化、社会环境、组织机构的优劣势协调一致。

第二章

新疆机械厂企业管理咨询报告书[①]

第一节 新疆机械厂企业管理咨询报告书

随着改革开放的深入与发展,企业向社会主义市场经营体制转变,既是企业历史性的转折点,又是企业前所未有的机遇和挑战。为了抓住有利时机,新疆机械厂勇于开拓创新,及时转变思想观念,积极探索建立发展与社会主义市场经济相适应的新颖的管理体系。应该企业领导的邀请,咨询组赴企业进行企业管理综合咨询。咨询组于 1997 年 11 月 1 日进厂至 10 日结束咨询工作,完成了企业提出的咨询课题。

一、基本概况

新疆机械厂建于 20 世纪 50 年代,固定资产净值 600 多万元,设备总台数 139 台,仪表 2154 台件,流动资金、储备资金 365 万元,生产资金 165 万元,成品资金 368 万元,主要产品是农用拖车及多种齿轮加工等。新疆机械厂职工人数为 430 人,其中技术人员 51 人,管理人员 97 人,销售人员 15 人;1997 年工业总产值 1000 万元,销售额 1030 万元,净利润 300 多万元。

二、企业优势

通过咨询,咨询组确认新疆机械厂有如下较好的条件:

(1)领导班子团结进取,具有齐心协力、奋力拼搏、开创的精神。

(2)企业处于繁华地段,交通方便,信息灵通、广泛。

(3)产品质量好,生产手段齐全,可生产农机、机械工程、汽车、石油机械、通用

---

① 原载(有删减):沈柏亮.企业管理咨询与案例研究[M].乌鲁木齐:新疆大学出版社,1998.本文写作于 1997 年 12 月,本章均以写作时间表述。

机械传动系列产品。

(4)企业有一批生产专业技术队伍,有艰苦创业敢打硬拼的精神。

三、存在的主要问题

通过咨询,咨询组也发现了新疆机械厂存在以下主要问题:

(1)建厂至今企业未进行较大的技术改造,企业厂房陈旧,设备老化,生产周期长,效率低,经济效益处于微利状况。

(2)现场管理脏、乱现象未得到根本消除,影响人流、物流有序畅通,生产劳动组织有待优化组合,浪费、窝工损失有待改善。

(3)基础工作薄弱,劳动纪律、规章制度、技术标准、工作标准足额执行不严,有待完善。

(4)财务管理处于二级核算,薄弱环节在车间,事后算账现象仍然存在,事先得不到有效控制。

(5)企业转机建制处于由生产型向生产经营型起步阶段转换中,市场预测滞后,新产品开发速度慢,企业素质有待提高。

四、咨询特点

本次咨询有以下几个特点:

(1)始终坚持运用科学的方法进行调查、测定和分析,认真地进行定量分析,坚持一切凭数据说话的求真务实精神,具有科学性。

(2)在社会主义市场经济条件下,设计和推行企业新的管理模式、新的管理方法,提出了有创造性的改善方案,对工厂改造同步决策、同步设计、同步实施、同步发展,具有超前性。

(3)改善方案立足现状,本着少花钱、多办事、办好事的原则,以内涵挖潜为主,适合企业现有的财力、人力和管理水平。改善方案得当,力求做到效果与动机的统一,具有有效性和操作性。

(4)在整个咨询过程中,以系统的观点分析企业内部各系统工作运转,企业内外部各种因素变化的影响,从企业的整体经济效益出发,用系统分析的方法思考问题,解决矛盾,具有系统性。

(5)推行用户为导向,制定企业、车间、现场定置管理,考核办法与考核结果纳入经济责任制,和分配挂钩,实行人事制度改革,劳动用工制度、分配制度的改革,调动企业职工主动参与管理的积极性和创造性,形成以用户为导向,以管理为主线的激励机制与自我约束机制,具有目标激励性和全员控制性。

(6)咨询过程中,始终坚持市场第一要素是用户的思想,争得用户,占领市场,把市场机制引入企业内部。模拟市场用户,模拟测算经济效果,具有市场竞争性。

五、咨询工作安排

(1)咨询工作人员安排。

新疆机械厂成立了以厂长为组长、书记为副组长的咨询领导小组,企业其他领导及有关部门负责人为成员。

(2)咨询工作日程安排。

预备咨询从 10 月 25 日开始,31 日结束,计 7 天;正式咨询工作日程共安排十天。咨询工作内容分为:情况介绍、面谈、初步分析、初步确定专题、拟定专题计划、人员分工。由于准备充分,工作做得比较顺利。

六、采用的技法、图表、措施

(一)企业咨询——总体战略目标

咨询是根据企业提出的要求而进行的,企业大体上可从以下几方面进行咨询:一个模式、两个方案、三个步骤、四个体系、五大类产品、六个问题。在咨询过程中,看企业过去几年来所取得的成绩和主要差距,进行企业外部环境分析、经营目标分析、经营能力分析(内容详见战略目标咨询),找出企业的优势和劣势,针对主要问题、关键因素,进行专题深入调查,征求意见,分析原因,提出改善意见。

(1)战略目标——新疆工业行业“小巨人”企业,采用开拓型管理模式。

(2)两个方案——方案 A 和方案 B。

方案 A:“新疆机械厂建立传动机械加工中心技术改造项目”方案,见“中华人民共和国机械工业部第四设计研究院为可行性研究报告”,建立以目标、生产任务及生产纲领、经济效果等为依据进行的财务评价。几个主要指标是:

投资总额为 5 959.43 万元,1996 年底建成投产,投资收回期 5.35 年,总销售额为 5000 万元,年产量为 18 万件,可实现利润总额为 898.61 万元。由下列三个公式得出投资利润率为 15.08%,投资利税率为 22.13%,盈亏平衡点分析生产能力利用率为 48.54%。

$$投资利润率=\frac{利润总额\ 898.61(万元)}{总投资额\ 5\ 959.43(万元)}\times 100\%=15.08\%$$

$$\begin{aligned}投资利税率&=(利润总额+销售税金)\div 总投资\\&=(898.61+420.21)\div 5\ 959.43\\&=22.13\%\end{aligned}$$

$$\begin{aligned}生产能力利用率&=\frac{年固定费用}{年销售收入-可变动成本-年销售税金}\times 100\%\\&=\frac{1\ 554.41}{5\ 959.43-2337-420.21}\times 100\%=48.54\%\end{aligned}$$

方案B:略加补充设备,加强维修,增加工装器具,小规模进行零件改造,拓宽狭窄工序,以挖潜内涵为主,发挥现有能力,改造100万元,齿轮产量规模10万件,拖车2500辆,测算市场可能出现的变化:

①销售量为10万件、拖车2500辆;

②销售收入3 098.81万元,综合人均创利率32%,计算创利额1 071.61万元,期间费600万元(含还贷100万元),销售利润为471万元;

③销售收入2806万元,期间费用500万元,创利958.1万元,年销售量齿轮9万件,拖车2250辆,销售利润为450万元;

④销售收入2320万元时,销售利润为280万元;

⑤工厂损益平衡点在销售收入的1645万元。年销售量齿轮产品8万件、拖车2000辆即可实现。

(二)三个步骤,转机建制加强管理

技术进步分为三步走:第一步强化管理,特别是现场管理;第二步建立四个机制体系;第三步实现开展型管理模式,达到预定经济技术指标。

(三)四个同步,四大体系

在改造、建制方面做到同步决策,同步设计,同步实施,同步发展。建立强化激励机制,形成新的人事管理体系;健全约束机制,形成新的监督保证管理体系;优化营销机制,形成市场经营管理机制;促进发展机制,形成新的科学管理体系,充分利用有利因素。

(四)五大类产品

抓好农机、汽车、石油机械、通用机械等齿轮产品的同时,开发、巩固发展第三产业是新疆机械厂的主攻方向。

(五)六方面工作

抓准经营管理战略目标六方面工作,实现开拓型管理:抓好两个改造三步走,领先一步,超前决策;搞好三元动态平衡,看准目标;发挥企业经营能力,利用信息模拟市场,引导用户;培养人才,吸引人才;激励职工;提高企业群体素质,建成“小巨人”企业。

七、新疆机械厂管理咨询综合咨询报告

根据企业存在的问题,我们咨询组分四个小组进行了咨询,现从以下方面进行分析。

(一)经营战略目标与经济技术指标分析

1. 企业的目标分析

通过咨询找出了新疆机械厂主要产品的主攻方向为五大类主导产品，即支柱产品，研究了企业经营模式、改进方案，在管理上分作三步走达到目标，提出了企业管理要围绕市场经济建立四个体系，建成新疆工业企业小巨人的总目标。

2. 企业外部环境分析

通过企业外部环境分析找出了企业外部环境直接影响企业经营目标、经营能力的因素，同时也研究出了控制的方法。

3. 企业内部能力和职能分析

通过咨询找出了关键因素，即企业的有利条件和存在的五个问题。总的认为企业潜在的生产能力没有得到应有的充分发挥，不适应企业发展的实际需要，同时指出了抓住机遇、参与竞争、压力大作用也更大的根本性的问题。

上述的三个分析提出了企业总的战略方针目标，即：一个模式、两个方案、三个步骤、四个体系、五大类产品、六条措施，建成新疆工业企业“小巨人”的总体框架和思路。

4. 综合分析

综合分析找出的主要问题，影响实现战略目标的主要因素，咨询组认为当前主要有以下几个方面：

(1)思想观念认识上不适应新形势，开拓创新精神不够。

(2)多年来计划经济下形成的惰性较严重。

(3)技术、业务、经营素质、工作素质不适应企业进入市场的要求。

(4)八大基础管理、十二项专业管理薄弱，现代企业管理的新方法推行使用少，从班组到现场投入产出管理有待改善，现场脏、乱、差的问题，特别是财务、生产、经营各个环节的控制问题是突出的环节。

(5)管理形式不适应。要解决企业精神、树立企业形象之问题应提到企业领导的议事日程。

(6)计划不周，保守被动，数字不准，依据性差，管理不严，浪费较大，设备失修，新产品开发不快等问题是制约企业经济效益的原因。

上述六个方面的问题当前必须尽快研究，针对主要问题、关键因素，采取有力对策和切实可行的措施，以利于企业的快速发展。

(二)生产管理分析

通过生产管理的现场调查分析诊断，认为影响生产力充分发挥的因素主要有：

劳动对象、劳动工具、人流、物流、资金流和信息流。生产管理的现场调查分析主要从以下几方面分析：

(1)新疆机械厂 1998—2000 年产品销售预测；

(2)生产过程中的投入产出分析；

(3)生产现场管理分析及改进方案；

(4)精加工一车间定置管理分析和实施方案；

(5)班组管理咨询分析和生产班组管理示意图。

生产管理从上述五个方面分析提出改进方案和措施，其落实见成效的条件是全厂实行满负荷工作法，推行精益生产方式，对生产能力实行弹性计划，这样才能使企业的效能、效率、效益真正发挥出来。

(三)新产品开发分析

找出了存在的主要问题，采取了应对措施，在以下四个方面提出了改善意见，总的要求是在加大新产品开发力度上下功夫。

(1)设立新产品开发组织机构——组织领导落实、项目落实；

(2)预测新产品开发效果——出发点和根本点；

(3)新产品开发过程的控制——按程序责任到人提出要求；

(4)新产品设计——加快开发速度，占领市场，扩大用户。

(四)营销财务分析

1. 营销分析

(1)市场需求状况分析认定：小拖车重点在经济发展较快的十个县开拓市场，重点在南疆阿克苏地区，其他产品市场有潜力，有些产品潜力很大，要加强营销手段和措施。

(2)市场供应情况分析认为：市场供应量小于市场需求量。拖车如此，有竞争力，齿轮如此，齿轮箱产品也是如此，新疆专业生产厂就此一家，同时三产有发展前途，充分利用地缘优势，三产促二产，二产带三产，优势互补，共同发展。

分析今年的营销、生产、效益如何减亏，我们认为拖车产销年内增产增收是个大好机遇，力争回收 720 辆拖车货款，将为该厂扭亏做出贡献。

(3)物资供应情况分析：原材料配套件、外协件、能源燃料等供应情况，有稳定可靠程度，但是齿轮毛坯、齿轮箱壳的定点协作，外购配套件的质量、价格、交货期，制约产销将是今后企业十分重视的重要环节，值得采取有力措施来保证。

2. 财务分析

(1)销售利税率为 32%；

(2)拖车单台成本为 2 636.13 元；

(3)153 圆柱从动齿轮为 64.74 元；

(4)销售比：重拖车占 61.4%，齿轮产品占 9.6%，其他产品占 29.00%；

(5)期间费用比重：拖车占 47.5%，四种齿轮产品占 18.5%，其他产品占 34%；

(6)创利额比重：拖车占 42.6%，四种齿轮产品占 18.3%，其他产品占 39.1%。

(五)生产能力分析

(1)设备能力分析：近年利用率为 48.9%；

(2)计划工时利用率为 46%，现企业保本点的工时利用率为 49%，安全数为 70%；

(3)资金分析：流动资金不足，使用管理不严，固定资金使用不多、管理不好、周转慢，存贷资金占用过大，库存周转率 62%；

(4)成本分析：成本管理问题主要是成本控制不实、不严，事后算账算多少是多少。措施：按当月产量制定当月成本控制目标，限额领料，定额发料，日清月结，及时分析研究，解决成本费用超标问题，做到心中有数。

(六)财务管理分析

(1)财务管理中的主要问题是对企业财务管理的计划、组织、引导、监督和调整等各个环节抓得不够，力度不大。

(2)存贷没有定额(资金)指标要求，资金没有到位。

(3)没有定期的检查制度，全厂很少进行经济活动分析，致使计划起不到指导作用，客观上形成放任自流状态。

(4)缺乏定期的资金盘点制度，特别是生产成品，在制品的盘点影响会计核算的质量以及真实性、准确性的指导作用。

(七)经济效益分析

当年 1—9 月企业亏损 96 万元，预测当年可能出现几种经济效益情况：

(1)若销售收入为 1200 万元则亏损 106.9 万元；

(2)若销售收入为 1300 万元则亏损 82.9 万元；

(3)若销售收入为 1400 万元则亏损 58.9 万元；

(4)若销售收入为 1500 万元则亏损 34.93 万元；

(5)若销售收入为 1650 万元则盈亏持平。

其中关键点为：

(1)年底以前生产 700 辆拖车实现销售并收回货款，企业减亏实现盈亏持平大有希望。

(2)采取有力措施,积极推销库存产品,催收货款,全年产销若达到 1970 万元,企业可实现利润 93 万元,少收回 1 万元货款减少盈利 3200 元。

第二节 新疆机械厂企业管理咨询生产管理组报告

一、生产管理组工作内容

(一)生产经营状况

据企业财务科、生产科提供的材料分析,从近二三年来的生产完成情况来看,经过企业干部和职工的共同努力,适应了市场的变化,企业有了长足的进步和发展。

(二)生产过程中的投入产出运行分析

因企业目前投入产出周期长、效益低,基础管理薄弱,生产现场管理较乱,物耗高,成本大,不适应企业发展运行分析,生产管理咨询组与企业有关方面同志会诊剖析,当年 1—9 月销售额、期间费用、销售成本状况用表分析,从投入产出情况分析,以主从动螺伞齿轮的投入产出情况为例进行剖析。

(1)齿轮毛坯供应及时,投入充足。

(2)废品产生原因:①机床设备役期普遍已近期限,精度降低,设备老化,造成突发废品;②操作工人技术素质相对偏低,责任心不强。

(3)废品损失按计划价核算 7 套为 2415 元,主动轴 16 根为 1840 元,合计 4255 元。

(4)账物不实,账表不符,如盘点表与生产科、财务科账目不符合。

为克服产品投入产出存在的问题,提出以下改进建议:

(1)定额领料,限额领料。

(2)日清月结,严格盘点程序,做到账物、账表一致。

(3)加强现场管理,提高职工技术素质,落实责任,减少损失。

(4)严格检验制度,控制废品率。

(三)1998—2000 年产品产量发展规模测算

为增强企业实力,使新疆机械厂发展成为新疆工业行业“小巨人”企业,我们根据企业领导的思路,对企业 1998 年以后的产品、产量进行销售测算后(见表 2 - 1)认为,只要企业发挥现有优势,解决存在的问题,认真开展“转机制,抓管理,练内功,增效益”的活动,改革传统的生产管理模式,推行生产经营全过程的责任成本管理,划小核算单位,改变物耗在总成本中所占比重过高的状态,开拓多种经营,发展第三产业,企业经济效益将会出现柳暗花明又一村的新局面。

表 2－1　新疆机械厂 1998—2000 年产品产量销售预测

序号	项目		单位	现价	1998 年		1999 年		2000 年		备注
	产品名称	规格型号			产量	产值/万元	产量	产值/万元	产量	产值/万元	
					73 700 件 2000 辆	2 023.49	86 000 件 2250 辆	2 393.66	98 300 件 2500 辆	2 718.81	1. 销售产值（不含三产利润）：1999 年增长 18.29%，2000 年增长 13.58% 2. 产量： （1）齿轮配件 1999 年增长 16.69%，2000 年增长 14.3% （2）农用拖车 1999 年增长 12.5%，2000 年增长 11.1% 3. 三产利润及管理费：1999 年增长 50%，2000 年增长 50%
一	拖内配件				26 000	361.99	29 500	414.41	33 000	466.82	
1	大减速齿轮	54-39423	件	409.50	3000	122.85	3500	143.33	4000	163.8	
2	小减速齿轮	54-39403	件	163.80	3000	49.14	3500	57.33	4000	65.52	
3	圆柱从动齿轮	12-37153	件	95	20 000	190	22 500	213.75	25 000	237.50	
二	汽车配件				16 000	355.38	18 500	415.85	21 000	476.31	
1	主从动螺伞齿轮	140-24020D 025/026	2 件/套	674.34	6000/ 3000	202.3	7000/ 3500	236.02	8000/ 4000	269.74	
2	其他东风配件		件	115.75	8000	92.2	9000	103.73	10 000	115.25	
3	解放 9 吨车配件		件	304.40	2000	60.88	2500	76.1	3000	91.32	
三	农用拖车	7CB-1.5tF	辆	4200	2000	840	2250	945	2500	1050	
四	其他齿轮配件		件	90	25 000	180	30 000	270	3500	315	
五	专用调速器				4700	164.52	5500	196.4	6300	228.28	
1	锅炉调速器	XCT-50A	15 件/台	3700	4500/300	111	5250/350	129.5	6000/400	148	
2	锅炉减速器	RP-100	5 件/台	13 380	200/40	53.52	250/50	66.9	300/60	80.28	
六	通用减速机				2000	121.6	2500	152	3000	182.4	
1	通用减速机	JZQ250	5 件/台	2980	1000/200	59.6	1250/250	74.5	1500/300	89.4	
2	通用减速机	JZQ350	5 件/台	3100	1000/200	62	1250/250	77.5	1500/300	93	
七	三产利润及管理费				40		60		90		

(四)生产现场管理现状、改进方案以及定置管理实施方案

近年以来企业领导重视抓住生产现场管理,各项基础工作开始强化。但由于多种原因,目前生产现场管理仍存在不少薄弱环节,脏乱差等现象比较严重,物流不顺,严重影响企业经济效益。

从现场管理诊断后查出的问题来看(见表 2-2),针对工厂现场管理现状,我们对生产现场管理存在的主要原因进行了分析,并提出改进方案。

表 2-2 新疆机械厂生产现场管理诊断后的改进方案

现场管理存在的主要问题	分析现场管理问题及其主要原因	针对问题原因应采取的办法	现场基础管理的具体措施	现场管理考核标准
1. 现场环境较差。部分厂区、车间地面油污、积水、杂物堆积,道路不通畅,标记不明显,生产环境未达到标准。 2. 现场纪律较差,工艺规程、操作规程和安全规程不齐全。 3. 设备完好率较低,各类设备及附件不齐全,设备利用率较低。 4. 程序较乱,工装物品较不整洁,标志不明显,淘汰废品未定期清除。 5. 信息即时性较差,各种原始记账不规范。 6. 生产程度低,岗位责任制不健全,生产条件准备不充分	1. 现场工艺技术管理有章不循,制度不健全。 2. 未实现"定量管制"。 3. 对现场工艺技术管理不重视。 4. 生产现场组织体系合理优化较差。 5. 产品结构品种批量小,设备不配套,生产均衡率较差。 6. 车间各项管理工作协调衔接较差。 7. 班组建设和民主管理开展不力。 8. 现场管理的基础知识学习教育不深入	1. 工艺纪律"五字法",即:借、看、提、办、检。 2. 质量检验"三三法"。 3. 计量管理"八字要纲"。 4. 设备管理"三步法",即:日清洗、周维护、月保养。 5. 工具管理"十六字决法"。 6. 专业管理"九线法"。 7. 现场摆放 ABCD 定置法。 8. 文明生产"七治四不带"。 9. 环境管理"五不走"。 10. 劳动纪律"两点五不准法"。 11. 安全生产"十禁法"	1. 加强班组管理。 2. 保持工作的正常程序和良好环境。 3. 组织好工作地的供应和服务。 4. 制定和执行现场作业标准。 5. 编制班组个人生产作业计划。 6. 生产作业的控制。 7. 质量控制。 8. 成本控制。 9. 建立安全文明生产保障体系。 10. 搞好目标管理。 11. 建立必要的现场管理制度。 12. 不断调整生产的组合	按照"定置管理的考核准则、方法",实行严格考核,进行惩奖。见"考核细则"

根据企业领导的要求和生产的需要,为推动企业现场管理优化,把精加工车间作为现场管理优化试点单位。根据该车间生产的需要,设置了精加工车间定置管理实施方案(见表 2-3),在实施过程中逐步加以改进,提高现场管理水平。

表 2-3　精加工车间定置管理实施方案

车间现场管理存在的问题	分析存在问题的主要原因	定置管理改善方案具体实施意见
1. 车间现场秩序较乱，基础工作较差。 2. 规章制度不健全，岗位责任制不明确。 3. 车间设备布局不合理，齿轮产品落地，工装刀具乱放，油污、积水、垃圾、铁屑堆积，安全通道堆放在制品。 4. 定置管理认识不够，车间“脏、乱、差”比较突出。 5. 现场管理较差的种种表现集中反映在窝工浪费大、物质消耗高、生产率低	1. 未进行定置管理的学习、教育。 2. 定置管理工作未进行。 3. 产品品种杂、批量小，近年更新换代快，现场管理有一定困难。 4. 近年新老职工变化大，人员变动频繁。 5. 由于近几年“以包代管”等原因，企业管理意识淡化	根据新疆机械厂生产现场管理乱的情况，建议在企业实行定置管理，其具体意见如下： 一、定置管理的对象 1. 企业场地的定置； 2. 车间内部场地及区域的定置； 3. 生产现场设备的定置； 4. 生产现场的工位器具、辅具、运输工具的定置； 5. 工序、工位机台的定置； 6. 工具箱内物品的定置； 7. 办公室内的定置； 8. 库房的定置。 二、定置管理的任务 1. 使生产要素人、机、料、法、环得到科学的有机结合，并达到最佳组合； 2. 优良的环境充分发挥人的效能和主观能动性，用较少的劳动力达到较大的生产效果； 3. 最大限度地利用生产空间，不断完善作业环境，使生产现场秩序井然，做到文明生产。 三、定置分类 1. A 类——人与物结合紧密状态； 2. B 类——人与物发生周期性联系状态； 3. C 类——人与物待联系状态； 4. D 类——人与物处于失去联系状态。 四、定置管理的标志 1. 标志牌大小规格为 150mm×400mm； 2. A 类状态物品用红色，B 类用蓝色，C 类用黄色，D 类用黑色； 3. 标志牌上用白色字体书写。 五、实施定置管理 1. 建立相应的组织体系； 2. 制定定置管理规划，首先在金工一车间试点推行，第二年 3 月份在全企业推开； 3. 开展培训，提高认识，当年 11 月份进行； 4. 制定定置管理图，金工一车间当年 12 月份完成，企业定置图在第二年 2 月 2 日前完成； 5. 制定定置管理标准； 6. 定置管理的设计； 7. 定置管理的准备； 8. 定置管理的实施； 9. 检查考核、奖惩（标准另行）。整理→整顿→清洗→定置→考核

(五)班组管理咨询分析和生产班组管理示意图

班组是企业的最基层组织,是企业生产的落脚点,班组建设的好坏直接影响企业各项指标的完成。从该企业班组建设看,有待规范提高,为此我们根据该企业生产班组管理存在的问题,分析后提出改善方案和措施(见表2-4)。

表2-4 新疆机械厂生产班组改善方案和措施

班组管理现存主要问题	分析问题及主要原因	改善方案和措施	班组考核标准
一、班组设置不规范,现两人为一个班组,班组管理"两长""管理员"机构不健全。 二、班组工作标准、管理制度不完善。实行经营承包制以来,班组管理淡化,以"扣"代管、以"罚"代管理的现象依然存在。 三、班组长大部分未经过培训,管理素质不适应企业走向社会和加快发展的要求。 四、班组生产环境差,工装、刀具和设备放置不规范,有产品落地等现象。 五、班组思想政治工作较弱,民主管理认识不足,职工参与管理的积极性较差	一、企业"三定"(定岗、定编、定员)、"两责"(岗位责任制、经济责任制)、"一标准"(工作标准)未全面推行。 二、班组建设未纳入企业管理的基础工作。各方面未引起足够的重视。 三、1997年以来,企业加快"转机建制",深化内部改革、机构调整,新老员工交替,从优秀工人中走上班组长岗位的一大批职工未开展有计划的系统培训。 四、未进行现场管理的定置管理工作。 五、班组思想建设、组织建设、业务建设、制度建设未能列入车间管理日程	一、班组是企业的细胞,是企业管理的关键基础工作,要确认班组是企业行政管理的一级组织。结合企业生产特点,按工艺、产品及经营管理的要求,科学合理地完成、落实班组组织建设。 二、以"转机建制"为方向,打好管理基础,结合企业三项制度深化改革,完成定岗、定编、定员、定工作标准的同时,以岗位经济责任制为重点制定管理制度。加强班组业务、制度建设。 三、选配好班组长、工管员是推行现代企业制度的关键,班组长具备的条件是:思想好、技术业务精、爱本职、干劲足、善团结、会管理、有文化、作风正,按照八项标准选配,工管员也要按要求选配。 四、生产班组要实行定置管理。进行班组经济核算,以人、机、料、法、环全面加强班组管理。结合企业生产班组的具体情况,按目的、要求、主体、服务四项内容设计生产班组管理示意图并组织实施。 五、加强班组思想建设,班组是培养各类人才的阵地,用开展班组升级达标、评选好班长、各种竞赛活动等方法使班组的激励机制、竞选机制、约束机制运行起来	制定相应的班组考核标准,严格考核,奖惩落实

第三节 新疆机械厂企业管理咨询营销财务组报告

一、营销财务组报告

为了适应市场经济需要,企业采取了许多切实可行的措施,不仅增加了企业效益，也为今后的发展和进一步提高效益打下了基础。比较重要的措施有以下几方面：

(1)对原有机械进行了适当调整，各部门的干部也作了重新选任，对各部门作了分别承包，基本上精干了队伍，理顺了关系，为企业的正常运转打下了基础。

(2)重视新产品开发，近年来共开发新产品 20 种。

(3)为补足主导产品之不足，成立了石油分厂，年产值达到 150 万元以上。

(4)与内地企业联合成立了新泰公司，生产减速器等产品。

(5)开拓第三产业，如宾馆在南疆等地建立经销点。

(6)出租部分闲置房屋和汽车。

(7)供应科利用与中原地区的关系，购销部分钢材。

(8)在北疆地区开展养殖业及鹿茸深加工。

(9)不失时机地增产畅销产品，力挽狂澜，扭亏增盈。

二、企业虽然取得了很大成绩，但还存在一定的问题

(1)市场预测不准，计划安排上也有一定的保守性，今年计划产量所用生产力仅占实有能力的 40%，损失 60%的能力，大大增加了产品的生产成本，即使按计划生产全销也处于亏损边缘。

(2)销售不太理想，1—9 月销售收入为 745 万元，经营安全系数为 0.47，实际亏损 96 万元。

(3)市场变化未能及时掌握，如东风螺伞市场紧俏时企业无货供应，而产品上市时，市场已被外地产品占有，从而形成积压。

(4)由于财务管理和生产管理上的某些原因，造成了一定损失，例如财务管理和生产管理在控制过程中较松懈，库存及车间在制品的盘点工作不认真等。

(5)由于缺乏经验和财务监督不严等原因，致使第三产业流失了一定利润。

三、建议采取以下措施

(一)今年的应急办法

(1)今年最后两个月必须合力增加适销产品。例如拖车，目前市场需求量很大，企业已采取措施全力增产。到 10 月底产量已累计达到 1571 辆，如果 11 月、12 月能再生产 729 辆，即全年共生产 2300 辆，企业即可增加创利额 126 万元(1100×1 147.04＝1 261 744 元)。

(2)加强销售队伍，如果人手不够，可暂时借用能力强、与欠款单位有直接或间接关系的人员参加催收工作，目前各代销点尚有拖车 452 辆，可收回资金 174.4 万元，可实现利润 75.21 万元。

注：以上不含丢失、破损、折价等因素。

(3)为了加强收款工作，建议改变销售人员的激励机制，其原则大体如下：

①创利额高的要加系数。

②市场疲软的要加系数。

③市场紧俏的可减少系数。

④同一产品因销售地不同要有区别。

(4)加强三产管理，防止资金流失。

(5)联合企业和石油分厂要加强财务监督。

(6)控制费用开支。

如果能做到以上几点，今年的盈亏情况大体如下：

全年固定费用为433.9万元(含工人工资、销售人员工资)，销售费用26.5万元，财务费用98万元，其他销售利润78万元，营业外收入8万元，营业外支出2万元，变动费用1 056.88万元，创利额1 638.31万元，税金14万元。

如果不能按时完成生产任务或不能收回货款。以拖车为例，少生产一辆或少收回一辆即损失利润768元，其他产品根据其创利水平不同而定。综合来说少收回1万元即损失3200元利润。即，销售收入低于1600万元即发生亏损，目前收入达到1100万，到年底还需回收500万才能保本。

说明：按以上产量，企业工时利用率可达46%，即比原来的年度计划提高6%。

(二)对1998年的建议

1. 最大获利额

销售收入3654万元，创利额1 169.28万元，固定费用600万元，税金20万元，利润549.28万元(不含三产收入)。

2. 保本点

保本点产量为1 937.5万元，安全区为2768万元。即工时利用率在53%以上为保本点，76%为安全区。如果1998年三产收入100万元，则保本点1625万元，安全区为2 321.4万元。保本点工时利用为49%，安全区为70%。

要达到极限利润并非易事，但要达到保本点且力争向安全区跨进是势在必行，为此，必须从以下几方面着手：

(1)认真进行市场检测。

企业以往的市场预测比较粗放，仅凭本地的一点信息加上多年经验并在保守的基础上制订全年计划。特别是销售部门，为减轻自己的任务将市场需求压缩到伸手可得的程度，这样会出现三个问题：①计划数小，生产和销售的难度也没有压力，不利于发展新产品、开拓新市场。②不利于各种生产前的准备工作，也可以说根本不需要做太多的准备工作，一旦急需则手忙脚乱。③应得的效益流失，经常处于亏损边缘。

(2)资料积累。

①凡是出差人员必须交一份市场情况报告才允许报账。

②专人关注行业动态，收集报纸杂志上的有关政策，整理后交有关人员，一般可由党办、工会或行办中的一人兼任(产业政策、农业政策、铁路公路修建等)。

③建立同行业及对口(用户)的产销用户档案。

④收集相关部门的信息，如小拖产量、用户收入增长情况等。

⑤企业营销政策。

⑥进行数据处理(信息处理)并及时反馈，定期报告有关部门。

(3)定量运算。

一定要用多种方法测算，如2～3种时序法，2～3种回归法，并逐个进行分析，决定取舍，最后将可用的运算结果加在坐标图上求出加权平均值，根据政策和相关信息予以分析修正。

3.关于计划管理

市场在不断变化，计划也要相应变化，所谓一年计划就是将年初的静态计划变为全过程的动态计划。

如测定的市场容量较小，生产能力富余太多，虽有市场但不具备生产条件者应用弹性计划。所谓弹性计划即将产品分为三种情况：

(1)市场、备件、外购件、材料、工装都落实者；

(2)市场不太稳定，但其中某些毛坯、零件、配套件可单独销售者；

(3)工序较长，外购件市场紧，采购时间较长者。

第(1)类可直接排入作业计划实施，第(2)类可适当超储，第(3)类要积极创造条件。

对于(2)(3)种情况要采取措施，疏通渠道，一旦时机成熟即可投入。

4.财务管理

财务管理方面，首先要制订比较切合实际又节约开支的财务计划，合理运用资金进行过程控制，特别要对三产、联营厂、分厂加强财务监督指导。改变事后算账的被动管理方法，坚持每季一次全面的经济活动分析(也可由经营部门主持)每月一次专题分析，这样可以及时发现问题，采取措施及早纠正。对于每种产品的成本应该比较准确地、动态地掌握，这些资料有利于经营决策价格纠正。

建立定期盘点制度，做到心中有数，杜绝原材料和零部件丢失，对于编制生产计划也极有用处。

5.销售工作

销售工作任务很多，但目前一般都只要求把现有产品推销出去，并收回货款，很多人认为这就是销售工作的全部，这是一种误解。比较全面的销售工作至少还应做到以下几个方面：

(1)随时掌握市场动向，预测即将发生的市场变化情况，并提供有关新产品开发的动向。

(2)运用价格策略及时调整价格。

(3)处理各类用户的关系，当产品畅销和滞销时区别对待各种用户，为今后开拓市场创造条件。

(4)处理好折扣和推销的问题(即资金的时间价值)。

(5)积极参与二级竞争。

(6)关于产品结构问题。总的来说应该创造条件，逐步增加创利高的产品比重，淘汰创利低的产品。但是这种观念必须有个前提，即生产任务饱满时才能做到。任务不足时，只要售价高于变动费的标准产品都不能丢，它至少可以分摊部分固定费用。以企业而论，拖车就是一例，以后创造条件逐步用其他高创利产品替代，但目前还绝不能丢，而且还要靠它吃饭，这里有一个观念就是量本利关系。许多人对量本利的关系还不太明确，多做经济活动分析可加深大家对这方面的理解。

第四节　新疆机械厂企业管理模式发展战略目标

一、企业现状

(1)企业正由生产型向生产经营型过渡。

(2)采用技法：企业模式——采用开拓型管理模式。

(3)改善措施：开拓型管理模式。即：一是从生产型、生产经营型向开拓经营型发展；二是经销并重，不断开拓国内外市场；三是管理体系开拓，要综合应用现代化管理思想，创建形成与企业经营机制相配套的现代化管理体系。

二、由传统战略决策向科学战略决策过渡

(1)采用技法：企业战略决策——采用超前型决策管理。

(2)改善措施：采用超前型决策管理，即：超前决策，优化管理，快速引进，培养人才。

①超前决策——是核心，是企业迅速发展的前提。

②优化管理——是基础，是战略决策的基本保证。

③快速引进——是优质高效的关键。

④培养人才——是根本，是提高企业整体素质的保证。

三、传统决策方法向科学决策方法过渡

(1)采用技法：企业决策方法——采用三元动态平衡法。

采用三元动态平衡法，即企业的经营环境、经营目标、经营能力的动态平衡（见表 2－5、表 2－6、表 2－7）。

表 2－5　企业经营环境评价表

序号	构成内容	评价			
		权限	具备什么有利条件	存在哪些别的因素	得分（0～100）
一	市场环境 市场附属品的需求状况 市场资源供给状况 产品竞争状况	0.35			
二	政治法律环境 国家政权性质和社会制度 国家的政治形势、路线、方针、政策 本行业法律法规的颁布及影响 与经贸技术有关系的国家政治形势	0.15			
三	社会文化环境 人员结构 生活习惯 道德风尚 文化传统 社会财富分配结构变化	0.15			
四	科学技术环境 本国科学技术发展水平 与本企业密切相关的技术发展水平 新材料、新设备、新工艺的开发程度 国外科技发展水平	0.15			
五	经济环境 国民经济发展速度水平 国民经济结构 国民收入分配中积累和消费比例 国家经济法律法规、经济政策 对外经济贸易 国家经济体制改革和变化情况	0.2			
	综合评价： 85＜总分≤100　环境宽松；　70＜总分≤85　环境较为宽松； 55＜总分≤70　环境一般；　总分≤55　环境对企业制约太多				

表 2-6 企业经营目标评价表

序号	构成内容	评价			
		权重	与前期比较	与同行业先进水平比较	得分（1～100）
一	社会效益目标 满足社会物质生活的需要 满足社会精神生活的需要 上缴利税 环境保护 向社会输出技术人才 劳动保险、医疗卫生等社会福利 劳动就业 计划生育	0.30			
二	企业自身发展目标 产品利润 品种产量 质量 新产品开发 技术改造 市场占有率 销售增长率 劳动生产率 奖金利用率 职工个人收入增长率	0.70			
	综合评价： 85＜总分≤100 目标水平高； 75＜总分≤85 目标水平较高； 55＜总分≤70 目标水平一般； 总分≤55 目标水平较低				

表 2－7　企业经营能力评价表

<table>
<tr><th rowspan="2">序号</th><th rowspan="2">构成内容</th><th colspan="4">评价</th></tr>
<tr><th>权限</th><th>具备什么有利条件</th><th>存在哪些别的因素</th><th>得分（0～100）</th></tr>
<tr><td>一</td><td>经营决策能力
战略决策、战术决策、职能决策
决策方式、方法、程序</td><td>0.20</td><td></td><td></td><td></td></tr>
<tr><td>二</td><td>产品开发能力
开发人员素质，团结协作精神
开拓、创新能力，产品开发手段
抓市场信息能力</td><td>0.20</td><td></td><td></td><td></td></tr>
<tr><td>三</td><td>生产创造能力
工装、设备能力，技术工艺水平
生产组织、指挥、协调、控制
（连续性、适应性、经济性）</td><td>0.20</td><td></td><td></td><td></td></tr>
<tr><td>四</td><td>市场营销能力
价格、成本、质量、商标、服务
企业形象和产品信誉
产品寿命周期分析
销售增长率
产品获利能力
产品拓展能力</td><td>0.20</td><td></td><td></td><td></td></tr>
<tr><td>五</td><td>人为中心的管理
理解、尊重、培养职工
合理选拔、开发、使用人才
职工的事业心、责任感
共同价值观
集体制造力</td><td>0.20</td><td></td><td></td><td></td></tr>
<tr><td></td><td colspan="5">综合评价：
85＜总分≤100　经营能力强；　70＜总分≤85　经营能力较强；
55＜总分≤70　经营能力一般；　总分＜55　经营能力较弱</td></tr>
</table>

第五节　新疆机械厂企业管理咨询新产品开发分析报告

三年中，由于领导重视、职工努力、立足市场、发挥特长，新疆机械厂开发了 20 种新产品，有 8 种列入了 1997 年生产计划，进行了批量生产并进入市场，1—10 月份销售收入达535 558元，给企业增加了活力。但根据该企业产品开发效果调查，尚不能满足企业发展的需要。所以我们认为该企业新产品开发的力度还不够，应进一步加强新产品的开发。现从新产品开发组织分析、新产品开发效果分析、新产品开发过程分析、新产品开发计划分析四个方面分析如下，见表2-8。为保持本报告的清晰和完整，附上该企业新产品开发效果调查表，见表2-9。

表2-8 新产品开发分析

方面	序号	企业现状	现状分析	改善意见
一、新产品开发组织分析	1.产品开发组织结构分析	该企业新产品开发以技术科室牵头，在其他科室及车间的配合下，实行技术科一揽子包到底的开发方式	不能迅速适应市场变化和技术发展的要求，缺乏一个能在新产品开发过程中进行全面协调和调整的权威性领导机构	由企业领导和与产品开发有关部门的代表组成新产品开发委员会，负责研究和审批新产品开发项目，并责成有关部门执行。对新产品开发项目组建由直接有关部门的代表组成的领导小组：构建新产品开发网络，明确有关人员在新产品开发中的责任及权限
	2.人员素质分析	该企业从事新产品开发的专业技术人员计19人，平均年龄37.3岁。其中高级工程师3人，工程师5人，助理工程师10人，见习1人	该企业新产品开发技术队伍属于较年轻的知识结构型队伍，只有部分人员能够独立从事技术性、创造性强的产品开发技术工作	要有计划地对技术人员进行培训，专业进修，不断地进行知识更新，以适应科学技术的发展；有计划地组织年轻的工程技术人员参与新产品开发的科研和实践，在老工程技术人员的指导和培养下，尽快能独立地从事新产品开发工作
	3.情报管理工作	该企业有专人负责技术情报的整理和归档工作，但情报的收集缺乏系统性和完整性，大部分市场情报没有整理归档	新产品开发是技术研究和市场需要紧密结合的活动，技术情报和市场情报是产品开发构思创意的主要依据。情报收集不全，没有及时整理归档，就不能有效地给产品开发各个阶段提供必要的依据	制定情报管理标准，明确应收集情报的内容及整理归档的程序，以便有效利用收集到的情报给新产品开发决策提供依据

续表

方面	序号	企业现状	现状分析	改善意见
二、新产品开发效果分析		该企业近三年共进行开发的新产品20多项，已完成11种，投入市场8种，1997年实现销售收入535 558元	开发的20多种产品中，有6种尚未完成，有2种产品由于试验情况不理想停止进行	加强对新产品的调查研究分析，做好对新产品的构思创意、选择阶段评论审查工作，可借助于“创意评价表”从征集到的许多方案中筛选出具备开发条件的构思方案，以免误舍误用，对具备开发条件的构思方案要进行技术经济论证后再做出决策
三、新产品开发过程分析	1.新产品开发程序分析	该企业新产品开发过程基本上是按新产品开发程序进行，但步骤不规范、不完善	由于没有产品开发管理标准，在产品开发中的各个程序较乱，也往往不能按步骤进行	编制产品开发流程程序，可根据企业特点，参照通用产品开发流程图，按开发新产品任务的来源及产品的复杂程度，分别编制不同类型产品的开发流程图，明确产品开发各个阶段的工作内容及实施部门，制定产品开发管理标准，明确产品开发各阶段工作应达到的标准及相应实施部门在这个阶段的责任和权限
	2.新产品开发进度管理分析	该企业新产品开发过程中大多没有一个完善的开发日程计划来安排产品开发各个阶段的进度	由于在产品开发过程中大多没有完善的开发日程计划，很难有效地控制新产品开发的进度，难免造成产品开发的延期，不能及时地占领市场	应按照产品开发流程图及管理标准，制订新产品开发各个阶段的流程计划，明确各个阶段的进度、具体工作内容及负责人等，可应用现代化管理工具——网络计划技术来安排新产品开发工作的进度，抓关键路线的管理和必要的“赶工”
四、新产品开发计划分析		该企业新产品计划仅有年度计划，没有具体的实施计划及实施费用	由于没有具体的项目实施计划及明确落实的新产品开发及进度计划，各部门的工作无法按期完成	在新产品项目确定下来后，应按项目编制实施计划，明确进度组织和实施的可能性及期待的效果，以保证新产品开发计划的顺利完成

表 2-9 1995—1996 年新产品开发效果调查表

序号	项目		开发时间	任务实现	完成程度	已生产数量	1994 年预算		备注
	产品型号	产品名称					数量	金额/元	
1	2502037-52	解放九吨车从动螺伞	1994 年	配套	试制阶段				
2	2502036-52	解放九吨车主动齿轮	1994 年	配套	试制阶段				
3	2402107-52B_1	解放九吨车主动圆柱齿轮	1994 年	配套	试制阶段				
4	2502108-52B_1	解放九吨车从动圆柱齿轮	1994 年	配套	试制阶段				
5	2502107-52B_1	解放九吨车主动圆柱齿轮	1994 年	配套	试制阶段				
6	140-1700C-031	东风一轴	1994 年	市场	批量生产	1556	178	24 701.62	
7	140-1700C-135	东风四挡齿轮	1994 年	市场	试制、小批量生产	340			
8	140-24020C-025	东风从动螺伞齿轮	1994 年	市场	批量生产	2400	510	34 275.23	
9	140-24020C-026	东风主动螺伞齿轮	1994 年	市场	批量生产				
10	140-24020C-048	东风中间轴	1993 年	市场	批量生产	458	114	19 592.24	
11	7CB・2t	2 吨拖车	1992 年	市场	批量生产阶段	200	59	318 062.14	
12	JJK 1.5	卷扬机	1994 年	市场	试制完毕小批生产	5	2	12 000	
13	RP 100	锅炉调速器	1992 年	专利	小批生产阶段	15			目前存在配套问题
14	4205C-010	东风取力器	1993 年	市场	试制阶段	15			试制情况不理想
15	4207010-01	解放取力器	1993 年	市场	图纸完毕未进入试制				
16	ZQ250	通用减速器	1993 年	市场	小批生产阶段	55	23	49 149.35	
17	ZQ350	通用减速器	1993 年	市场	小批生产阶段	49	29	77 777.51	
	合计							535 558.09	

第二部分

赴企业调查与研究篇

第三章

优化内外环境　全面落实《条例》①

——对新疆机械工业企业的调查②

1988年5—6月，新疆机械电子工业厅调查组，先后走访了北疆地区伊宁、新源、奎屯、沙湾、石河子、五家渠、乌鲁木齐和吐鲁番等地、州、市的企业并专访新疆农机供应等部门，重点对26个企业落实《全民所有制工业企业转换经营机制条例》和《自治区落实办法》实施后的情况进行了一次全面调查。现将调查情况和问题概述总结如下。

第一节　调查分析

新疆机械电子工业厅调查组通过专访企业，召开企业座谈，在听取多方意见后，现将调查情况归纳如下。

新疆部分地、州、市政府和企业主管部门，将部分影响企业经营活力又和各方牵扯不多的权力，开始下放给企业，有些权力由于牵涉到地方和行业主管部门利益，加之政府部门机构尚未精简，职能转变滞后，放权尚未落实。通过8个地区企业落实14项自主权的逐项调查分析，大体有三种情况。

一是有5项自主权多数企业已经落实或基本落实。这5项权力是：生产经营决策权、产品定价权、产品销售权、物资采购权、留用资金支配权。

二是有5项自主权落实难度大，只有部分落实。这5项权力是：资产处置权、人事管理权、机构设置权、联营兼并权、工资奖金分配权。例如，厂长对人事调动只有同意权没有批准进出权，企业仍然每个月要到主管部门批工资总额和各种补贴款。联营兼并权落实难。企业已协商并同意联营，主管部门不点头就办不成，特别

---

① 这里指《全民所有制工业企业转换经营机制条例》，本章中简称《条例》。

② 原载：《国家机械工业部政策与管理》，1988年，第6期。本文写作于1988年，本章均以写作时间表述。

是跨省区、跨所有制联营兼并更困难。伊犁链条厂自1988年就提出与乌市104团联营办分厂，但团里迟迟不同意，企业反映强烈。

三是有4项自主权基本未落实。这4项权力是投资决策权、进出口权、劳动用工权、拒绝摊派权。例如，企业投资决策权，政府职能部门干预太多，《实施办法》规定："企业用自筹资金能够自行解决建设和生产条件的基建项目和技术改造项目，由企业自主决定立项，企业自主决定开工。"可实际上，企业搞50万元自筹资金基建项目，必须到自治区计委办理投资许可证，否则不准开工。而且，项目审批手续依然繁杂，企业上一个项目，仍然要厂领导拜望一个又一个主管领导，出入一幢又一幢机关大楼，才能盖全审批章。再如劳动用工权，目前企业需要调进的人，既要劳动部门审批，还要接受劳动部门附加条件，搞名额搭配。企业没有权解除劳动合同，辞退、开除职工仍需由劳动部门审批。就连未到退休年龄的职工要退休，企业审批也不算数，仍要劳动部门审批同意后才能生效。拒绝摊派权更是一纸空文。企业普遍反映，现在名目繁多的乱摊派，企业敢怒不敢言，不少部门"明的不搞暗里搞"，"硬的不搞软处搞"。老三乱没制止，"新六乱"又起，教育、城建、公安、竞赛、办班和各种节会这几项新摊派(名曰赞助)，令企业苦不堪言。

在调查中不少企业反映，有些经营自主权：一是不能用，例如辞退职工等；二是不让用，也称限制用，例如进出口权；三是不敢用，例如拒绝摊派，开除职工；四是不会用，许多政策界限很不清楚；五是不愿用，其原因是个别经营者素质太低，缺乏竞争意识。许多企业在转换机制中，仍用计划经济的那一套管理企业，企业自我发展、自我约束的内在动力机制尚未完全形成，不少企业仍眼睛向外，向政府要优惠政策、补贴等，没有把主要精力放在转换内外两个机制上，仍习惯于躺在政府怀抱中搞计划经济那一套。还有一部分政府职能部门，嘴上放权，实际上不放，有些时候权力放下去，过些日子又收回来。一些企业主管部门和有关地区对贯彻落实《条例》缺乏紧迫感，有的迟迟拿不出来贯彻《条例》的具体意见、办法和有关措施，还有一些地区经委尚未出台与《条例》配套的规章制度，影响了企业转换经营机制落实。各地政府没能去协调解决贯彻《条例》中碰到的一些具体问题，有的企业仍盼政府给权。

第二节　企业效益滑坡

我们这次调查的企业中有大中型国有企业，也有部分小型的集体企业。由于政府体制不顺，特别是兵团管的企业，机制不活，企业经营者士气低落。面对原材料一涨再涨、资金缺口大等问题，有的企业多年来没能形成拳头产品，零星加工产品多，更新换代的产品少，低档次的产品多，加之技术管理水平低，多家企业出现亏损，与去年同期相比，亏损额继续上升。

在调查中发现一些企业由于转换机制，产品结构调整迅速，采取多种经营，企业活力增强。如：石河子电焊条厂利用搬家的有利优势，主动与天津“大桥”集团联营，用名优产品，扩大了市场占有量，当年上半年完成工业总产值692万元，比上年同期增长35.8%，产品销售收入2848万元，较去年同期增长526.8%，利润195万元，较去年同期增长926.3%，利税310万元，较去年同期增长319.21%。又如新疆潜水泵厂，切实贯彻条例，加快内部机构调整，今年初，通过聘任制考核，淘汰了6名中层干部，选配了5名干劲足、作风正、群众拥护的职工进入领导岗位。同时，企业提出加快产品更新换代、用优质价廉的产品开拓国内外两个市场的战略目标，在企业内部狠抓劳动纪律，不断完善各项专业管理。面对钢材暴涨、企业成本增加500多万元的困难，企业开展“增产节约、增收节支、修旧利废”活动，降低成本，增加效益。工厂从节约一个螺丝钉、一米钢线、一个刀头做起，从积压报废多年的库存中，修磨旧爪盘，回收报废锭子铣芯，拆出钢线，精选回用，仅这项就为企业节约资金50多万元。今年上半年，该厂实现了利税、利润同步增长。

第三节　企业管理进展缓慢，现场管理优化有待加强

一些企业领导由于忙于奔波市场促销售，不重视企业管理现代化，仍用经验性老办法管理企业，认为承包经营一包就灵，忽视了各项规章制度的科学化、规范化、标准化、系统化，没有认识到转换经营机制的同时必须强化企业自身约束机制，造成企业管理混乱，各项经济指标不佳，成本之高，物耗降不下来等。因此，当前企业领导首先要重视现场管理，按照现场管理五要素优化，做到制度化、规范化，实现增效降耗。

第四章

加强企业管理　增强企业活力①

一

从纵向对比看，新疆工业经历了一个从修理到制造、由小到大的发展历程。截至1991年底，新疆工业企业已有4300多个，职工人数约73万人。其中全部独立核算企业1800多个。仅今年上半年乡以上工业企业总产值136.67亿元，成为自治区财政收入的主要来源。改革开放给新疆工业带来了新的生机，进步是令人鼓舞的，但从纵向对比来看，落后状态仍然没有大的改观，与全国工业企业水平相比差距还很大。1980年到1990年10年间，全区工业总产值增长了4.3倍，人均工业产值增长了3.6倍，由原来居全国第21位上升到第15位，速度不慢。但是，全民独立核算工业企业百元资金实现的利税，却由全国第16位下降到全国第28位；百元固定资产原值实现利税从第23位下降到第29位；百元固定资产原值实现的产值从第21位降到第28位；百元工业产值实现的利税从第20位下降到第25位。今年1至8月，我区工业企业亏损面比去年同期虽减少3.6%，但亏损额却上升23.1%。造成经济效益低下的原因，有外部环境的影响，但就企业内部看，管理落后于市场是主要原因之一。我区工业企业仍然走的是一条投入多、产出少、经济效益低的路。

由于企业领导者对管理认识不同，我区一些工业企业在相同的外部环境下，经济效益出现较大的差异。例如，新疆机械电子行业1990年有7家亏损百万元以上的亏损大户，同时也有10家百万元以上的盈利大户，从自治区去年上半年组织的企业经济效益分析会上反映的情况，对企业的经济效益对比证明，企业管理可以使潜在的生产力变为现实的生产力。

二

当前新疆经济发展中的突出问题依然是企业缺乏活力。主要原因之一：企业自身还没有建立起既有激励又有约束的经营机制，管理混乱，各项经济指标欠佳，成本高，物质消耗降不下来，产品没有竞争能力，使得内地很多产品纷纷涌入新疆。

---

① 原载：《新疆经济报》，1992年12月15日。本文写作于1992年，本章均以写作时间表述。

面临困境，我区一部分企业产品销不出去，不找市场找市长；缺乏资金，不靠挖潜靠贷款；没有利润，不增收节支求国家免税；还有一些企业不在质量品种适销上下功夫，仍要保护地产品政策；等等。总之，这些企业仍然习惯于躺在国家政策的摇篮里搞经营，一方面喊资金短缺，另一方面产品库存大，资金大量沉淀。上述病症，根本的问题还是把搞活企业的注意力集中在外部环境上而忽视企业内在的管理问题。

我区部分工业企业管理水平低的主要原因：一是企业领导对管理效益认识不足。不少领导经营思想还未从传统管理意识上转换过来，特别是中小型企业还没有把管理提到议事日程。二是各项基础管理工作薄弱，重生产轻管理的状况仍然很严重。三是以包代管，放松管理。许多企业运用承包制和经济责任制来管理企业，对推进企业发展起了一定作用。但一些企业误认为实行了承包制后，不用在管理上下功夫了。因而有的企业管理者眼光只盯着承包指标，放松了各项企业管理工作。生产作业现场尘土飞扬，“晴天漫天黑沉沉，雨天遍地泥巴巴”。四是干部和职工的素质同现代化管理的要求差距较大，不能适应向生产高科技含量产品发展的需要。

三

要增强我区大中型企业活力，关键还是要在加强内部管理上下功夫。为此，要切实加强以下几个方面的工作：

一是企业领导要更新管理意识和经营意识。在管理观念上，从“要我管理”向“我要管理”转变。以《条例》为动力，改善和强化管理，使企业走向市场，脱离行政怀抱，适应市场竞争这个新的形势的要求。

二是把增强企业活力与提高经济效益结合起来。要坚持以提高经济效益为中心，调整结构，提高质量，降低消耗，立足现有基础，走内涵挖掘的路子，大力推进技术进步和管理进步，实现由粗放型经营向集约化经营转变，最大限度地开发现有企业的潜在能力，以提高企业的再生能力和经济效益。

三要抓住现场管理这个重要环节，推动企业管理整体素质的提高。

四要扎扎实实地强化各项专业管理和基础工作。要严格质量管理、设备管理、资金管理、劳动管理、工艺管理，并形成安全生产保证体系。

五要把企业管理与经济承包责任制结合起来，努力做到“以管促包”，即以管理促进承包任务完成，在新的一轮承包中要把管理上台阶列为承包人必须达到的目标，到期兑现。

六要积极推进现代化管理。国有大中型企业要在现有的基础上应用 18 种现代管理方法，做到制度化、规范化和计算机辅助管理网络化。

总之，搞活企业关键还是要靠企业自身管理水平的同步提高，要有一套行之有效的企业管理体系，做到既有压力又有动力，企业才能真正具有活力。

第五章

加快企业股份制试点步伐[1]

当前社会上把“股份制热”同“房产地热”“开发区热”“股票热”称之为当今改革四热。为什么“股份制热”升温如此高？最根本的原因在于，我国经过八年股份制企业改革的试点，证明股份制对发展社会主义商品经济有着明显的促进作用。与国有企业承包制相比，股份制有利于企业从根本上转换经营机制，有利于企业自主经营、自负盈亏、自我发展和自我约束的生成。

改革十四年来[2]，我区国有企业先后按照两权分离的思路进行了积极的探索，搞了资产经营责任制、租赁制、承包制，1987 年至今全面推行了承包制，经过几年的发展和完善，承包制促进了生产发展和效益提高。但承包制不是朝着国家对企业调节管理的规范化方向前进，不能适应商品经济发展的需要。由于承包制本身具有很大的缺陷，加之我区政府转变职能滞后，仍用原来的管理模式指挥企业行为，致使企业转换经营机制步履艰难。从近两年来看，由于外部环境和内部机制运转不灵，我区大中型企业经济效益出现较大滑坡。去年，我区预算内工业企业成品资金期末占用额比上年增长 13.4%，亏损企业数占总数的 22%，比前年增长 2.6%，亏损总额增长 15.1%。今年 1—2 月，我区工业企业亏损状况更加严重，在统计的 534 户预算内国有企业中，有 241 户发生亏损，亏损面达 45.1%，亏损额达 3554 万元，比上年同期增长 35.4%，成本上升，产品资金占用居高不下。另据自治区机电行业 138 个企业效益统计，今年一季度与去年同期相比实现利润下降了 12%，出现了产值、销售、库存增长，而经济效益滑坡的现象。但与此同时，全区已批准设立股份制企业 38 家，经济状况普遍好转，特别是中新、银河、金魁等企业通过资产评估、财务审计，解决了财产不清、利润不实等问题，充实了公司资本，改造了资金结构，提高了市场竞争能力和经济效益，这同我区一季度工业生产滑坡、企

---

① 原载:《新疆经济报》，1993 年 5 月 19 日。

② 本文写作于 1992 年，本章均以写作时间表述。

业效益不佳，形成鲜明对照。

当前，我区国有企业改革的深化，必须在理顺产权关系的基础上，积极而稳妥地推行股份制试点。从自治区的实际出发，在学习和吸收内地先进省份股份制试点的成功做法和经验的同时，笔者认为应采用典型引路、规范运作、扎实推进、务求实效的方针，加快我区股份制试点的步伐。

1. 典型引路

我区要根据不同企业、不同行业特点，先在我区工业企业最佳经济效益的 50 家企业中选择几家有代表性的支柱企业试行股份制，因为这 50 家企业代表了我区 17 个主导行业，分布在全疆 11 个地区，它的特征是以乌鲁木齐为中心，以北疆、东疆、南疆线递减分布，这和新疆经济发展的水平梯度十分吻合。这些企业的内部机制运转较好，职工们积极性也高，代表了行业的最高水平，是各行业骨干带头企业，如能试点成功，它们的影响力大，对我区企业股份制改革有推进作用。

2. 规范运作

试点企业的组织与运作要规范化，尽可能按国际上股份制运作规则行事，各项管理要规范化、正规化。在试点时，一开始就要“严”字当头，从管理制度到公司组织体系，都应按照股份制试点规范，建立相应的新制度，力争做到起点高、制度健全、有章可循。

3. 扎实推进

各地政府要尽快成立股份制试点领导小组，在试点中要由点到面、循序渐进，按照规范运作的要求，有计划地推进。试点企业可以走一步、看一阵、再前进，也允许试点企业走回头路，重新调整试验形式。当地主管部门要积极配合协作，既要积极推进，又要稳扎稳打。

4. 务求实效

在进行股份制试点中，一个企业要不要推进股份制，要由企业职工决定，政府和主管部门不要搞形式主义，更不要搞一阵风，不能搞一刀切、一种形式。企业领导要从转换经营机制着手，尊重职工的意愿，从企业的实际出发，采用适合企业的形式实行股份制试点，通过股份制度切实促进企业经济效益的增长。

根据我区大部分国有企业创利少、留利低、负担重、缺乏改造和发展能力等特点，我们认为，我区股份制试点应选以下两种形式为宜。

第一，企业内部职工持股。这种形式可以使职工成为集劳动者、所有者、经营者、承担风险责任者为一身的企业主人。职工持股，这样就很自然地把他们的经济利益和企业紧密联系起来，实现“连股又连心”，变“官办”企业为“民办”企业，变政企不分为民主管理，强化主人翁责任感，促进生产关系向优化方面发展。

第二，企业法人持股。这种形式有利于打破我区企业地区、部门、行业界线，形成专业化、集团化大生产形式，这对新疆企业破除多头行业化管理是十分有益的。企业实行股份制后，有了更多的自主权，它可推动区内外企业合办一些新的项目或实行多种横向经济联合，实行资金、技术、劳动力等生产要素的合理组合，形成新的生产能力。

第六章

强化管理 练好内功[①]

1993年上半年以来，拥有资产占我区独立预算工业企业全部资产总额70%以上的125家国有大中型企业，有相当部分陷于低速低效乃至负速负效的困境之中，集中表现为：生产增长乏力，亏损面急剧扩大，产品积压严重，企业间相互拖欠加剧。此外，一些企业内部管理不严、纪律松弛、组织涣散、整体管理效能低、经营决策能力差等问题，成为企业面临困境的内在原因，特别是一些企业经营者短期行为严重，造成国有资产流失，在深化企业改革、转换经营机制中行动缓慢，用观望、等待态度来搞"三项制度"改革，大部分企业"以包代管""以改代管"等问题较为突出，企业基础管理工作呈严重滑坡的趋势。

笔者认为，贯彻落实公司法与《全民所有制工业企业转换经营机制条例》(本章中以下简称《条例》)，转换企业经营机制，为企业创造外部条件固然很重要，但终究还是决定于企业自身。如我区机电行业1993年实现利润在500万元以上的天山锅炉厂、新疆电机电器制造公司、新疆电焊条厂、乌鲁木齐电工设备总厂、八钢板簧厂等企业，在外部环境相同的情况下，不等不靠，加快了企业转换经营机制的步伐。它们依靠科技进步，强化管理，不断优化内部改革，搞合同化管理，实行分段制独立核算，今年初又拟定了向现代企业制度过渡方案。乌鲁木齐电工设备总厂在扩大生产规模的同时，兼并了老大难亏损企业乌鲁木齐市玻璃厂，在企业内部划小核算单位，加强成本管理，组建了股份有限公司，今年上半年获利润200多万元。天山锅炉厂依靠科技进步，不断开发新产品，成为我区第一家向内地输出技术专利的企业。在引进市场机制的作用下，这五家企业普遍加强了产品开发、营销、信息等方面的管理，经济效益稳步增长。新疆十月拖拉机厂于今年上半年在内部改革上进行了一系列动作，完成干部聘用制、优化组合制、全员合同制，采取分配与工作业绩挂钩以及医疗制度改革等配套改革措施，对基层单位进行了模拟法人经营的承包

---

① 原载：《新疆改革与发展》，1993年第6期。本文写作于1993年，本章均以写作时间表述。

合同签约。运转半年来，企业活力大增，职工积极性得到了发挥。而新疆电线电缆厂近几年来，由于经营管理不善，市场信息不灵，内部管理薄弱，亏损额上升，企业包袱越压越重，已濒临资不抵债的境况。

从以上几家企业的对比可以看出，贯彻《条例》，落实14项自主权，只是为企业创造了较好的外部环境，但不等于说企业的经营机制就自然而然转换了，其制度就更新了，内部管理就跟上去了。企业内部经营机制的转换，必须靠企业自身的努力，这是任何外力所不能替代的。

管理虽不是万能的，但是管理能帮助企业解决许多问题。比如，目前企业流动资金紧张，有的企业资金周转天数180多天，有的企业资金周转天数250多天，如果企业内部管理改善了，产品适销对路，信息灵，资金周转加快，自有流动资金比率就上去了。又比如，企业的管理加强了，产品成本下降了，企业的利润增加了，价格还可以降下来，销路还会增大。曾有管理专家说，通过降低成本来增加利润，比扩大销售量增加利润，要来得容易。商品竞争力的背后是技术和管理，我们的企业应在苦练内功上下功夫。

第七章

企业进入市场经济需要十个转变[①]

转换国有企业特别是大中型企业的经营机制，使其真正成为市场的主体，是建立社会主义市场经济体制的中心环节。实践证明，国有大中型企业深化改革，走向市场，从长期计划经营管理中分离出来，按照《全民所有制工业企业转换经营机制条例》(本章中以下简称《条例》)精神，不断转换机制，建立起同市场经济相适应的经营机制，需要做好十个方面的转变。

一、资源配置

在资源配置上，从“有形的手”发挥作用，向“有形与无形的手”同时发挥作用转变。计划经济体制是借助于计划机制的力量，把企业经济置于一个统一的经济计划的控制之下；而社会主义市场经济体制是在运用计划机制力量的同时，更加重视市场机制的力量，靠市场供求规律、价值规律发挥作用，在资源配置上形成了“国家调控市场，市场引导企业”的新思路。

二、运作过程

在运作过程上，从“静态运作”向“动态运作”转变。原计划经济体制下，企业吃的是国家“大锅饭”，一切由国家包揽，企业按上级生产计划编制企业生产进度，企业之间不存在生存竞争，没有倒闭的风险。企业的组建、立项、建成投产等均由政府主管部门协调实施，企业外部环境与企业生存关系不大，是相对平衡的静态运作。十一届三中全会以后，企业逐步脱离政府怀抱，成为市场主体。随着体制改革的深入，社会主义市场经济体制形成，企业自主权到位，就有了市场竞争，这时企业处在动态变化中，危机感出现。在同样外部环境下，企业产品的竞争，使部分企业壮大，兼并了无竞争力的部分企业，一部分企业甚至走向破产倒闭，形成适者生存、

---

① 原载：《新疆农机化》，1994 年第 1 期。

优胜劣汰的市场状态。

三、经济地位

在经济地位上,从“附属地位”向“自主地位”转变。原计划经济体制下,企业由国家统管,各企业人、财、物、产、供、销都在政府主管部门的管辖下,企业是政府的附属品,一切由政府说了算,企业不能自主经营,连职工都是国家的。在社会主义市场经济体制下,企业成为社会主义市场经济的主体,国家把自主权放给了企业,企业被推向市场,可以随市场变化调整经营方式和内容,成为自负盈亏、自我发展、自我约束的商品生产者和经营者。政府主管部门的职能则转向指导、服务于企业。

四、行为动机

在行为动机上,从“对国家负责”向“对企业负责”转变。原计划经济体制下,企业是国家的附属品,企业的经营者要对国家负责,一切从完成任务、产值出发,不重视经济效益,侧重政治意义,盈亏都由国家结算。社会主义市场经济体制下的企业转向以经济效益为中心,职工对企业负责,经营者除了应缴纳政府利税外,其余全由企业自主分配,企业内部各项管理朝着不断优化方向发展。

五、经营

在经营上,从“国家单一渠道”向“多种经销渠道”转变。原计划经济体制下生产要素不被视为商品,生产资料不直接进入市场。在消费品市场和流通市场方面,国家实行统购统销,依靠国营商业主渠道,没有城乡集市贸易,由国家统一核算。在社会主义市场经济体制下,国家改变计划经济老一套方法,开始引导培育各要素市场在内的市场体系,企业的生产资料包括劳动力都在市场中自由选择,生产资料进入多种渠道,出现多形式、少环节期货市场和批发市场,搞活了流通,促进了消费和资金回笼。

六、物资

在物资上,从“统购包销”向“市场调剂”转变。原计划经济体制下,各种物资基本上由国家经营主管部门实行统购包销。国家按照计划全部收购,积压和短缺现象同时存在,造成产需矛盾。在社会主义市场经济体制下,国家除对极小一部分重要物资下达计划外,绝大部分物资都放开进入市场,通过市场调剂。

七、价格管理

在价格管理上,从“计划价格”向“市场价格”转变。原计划经济体制下,政府对各类产品统一制定一个价格,很大一部分产品的价格严重背离价值。在社会主义市场经济体制下，价格随市场价格浮动，企业从统一定价转变为市场定价，绝大部分商品价格由市场调配，供需双方见面，体现了价值功能。

八、财税管理

在财税管理上，从“统收统支”向“税利分流”转变。原计划经济体制下政府部门下达严格的计划由国家统收统支，束缚了企业的自我积累和自我发展，同时使一些经营不善的企业依赖政府，成为国家附属品。在社会主义市场经济体制下，企业根据自身的情况和市场需求生产经营。目前实行的税利分流等新的财税管理方法，以及增设税种调节税率等具体措施，既保证了国家财政收入，又调动了企业的积极性。

九、劳动就业

在劳动就业上，从“国家统包”向“自主选择”转变。原计划经济体制下，为保证人人就业有饭吃，国家采取统一包劳动就业，统一编制年度就业计划，各企业根据下达招工指标招收职工，这种用工制度形式单一，企业也没有更多的选择余地，更不能做到“双向选择”。企业的经营者是由主管部门任命的，随时有变动的可能，职工进了工厂，就成了这家工厂的固定成员，直到自然减员，职工吃的是企业“大锅饭”。在社会主义市场经济体制下，企业实行全员劳动合同制等新的劳动管理体制。企业通过市场招聘可找到所需要的人才，职工也可根据自己的选择到劳务市场直接与企业的人员见面，通过劳务市场和人才交流中心最大限度地发挥自己的智慧。

十、公司奖励分配

在公司奖励分配上，从“平均分配”向“按劳分配”转变。原计划经济体制下，国家控制企业工资总额，各行业工资等级和标准、工资晋级和增长全部由国家统一制定，职工的收入“旱涝保收”。在社会主义市场经济体制下，企业实行按劳分配为主、多种奖励为补充的分配体制。职工的工资与企业的经济效益挂钩，国家对国有企业的工资总额只采取总挂总提的办法，其他分配则由企业自主管理。

第八章

企业的隐性危机与思考①

隐性危机是当前国有企业，特别是大中型国有企业面临但又不愿公之于众的问题，企业的隐性危机关系到国家经济的平衡发展。目前我区多数国有大中型企业经济效益恶性循环加剧，已引起自治区有关领导及经济和企业界的关注和重视。

第一节 隐性危机的各种表现

1. 隐性亏损

隐性亏损主要有两种情况：一是虚盈实亏，二是少报亏损额。许多企业为了应付上级和承包期兑现，采取在盈亏临界点上做文章。某企业近千人，去年仅盈利几万元，本应摊入当年的费用而不摊，把未形成的利润先算进去。有些企业"六五"和"七五"技改项目已投产，但该转固定资产的部分迟迟不转，折旧也不提。有的企业通过拖转、挂账、少报等手段隐瞒实际费用，还有的企业采取货未出手或货款未到位就上报利润。甚至部分企业把税务部门免征的产品税、增值税、销售税也做到利润中去，造成虚盈实亏。部分企业这几年稍有盈利，但未支付银行的利息，三角债拖欠，实际上有的企业早已是资不抵债了。

2. 隐性产值

从我区机电行业 120 家企业上两年年报来看，由于地方政府盲目追求产值，一味讲究增长幅度，造成企业以次充好，对供大于求的大路货也加大生产量，以致产品大量积压，库存积压满厂都是。乌市某机械企业，成品库存金额已达 300 多万元，如按今年第一季度的销售速度，库存积压产品需 18 个月才能处理完。1992 年，我区机电工业"低速低效"的问题很突出，计划内 120 个机电企业当年完成总产

---

① 原载：《新疆农机化》，1994 年第 1 期。本文写作于 1993 年，本章均以写作时间表述。

值 18.5 亿元，增长速度 10.1%；销售总额 19.6 亿元，较上年增长 7.2%；实现利税 1.46 亿元，较上年增长 9.1%；库存 3.2 亿元。1993 年，计划内 120 个机电企业统计，全年工业总产值完成 18.2 亿元，较上年下降 2%；销售产值 17.4 亿元，较上年下降 8%；产销率为 95.4%，比上年下降 1.2%；产品库存现价为 4.77 亿元，比年初上升 31.70%。纵向比有上升，横向比差距拉大，原因是自治区对机电工业投资少，政策扶持不力。与全国同行业相比较，差距明显拉大。造成隐性危机，除了资金紧张、运力不足、原材料涨价这三个层次的原因外，还有其核心的问题是缺乏在市场上有竞争力的适销对路的产品。据统计，我区机电企业生产的 1000 多种产品，约占全国机电产品的 1.9%，其中只有 50 多种产品在区内外具有一定的竞争能力，其余多为大路货产品。

3. 隐性投资

从部分企业反映的情况看，由于企业欠职工的账太多，把生产性的投资挪用到生活设施投资，还把技术改造的款项用来盖宿舍、修马路、盖职工之家。有的企业发工资有困难，仍购买豪华轿车，盖豪华招待所等，直接影响企业资产增值和科技开发。我区 1992 年经国家经贸委批准 123 家大中型企业，这些企业占我区 4189 个独立核算工业企业总数的 25%，其拥有的资金占独立核算工业企业全部资金的 63.3%，产值和实现利税分别占 45.3%和 52.3%，利税占全部上缴利税总额的 50.6%。这 123 家大中型企业中，多数企业隐性投资用于名目繁多的各种隐性分配和各种请客送礼，使本来不多的流动资金下降，大部分企业的资金利润率大大低于银行贷款利率，有些企业贷款盖新住宅楼，其利本息压得企业喘不过气来。

4. 隐性懒散

从企业职工凝聚力、向心力分析，一部分大中型企业，在市场有竞争能力的拳头产品少，相当一部分企业产品几十年来一成不变，成品库存积压，搞得厂长（经理）忙于推销。这部分企业由于手中没有多少钱，对好的职工又没有多少奖励，在人事用工分配制度上，突不破传统的分配制度和用人制度，权、责、利不清，造成利益分配上一线不多、二线不少，挫伤了职工积极性。某些企业因经济效益差，职工情绪低落，出勤不出力，对企业产生厌恶情绪。

第二节　解决隐性危机的建议

造成隐性危机的原因甚多，许多问题有长期的历史原因，因此，要解决隐性危机离不开企业外部环境。但企业内部机制转换仍然不灵活，也是造成隐性危机的主要原因之一。根据企业的实际，采取相应的对策措施是十分必要的。现就贯彻企业法及《全民所有制工业企业转换经营机制条例》（本章中以下简称《条例》），结合开展“转机制，抓管理，练内功，增效益”活动谈几点建议。

(1)经济政策稳定对发展我区工业经济效益至关重要。1975年以后，我区工业整体素质和效益有了明显的提高，其中重要原因是经济政策对经济效益产生了直接影响，如经济政策在价格、税收、财政、利率、货币等方面的作用。许多企业认为经济政策的导向，尤其是经济工作方针、政策导向的连续性、稳定性，对行业发展十分重要。这几年，我区经济政策把发展石油工业、石化工业、轻工业、纺织工业列为自治区重点发展行业，这些行业相对来看经济增长幅度较快。因此从一定意义上讲，新疆工业经济效益的高低取决于经济政策是否符合新疆的实际，是否合乎经济规律的要求，是否相互配套并具有连续性和相对稳定性。

(2)充分发挥综合调控部门的监督、服务、指导作用。各级企业主管部门在转变政府职能的同时，落实搞好企业的各项政策，真正发挥政策的效益，深入企业，全面、及时了解和掌握企业情况，帮助解决具体困难，并定期对企业进行全面考核。审计部门、财政部门、劳动部门、财税部门、主管厅局要定期对企业进行审核，坚持原则，帮助企业提高依法管理的水平，指导企业沿着社会主义市场经济体系方向健康地向前发展。

(3)全面提高企业素质，强化企业管理，搞好国有企业，需要从多方面努力，综合配套改革，才能从根本上解决企业的问题。政府要从宏观经济运行调整操作力度，要处理好转型企业的产权转让，要加强政策导向，对经营不善的法人，必须从严处罚，要加强法制来规范经营者行为。而企业也应通过“人”的管理，提高企业政治、文化、技术教育，不断提高企业各级人员整体素质。通过“转机制，抓管理，练内功，增效益”的活动，抓企业深化改革，建立现代企业制度。继续贯彻《条例》，把企业14项自主权和责任真正地落到实处，只要重视管理，目前企业亟待解决的许多问题，如管理不严、纪律松散、基础工作薄弱、整体经营决策能力差、企业短期行为等就可以得到解决，大中型企业隐性亏损将会逐步减少。同时要最大限度调动职工积极性，积极推进现代化管理，以提高企业再生产能力和经济效益。

第九章

转机制　抓管理　练内功　增效益

——对内地四城市先进企业的考察手记①

为适应社会主义市场经济需要，提高新疆机电企业管理水平，新疆机械电子工业厅组团赴内地学习考察企业管理，先后到兰州、天水、北京、上海四个城市的先进企业实地学习，考察“转机制，抓管理，练内功，增效益”的情况，并听取了这些企业在转换机制的同时，自觉完善内部管理、促进生产力发展的经验介绍，这些先进企业的经验，很值得我区企业借鉴。

第一节　为适应市场，自觉完善内部管理

兰州电机厂是西北地区最大的电机生产企业。现有职工6000多人，1991年被评为国家级企业、机械部现场管理先进企业。几年来，该厂在激烈的市场竞争中，新产品不断涌现，经济效益大幅度增加。目前职工年人均收入高达近万元。厂领导说：“成功经验之一，是我们长期重视企业内部管理。”在抓内部管理中，总结出三句话：一是头头抓，抓头头，逐级负责；二是抓老大难，老大一抓就不难；三是反复抓，抓反复，常抓不懈。具体做法，主要是制定并彻底执行了一套严格的规章制度。在优化现场管理中从“严”“狠”两个字上下功夫，厂考核领导小组，通过举办学习班，提高职工管理知识水平，并将各种规定打印成小册子发给职工，先宣传后试行，最后成为考核内容。

天水长城开关厂是内地的三线企业，产品广泛用于国家大中型电力工程和二十多个行业，并畅销泰国、印尼等多个国家。企业现有职工1898人，产值、销售收入、利税年增长20%；十年累计实现利税1亿多元，相当于在建六个同等规模厂家。1992年8月13日，江泽民到该厂考察后，高兴地说：“我来之前，没有想到这

---

① 原载：《新疆经济报》，1994年6月15日。本文写作于1994年，本章均以写作时间表述。

里还有这么好的一个厂。"去年10月29日，机械工业部下文要求在全行业内推广长城开关厂、长城控制电器厂两个企业的管理经验。

我们通过现场学习，感受最深的是：近年来，政府部门职能转变，停止了各项检查、评比、验收，大部分企业不同程度地放松了基础管理工作。在"以改代管"现象比较突出的今天，长城开关厂领导提出"抓现场、促市场"口号，经工厂管理委员会讨论，把"八五"期间实现企业整体优化，作为科技进步、实现翻番目标的保证。

华夏电子机器厂是甘肃电子集团公司骨干企业，以电子整机装配为主体，塑料注塑模具制造为两翼。该厂以市场为导向，不断开发适销对路的家电产品，1990年至今经济效益很好，多次被评为甘肃电子工业总公司先进单位。该厂厂长在介绍经验时说，企业不要眼睛向上，光跟国家要权，光喊改善外部环境，主要是要在内部机制上下功夫，这才是企业发展的动力。首先是充分发挥企业党组织的政治核心作用，避免脱离生产经营。其次是在机构设置上以转换机制和生产经营服务为原则，合并科室，加强科研、经营、科技信息、公共关系、销售等方面的工作，创办以"三产"为主的经济实体。第三是把开发新产品当作大事来抓，坚持"你无我有，你有我优"，对科技人员按利润给予重奖，使一大批科技人员安心在厂工作，并走科研联合开发新产品的路子。第四是把企业看成是一个有思想、有行为、有感情的个体，推出了理念、行为、标志三统一的"华夏"企业文化，使之成为全体员工的行为准则。通过理想信念教育，在共创企业营销文化、产品装潢文化、环境文化的过程中，这一举措使职工的行为成为创造性的劳动行为，促进了企业整体管理水平的提高。

第二节　以企业改制为动力，全面提高企业效益

1991年以来，北京、上海、兰州、天水等四市许多企业，改制为中外资本融合、多种经济成分并存、国家控股为主的股份有限公司。例如甘肃长风机器厂，原是我国第一个五年计划期间156项重点工程之一，也是国家重点军工电子企业，1993年改制为甘肃长风宝安实业股份有限公司。改制后，该企业发挥国有大型企业的优势，现已成为我国唯一能自行设计、生产四大系列军工电子装备及电视机、电冰箱、洗衣机三大系列产品的综合电子企业，产品出口法国、意大利等29个国家和地区，受到了国内外用户的好评。

上海柴油机厂，组建于1947年，是全国很有名气的大厂。该厂1991年进行仿"三资"企业改革，1992年搞股份制，现为上海柴油机股份有限公司，并经上海市政府批准为上市公司。

北京起重机厂，原名北京兴华木材厂，现在主要生产8～100吨汽车起重机，是北京机械局多家企业里搞得较好的一家企业。该企业在20世纪80年代中期还是一家老大难企业，经济效益不佳，退休职工多，企业包袱较重，1992年企业经营者

面对市场需求，利用自身优势，在企业广招人才，扶植“三产”，成立了“三产”实业总公司，采取派厂领导到公司任总经理和董事长，科室领导到下属人事、行政、生产等办公室任职的办法，对“三产”下属十八个单位实行“分灶吃饭”，调动了广大职工的积极性，企业效益不断提高。

这些企业改制后，全体员工面对自主经营的风险压力，面对要向全体股东负责的责任压力，面对公开经营、国家监督的约束压力，面对分红派息、投资回报的效益压力，面对国际、国内股价的涨跌压力，抓住股份制改革的机遇，变压力为动力，进一步转换与逐步完善企业经营机制，利用股份制基本理顺了政企关系，使企业具有较充分的自主权，逐步建立起企业自身的科学化、程序化、民主化的经营决策制度，建立了股东大会、董事会、监事会的决策监督新体制，同时积极理顺企业党、政、工这老三套领导班子的关系，并在企业内部初步形成激励机制和约束机制。同时，利用股份制等募集国内外资金，解决了这些企业技术改造和生产发展所需的资金，促进了企业的技术进步。在内部管理上按国际规则，改进了企业的管理机制；在财会管理上，按照国际会计准则，试行股份制财务会计制度，推行企业财务会计管理工作，逐步与国际“接轨”，促进财会管理上新台阶。

第十章

发挥行业协会的作用[①]

在社会主义市场经济条件下，进一步繁荣和发展哲学社会科学事业是时代和现实的需要，也是各协会（学会）肩负的历史使命。各协会（学会）要在市场经济中起到促进管理的作用，推进咨询事业的发展。

我区咨询事业是伴随着对外开放、对内搞活的需要而兴起的。自治区有关厅、局和行业协（学）会，应部分国有工业企业围绕企业升级的需要，先后举办了多种形式的学习班和培训班。部分行业协会组织各类专业人员赴企业帮助咨询诊断，他们坚持"面向企业、面向基础"，以搞活国有企业为重点，帮助企业提高整体素质。

这些协（学）会到应邀企业，根据企业不同的特点，采取不同的咨询服务方式。如对有主导产品且经济效益好的企业，以面谈和专题总结为主，在帮助企业总结经验的同时，提出加快发展的改进方案，将各课题分析结果和改进方案汇集在一起，从中选出最佳方案，并将最佳方案的经济效益或成本利润用定量的方法表示出来，编写出咨询报告。对有产品但经济效益较差的企业，重点在质量、物耗、市场、经济效益、企业管理方面找原因，并会同企业有关部门共同拟定、提出改善方案和进一步发展的建议，使企业更全面地认清自身存在的问题和症结所在，明确努力方向。对长期亏损的企业，或在盈亏点上徘徊的企业，采用点面结合的方法，先解剖一个分厂或一个车间，认真找出病症，对症下药，综合治理，提出问题存在的主要原因，采取相应的改进措施。

通过咨询服务，协会实现了政府部门对企业宏观调控、监督和服务的功能；又贯彻执行了国家产业政策，引导企业搞好产品结构的调整，有效地把企业推向市场；还帮助企业培训各级管理干部，从根本上提高了企业素质，增强了自我管理能力。

① 原载：《新疆经济报》，1994 年 7 月 22 日。

第十一章

以市场经济的新思路实现企业思想政治工作三转变[①]

构建企业思想政治工作新机制，是发展社会主义市场经济的需要。它要求思想政治工作在企业转换经营机制中实现三个转变。

首先，指导思想转变。从事党务工作的同志要彻底跳出就党务抓党务的老框框，从自成体系、自我循环、自我检验的惯性思维中解放出来，牢固树立与经济工作紧密结合的大政工观念，贴近经济建设中心目标。

其次，工作作风转变。当前在企业转换机制中，党组织应特别注意抓好以下几个环节：一是政工人员转换脑筋。尤其是国有大中型企业，过去长期受计划经济旧观念的影响，这部分企业政工人员转变观念的任务特别重。二是要用十四大精神统一认识，打破过去计划经济条件下那种一心守业、埋头苦干型的干部标准。三是改变专职从事思想政治工作同志的思维定式，即一提加强思想政治工作就理解为样样事都由党组织牵头、拍板。

最后，方式方法转变。企业党组织要在发挥优良传统的同时，改革、摒弃一些庸俗的做法。例如，我们有些同志明知那些表面形式上轰轰烈烈、活动内容千篇一律的方法效果不理想，但为了应付上级评比或检查，仍在继续搞。政工人员必须善于根据市场经济体制下企业变动的情况和特点，多做些适应市场经济规律、群众喜闻乐见的事。要坚持思想导向与利益导向相结合。思想导向与利益导向的有机结合，其实质是精神与物质的辩证关系在思想政治工作中的体现。在企业转换机制的运行过程中，要取得预期效果，就要求我们在方法上应把思想政治工作同关心职工的物质文化生活结合起来，在指导思想上要坚持利益原则。物质利益，对于促进职工积极性确实能起到很大的促进作用，然而从另一个侧面来看，它也产生负效应，那种一切向钱看、金钱至上的思想，给社会带来许多不利因素。因此，我们必须

---

① 原载：《新疆经济报》，1994 年 8 月 19 日。

坚持思想导向与利益导向相结合的原则，引导职工既讲收入，又讲奉献，用正确的利益机制和科学的人生观作为价值导向，去建立、调整和修正人际关系，使新形势下的思想政治工作由虚变实，由软变硬，收到实在的效果。

第十二章

企业转换经营机制面面观[①]

经过17年的改革，我区国有企业确实发生了极为深刻的变化，经济实力有了增强。但是从总体来看，活力仍然不足，效率与效益仍然低下已经成为社会普遍关注的热点与难点。

一

1993年以来，我区各级政府围绕贯彻《全民所有制工业企业转换经营机制条例》(本章中以下简称《条例》)，先后制定出台了一系列简政放权的政策措施，企业经营自主权进一步得到落实。许多国有企业通过深化内部改革，调整组织机构和产品结构，以主导产品为龙头，带动多种经营发展，以市场为导向，以法治厂，从严管理，广泛开展以增产节约为中心的提质、降耗、增效活动，逐步摆脱困境，使得我区涌现一批快速高效发展的企业。

但另一方面，我区独立核算工业企业有125家国有大中型企业陷于低速低效及负速负效的困境之中，不能适应社会主义市场经济发展的需要。其集中表现为生产增长乏力，亏损急剧增大，产品积压严重，企业间相互拖欠加剧，停产半停产企业增多。还有相当一部分企业管理滑坡，特别是一些企业经营者短期行为严重，在深化企业改革、转换经营机制中行动缓慢，用观望、等待态度来搞"三项制度"改革，依旧采用老一套管理经验搞经营。部分企业面对当前困难束手无策，忽视面向市场，不能苦练内功，放松内部管理，现场管理十分混乱，原材料浪费很大，安全事故增加，国有资产流失严重。大部分企业"以包代管""以改代管"的问题较为突出，企业管理呈严重下滑的趋势。

二

1993年以来，我们先后专访了南北疆20多家国有企业。通过实地调查了解，我们认为，要贯彻落实企业法和《条例》、转换经营机制，外部条件固然很重要，特别

① 原载：机械工业部《政策与管理》，1995年第3期。本文写作于1995年，本章均以写作时间表述。

是处于当前关键时刻,上层建筑已成为矛盾的主要方面,但是终究还是决定于企业自身,重头在企业内部。如我区机电行业 1993 年实现利润在 500 万元以上的天山锅炉厂、新疆电机电器制造公司、新疆电焊条厂、乌鲁木齐电工设备总厂、八钢板簧厂等企业,在外部环境相同的情况下,不等不靠,加快了企业转换经营机制的步伐,依靠科技进步,强化管理,不断优化内部改革。

新疆电机电器制造公司率先在机电行业进行三项制度改革,搞合同化管理,实行分厂制独立核算,1994 年年初又拟定了向现代企业制度过渡草案。乌鲁木齐电工设备总厂在扩大生产的同时,兼并了老大难亏损企业乌鲁木齐市玻璃厂,在企业内部划小核算单位,加强成本管理,1994 年下半年获利润 200 多万元。天山锅炉厂依靠科技进步,不断开发新产品,成为我区第一家向内地输出技术专利的企业,其在管理上不断创新,知名度越来越高。在市场机制的作用下,上述几家企业普遍加强了产品开发、营销、信息等方面的管理,经济效益年年稳步增长。再如,新疆十月拖拉机厂,1994 年下半年,企业在落实转机上,强化管理意识,在内部改革上进行了一系列动作,完成干部聘用制、优化组合制、全员合同制,采用分配与工作业绩挂钩以及医疗制度改革等配套改革措施,对基层单位进行了模拟法人经营承包合同签约。运转半年来,企业活力大增,职工积极性得到发挥。当年完成工业总产值 7340 万元,比 1993 年同期增长 13.5%;实现工业销售产值现价 8215 万元,比上年同期增长 35%;产品库存比 1993 年同期下降 28.6%,小拖库存量已降低到极限。新疆特种变压器厂通过改革,企业改制为股份制企业,调整产品结构,内部机制适应市场需求,今年来,产销两旺,成为自治区上市公司中的最佳企业,经济效益显著增长。而新疆电线电缆厂近几年来,由于经营管理不善,市场信息不灵,内部基础管理薄弱,亏损额上升,企业包袱越压越重,已濒临资不抵债边缘,职工怨声载道,经营者已无力挽回败局。

从以上几家企业经济效益对比可以看出,贯彻《条例》必须落实自主权,只是为企业创造了较好的外部环境和内部条件,绝不是说企业的经营机制就自然而然转换了,其制度就更新了,内部管理就跟上去了。企业内部经营机制的转换,必须靠企业自身的努力,这是任何外力所不能替代的。

当前,国有企业确实面临许多的困难,解决这些困难除了政府要转变职能,为企业多创造宽松条件之外,更重要的还是要靠企业不断进取,加强管理。管理虽不是万能的,但是管理能帮助企业解决许多问题。例如,有些企业自身流动资金紧张,确实是一个很大的问题,有的企业资金周转天数 180 多天,而有的企业资金周转天数要 250 天,将这两个资金周转天数对比分析可知,如果企业内部管理改变了,在制品减少了,资金周转加快了,自有流动资金相对比率就上去了,企业相对来讲困难就少些。如果企业的管理加强了,产品成本下降了,企业的利润增加了,价格还可以降下来,销路还会增加,这就提高了生产力。曾有企业家说,通过降低成本来增加利润，比扩大销售量增加利润，要来得容易。这话很有道理，值得研究。这些年来，我们许多企业家通过深化改革明确了一个道理：商品竞争力的背后是技术和管理，没有技术和管理支撑，产品在市场上就不会质优价廉，也占领不了市场。尤其是“复关”后，国外工业产品将会冲击国内市场，我区工业企业面临新的竞争和挑战，我们务必要增强危机感。

三

我区国有企业曾为新疆经济建设做出巨大贡献，至今仍是我区财政收入的主要支柱。面对当前的不利处境，如何深化改革，加快企业经营机制转换？笔者认为，首先是如何转变观念的问题。如果说国有企业还依赖于政府行为的旧体制、传统观念，企业管理体制和运行方式依旧老一套，就无法适应市场经济的需要。有的企业希望设个“156 办公室”，控制疆外的产品涌入新疆，或者设个“关卡”为自己的产品开绿灯，如这样下去，企业要进入市场就很困难。其次，是国有企业如何调整、改进自己的管理体制的问题。要真正从企业的经营管理出发，切实加强企业的各项改革。再次，就是国有企业管理制度的变革问题。目前许多企业的规章制度有相当一部分需要改变，包括企业的劳动制度、人事制度、财务制度等。要把企业转换机制成果调整成为规章制度，纳入考核内容。有些规章制度的基本内容在市场经济体制下仍适用，例如国家经贸委 1991 年制定的现场管理六条标准，仍然适用。目前的问题是，有些企业老制度扔掉了，新制度未建立起来，随心所欲，为了应付上级，走形式，造成行动困难。

当前，各企业要在落实国家经贸委“转机制，抓管理，练内功，增效益”活动的同时，认真总结前段时期工作的经验教训，加大改革力度，苦练内功，强化竞争意识。今后一个时期，大多数国有企业，要继续贯彻落实《条例》，把企业的各项权利和责任不折不扣地落到实处。要按照国家有关规定进行清产核资，评估资产，为国有企业向现代企业制度转变创造条件。处理好转换机制与制度创新的关系，要着眼于打好转换机制这个基础，以提高劳动生产率和经济效益为目标，严格纪律，坚持从严治厂。

第十三章

深化国有企业改革　加快建立现代企业制度[①]

我国经济体制改革始终围绕着搞活国有企业的中心环节进行着，在17年的改革中，我们的注意力较多地放在政企分开、扩大企业经营自主权、减少政府对企业生产经营活动的干预等方面。国家先后采取“放权让利”“承包经营”以及与之相适应的“利改税”“拨改贷”“顺利分流”等一系列改革措施，其目的是使企业适应发展社会主义市场经济的要求，成为自主经营、自负盈亏、自我发展、自我约束的独立商品生产者和经营单位，真正成为依法独立享有民事权利和承担民事义务的法人。随着国有企业改革的深入，党的十四届三中全会讨论通过了《中共中央关于建立社会主义市场经济体制若干问题的决定》，提出了建立现代企业制度的任务，标志着我国企业由转换经营机制进入以建立现代企业制度为主的新阶段。

一

我区国有企业在改革开放17年中，实力有了较大的增强，企业整体素质上了一个新台阶。许多企业，在积极探索转换经营机制的同时，进行以公司改制为重点的现代企业制度的试点，改制形式也更加多样化、多方位、多层次，并按照股份制的要求，建立新的法人制度。我区目前共批准设立股份制企业435户，其中股份有限公司27户，有限责任公司408户，按照股份制规范化要求开始运作，并取得了一定的成绩。另外，新疆宏源信托投资股份有限公司股票在深圳上市。全区改制和新设股份合作制企业1291户也朝着良性发展。我区企业内引外联，组建各种企业集团43个。67户企业兼并了69户经济效益差的企业，拍卖企业59户，依法实施破产企业20户。尤其是我区大部分国有企业在贯彻“两例”“两则”的基础上，进一步深化内部机制转换，建立了新的人事、用工制度和工资分配制度。通过清产核资，弄清了国有资产的数量、质量和各种资金占有情况。我区国有企业不断完善内部承包经营责任制，出现了一批高效、快速发展的企业。

---

① 原载：《新疆社科论坛》，1995年第3期。本文写作于1995年，本章均以写作时间表述。

二

通过两年的实践，股份制企业与现行国有企业相比，具有更强的活力。据统计，435户股份制企业，产值、利税都有较大增长。

新疆特种变压器制造股份有限公司，其前身为始建于1974年的昌吉市电力变压器厂，由于经营管理不善等原因，到1988年底累计欠外债73万元，固定资产净值计算15.8万元，企业面临倒闭。1988年企业实行风险抵押、租赁承包。1993年该企业改制为股份有限公司。1994年该公司依照公司法严格按股份制企业运作，当年完成产值3700万元，年收入达3500万元，利润417万元，分别比上年增长4%、68%、52%。企业人均劳动生产率由过去不足千元，发展到15万元；由过去人均负债1.4万元，发展到现在人均年创利税2.2万元；固定资产净值由过去15.8万元，猛增到3000万元，职工年均收入近8000元，成为新疆机电行业中经济效益最佳企业之一。1994年9月，该公司又与香港夺彩集团合资成功，由股份制企业转化为中外合资的股份制企业。公司增资扩股，扩大生产经营规模，加速技术改革步伐，安装了国内先进水平的110kV级变压器实验站，两条仿西德乔格生产线投入使用，投资100万元的计算机检测系统机及箱绕机开始运行。一期技改顺利完成，到1995年生产进入良性循环，1995年1—2月，利润总额较上一年同期增长13.6万元，利税总额较上一年同期增长13.4万元。

1993年7月批准设立的新疆屯河股份有限公司，是我区生产型企业中股本规模最大的股份有限公司之一。运行两年来，该公司明晰产权关系，完善组织机构，建立健全各项规章制度，形成了合理的法人治理结构，初步解决了政企不分、压抑企业生产经营积极性的问题。1993年7月至年底，实现利润980余万元，每股税后利润率为25.4%，1994年产值突破亿元大关，创利润2500万元，成为我区股份制企业中的佼佼者。

新疆众和股份有限公司，是在原乌鲁木齐铝厂的基础上进行改组后，由新疆有色金属工业公司等五家有实力的公司共同组建的股份制企业。1993年乌鲁木齐铝厂作为我区首家按照上市公司标准进行股份制改组的新疆众合股份有限公司，完成了企业资产重组工作，并将非经营性资产全部分离出来，成立了具有独立法人资格的经营性三产企业——新疆兴达实业公司。由原铝厂后勤福利部门和劳动服务公司等组成的新疆兴达实业公司，净资产3300多万元，在册职工185人，管理原铝厂离职退休职工160人。改组后的新疆兴达实业公司与新疆众合股份有限公司一样都是企业法人，两家公司之间没有产权关系。新疆众合股份有限公司，主抓经营，发展经济。新疆兴达实业公司开拓服务型经营，可以兴办实体，并负责承担原乌鲁木齐铝厂全部职工的生活服务工作，企业自负盈亏，职工自食其力。从今年试运行的两个月来看，“众和公司”和“兴达公司”各自发挥了自己的优势。“众和公司”按照建立现代企业制度的要求在企业用工方面，推行了全员合同制管理，破除职工的身份界限，实行了双向选择，竞争上岗，制定了“众合工资制”，主要有基本工资、效益工资、辅助工资三项内容，较好地体现了效率优先、公平竞争的原则。

被国家列为全国100家推行现代企业制度试点单位的新疆八一钢铁总厂，这些年不断解放思想、转变观念，注重在内部管理上下功夫，“眼睛向内，内部挖潜，内涵发展”，依靠技术进步，强化企业管理，增加经济效益，1994年产钢601.73万多吨，产值74 468万元，实现利税22 619万元，实现利润10 029万元，创建厂以来最好水平。今年初该厂按照“产权明晰，权责明确，政企分开，管理科学”的建立现代企业制度的要求，将八纲总厂重组为新钢集团公司，发挥八纲总厂的主导作用，建立以资产为纽带的母子公司体制，形成群体优势和综合功能，对原八纲总厂的生产主体进行股份制改革，目前重组改革方案已初步确定，清产核资工作已基本结束。1995年在学习推广实行成本否决经验的同时，该厂提出以成本管理为中心，对17个生产厂实行经济责任制考核，目的在于使企业管理工作不断上新台阶。

我区各地、州、市在推行现代企业制度中，在积极稳妥的同时，更注重时效。新疆水泥厂在探索中外合资经营时，注重调查研究，反复研究方案可能性，近期将与外资企业签约。哈密地委在选择转机建制中根据本地企业不同的情况，采取一厂一制的办法，对“家底薄、负担重、效益差”的国有老企业哈密汽车大修厂率先进行公司制改造的试点，把经济效益好的哈密地区石油公司作为国有独资公司模式进行试点，把具有小型特色的哈密地区小水泥厂按照小型集团模式进行公司制改造试点。这些措施对哈密地区企业转机建制工作起到了积极的推动示范作用。昌吉州结合实际制定出《1994—1997年企业产权制度改革规划》：第一步，1994年着力抓试点和打基础工作；第二步，1995年总结试点经验，小范围推开；第三步，1996—1997年整体推进全面完成。今年在新增30%试点企业的同时，继续对小型企业实行面上推动。阿勒泰地区行署确定对74户国有企业、5户集体企业和100户乡镇企业进行改制改组。乌鲁木齐市认真贯彻企业法和《全民所有制工业企业转换经营机制条例》（本章中以下简称《条例》），加快企业转机步伐。大多数企业改组后按照新的机制运行。今年，乌鲁木齐在积极抓好友好商场股份有限公司运作的同时，认真落实新疆联合收割机厂现代企业制度试点工作。

三

总结我区股份制试点取得的成效，主要表现在四个方面：

（1）重构企业的领导体制，增强企业市场竞争力。改组后的股份公司，董事长成为公司法定代表人。这种组织制度使出资者、经营者、生产者的积极性得到调动，行为受到约束，经营者精心，生产者用心。股份制企业的法人实体和市场竞争主体地位的确定，使企业逐步摆脱了政府附属的地位，可以独立地参与市场竞争。

（2）建立了资产经营体系，摆脱了长期高负债经营的被动局面。企业改制后，产权关系明晰，加大了企业的风险和责任，企业的经营观念发生了重大转变，由过去“对上级部门负责”转向“对股东负责”。通过股份制改组，筹集一些资金，加大企业技改力度，提高了企业技术含量和装备能力，迅速改变了原企业投资大、周期长、资金回收慢、负债经营的局面。

(3)推动产业结构的调整和经济的发展。股份制内部机制的重构和规范运作，推动了企业产业结构的调整，许多企业建立工、商、科、贸一体化经营新格局，为产品规模优势奠定了基础。

(4)建立竞争性的劳动用工制度，健全了激励机制。在企业内部推行“五定”，大大减少机构和富余科室人员，通过双向选择最大限度地调动了员工的积极性和创造性。

两年来我区股份制试点工作取得了一定的成效，积累了一定的经验，但由于起步比较晚，改组改制还处于初级阶段，在运行中还存在着不少问题。概括起来如下：①企业外部的改革配套跟不上，主要表现在政府职能转变滞后，仍以管国有企业的办法管理股份制企业。有些地方沿用国家主管部门授权实行股份制企业的领导制度，未能体现董事会的选举和聘用方法，各级主管部门为了各自的利益对国有资产管理看法不一，影响了企业的股份制改造。②国有土地作价入股价格偏高，例如对部分荒地和生产用地作价每平方米0.7～1.2元，价格比内地还高。③政策太死造成企业留利减少。④对股份制宣传和引导抓得不紧。⑤社会保障体系尚未很好建立，富余人员分流困难较大。⑥试点运作股份制企业在规范化管理上有待于改进和提高。

四

从我区试点企业实践证明，深化国有企业改革，建立现代企业制度，涉及企业内外各个方面，影响到整个经济管理体制，是一项十分艰巨复杂的系统工程。为此，笔者认为，在目前企业转机建制中，应重点做好以下几个方面工作：

(1)不断更新观念，为深化改革创造条件。要结合学习建设有中国特色社会主义理论，帮助经营者和广大职工树立社会主义市场经济的观念，各级主管部门要认真贯彻实施企业法和《条例》，为企业改革创造条件。

(2)从理顺企业集团内部关系入手，将企业集团的改制作为建立现代企业制度的突破口。从我区企业集团结构来看，企业集团上承政府管理部门，下联各级企业，企业集团搞好了，集团内部职工心理承受能力增强，改制工作就顺利。

(3)切实转换经营机制，提高试点股份制企业运作水平。在国有企业转换经营机制中，要全面系统地扩大企业的自主权，以建立现代企业制度为目标。抓好股份制企业的内部组织领导，提高股份制试点的质量，股份制试点企业，要严格按公司法的要求规范内部管理，搞好内部机制转换。做到改制一家，成功一家，宣传一家。

(4)自治区应减免试运行股份制企业头两年所得税，以鼓励股份制企业在我区试点开展，同时，对国有土地作价入股问题给予优惠，利用我区土地辽阔的优势，吸引更多的企业来新疆合作投资。

(5)对连年亏损、负债沉重的空壳国有企业,实行兼并、破产,先搞活一部分国有企业,使有产品竞争力的企业得到发展。

(6)企业要强化内部经营管理,它是建立现代企业制度的基础。要在抓管理、练内功上下功夫,认真搞好成本核算。只有加强各项基础管理工作,完善各项制度,企业才能生存发展。

第十四章

学习精益生产方式 推动新疆工业企业管理思想①

1995年6月全国机械工业企业管理工作会议在长春召开以后,"精益生产"这一对大多数人还比较陌生的新词吸引了越来越多的科技工作者和管理人员的注意,中央电视台和全国几家大的报刊也分别对"精益生产方式"做了报道。前不久,我有幸和企业四位同志被派到长春参加机械部在中国第一汽车集团公司举办的"首届精益生产方式"研讨班,得以有机会深入第一汽车制造厂七个分厂进行实地考察,并与厂部从事企业管理的专家、实际工作者进行交谈,对一汽推广精益生产方式运作及理论和方法获益匪浅。为了适应外部环境的巨变和市场需求的多样化,自20世纪70年代末,一汽组成专家组系统学习日本汽车工业的先进管理经验。1990年全厂结合学习《改变世界的机器》一书的理论,推广应用了上百个现代管理项目,取得了一定的成效。接着,从管理思想、管理组织、管理制度、管理标准、管理方法、管理手段乃至管理行为上进行全面系统的变革。一汽的精益思想,很值得我区工业企业学习和借鉴,它对于推动我区企业管理现代化将起到重大的作用。

一

近百年来,世界上发生了两次生产方式的大变革。第一次是美国福特公司创建的大量生产方式,取代了欧洲的单件生产方式。第二次是以日本丰田方式发展起来而形成的精益生产方式,战胜了美国福特生产方式。这两次生产方式的变革都极大地推进了世界经济的发展。

1. 大量生产方式

1908年,美国的亨利·福特在他助手的帮助下设计了世界著名的"T"型汽车。为了提高劳动生产率,降低制造成本,对生产技术作了一系列的改进,并把这个革

① 原载:《新疆农机化》,1995年第5期。本文写作于1995年,本章均以写作时间表述。

新制度称之为大量生产方式。这种生产方式的主要特征是:在汽车制造中实行从产品、工艺到管理的标准化和专业化;在设备和工具方面,采用移动式的装配线组装,采用高效的专用机床组成零件生产线,采用传送带输送零件和成品,减少了生产条件下调试和运输的时间,提高了生产效率;在劳动组织上,最大限度地利用分工的原则,用熟练工替代技艺高超的工匠;在组织结构上,追求纵向一体,把一切与制造相关的工作,包括原材料自制归并厂内制造。

大量生产方式的缺陷是:分工过细,劳动分工导致了大量功能障碍;生产单一品种的专用工具、设备和生产流水线不能适应产品规格变动的需要;纵向一体化的组织结构形成了臃肿、官僚的"大而全"体制;等等。

2.精益生产方式

19世纪末,丰田公司在制造纺织机的基础上迅速发展,到1950年春,丰田公司对美国最高效率汽车制造厂福特公司考察之后,结合日本的国情,创造了以多品种、小批量为特征的丰田生产方式,促进了日本汽车工业的发展,并以耗能少、价格低的优势打入美国汽车市场,动摇了美国长期垄断整个汽车市场的"一霸"地位。1984年美国麻省理工学院集中一批各国的高级专家,研究日本丰田公司的做法,称丰田生产方式为精益生产方式,提出世界工业将进入日本所创造的精益生产时代,这标志着企业管理发展由科学管理阶段进入了现代化管理阶段。这种生产方式的特征是:以销售部门作为生产过程的起点,按订货合同组织多品种小批量生产;产品开发采用先进工程技术确保产品质量、成本目标和用户要求,缩短产品开发周期;生产过程实现准时化生产,所有零件按小时间隔准时直送总装配线;以"人"为中心,充分发挥人的潜能和积极性,实行多机床操作和多工序管理,提高生产效率,追求无废品、零库存,降低产品成本,消除一切影响工作的"松弛点",以最佳的工作环境和最佳的工作态度从事最佳的工作,全面追求"尽善尽美"等。

精益生产方式的原意即"瘦型"生产方式。大量生产方式存在的缺陷和问题是:臃肿的组织结构(即肥胖症)、大量的非生产人员、宽松的厂房面积、超量的库存储备等。这些国内外大量生产厂家的通病,一旦运用精益生产方式这个"药方"来一个"消肿减肥"活动,就可最大限度地为企业谋求经济增长。

精益生产方式的思维很多是逆向思维、风险思维,与我们整个思维变化是根本不一样的。例如,过去我们认为销售是企业生产经营活动的终点,精益生产方式却把销售说成是起点,把用户看成是生产制造过程的组成部分,及时反馈信息,作为组织生产、开发新产品的依据。传统的生产方式一直是采用从上到下,从前道工序到后道工序一道向一道"推动";精益生产方式却采用由后道工序向前道工序,一道向一道"拉动"。又如,过去我们总认为超量、超前生产是件好事,精益生产方式把这种好事,说成是无效劳动,是一种浪费。推行精益生产方式,必须与旧思维进行决裂。目前,世界许多企业在组织推广精益生产方式。

二

中国第一汽车集团公司学习推行精益生产方式是从20世纪70年代末开始的。1978年,公司组织专家去日本学习丰田生产方式,并在厂内组织应用。由于旧体制和机制的束缚,有些未能完全坚持下来,到1992年初,一汽抓住机会转换机制,在全公司形成了一股学习《改变世界的机器》一书、推行精益生产方式的热潮。经过公司的努力,1992年中国一汽跻身世界企业500强之列。这无疑可使国人领悟:搞活国有大中型企业——这个中国经济发展的重中之重,中国经济改革的难中之难,并不是无解的方程。一汽在世界经济的舞台上,为我国企业重铸了辉煌。一汽推行精益生产方式变革的实践证明,管理确确实实能出效益,管理也是实实在在的生产力。

在学习一汽推行精益生产方式研讨会上,从部里领导和一汽领导的发言中我们获知,党中央和国务院有关方面十分支持、关心精益生产方式推动变革的情况,江泽民、李鹏、邹家华等党和国家领导人亲临现场,称赞一汽在生产方式和管理方式上找到了一条在市场经济条件下的振兴和发展之路。

改革开放以来,一汽已经完成或正在做着关系到企业发展前途命运的三件大事。第一件大事,就是自筹资金,完成了产品换型和技术改造,使中型车的产品水平一步前进了30年,主导产品由基本型产品发展成为系列型产品,整个工厂实现了由老到新的转变。第二件大事,就是调整产品结构和组织结构,形成了中、轻轿全面发展的产品格局,由单一的工厂发展成特大型企业集团。第三件大事,就是紧密结合转换经营机制和建立现代企业制度,全面深入地推行精益生产方式,抓紧实现管理体制和生产方式的根本转变。

在一汽现场我们看到,精益生产方式在一汽已正式启动。公司首先选择了不同技术状态、不同加工方式和不同生产节拍的5个专业厂、9个生产车间、3条生产线进行试点,然后由点到面,全线铺开。

一汽总装配厂现有两条整车总装配线,一条汽车试验检测线,一条车厢装配线。总装配厂的生产特点是产量大,生产组织严密,节奏性强,全部生产过程的装配、调整、动调排放、试车、重修、装箱、入库都按节拍同步生产。

在推行精益生产方式活动中,这条我国汽车工业最大流水装配中型卡车的基地线,在生产管理上,采用拉动式生产,实现生产整体均衡,当好中长生产的龙头。所谓"拉动式"生产,是指每一道工序的生产都是由下道工序的需要拉动的,生产什么、生产多少、什么时候生产都以正好满足下道工序的需要为前提。由于总装配厂正确运用了"拉动式"生产,在生产管理上实行看板取送货,取消了中间仓库,减少了在制品储备和流动资金占用,在制品送货全部使用专用工位器具,做到不同零件种类分清,按需送件,杜绝了在制品在中间环节的流失,适应了装配82个品种,汽油、柴油车混流,长头、平头混流和长短车架生产的需要。生产现场合理组织物流,实行了定置管理。在质量管理上，总装配厂采取多层次的综合质量管理措施，建立了整车装配质量保证体系和整车调试质量保证体系，并通过开展“五不”深化工艺、QC 小组等群众性质量管理活动，使整车装配、调整质量稳步提高。集团公司开展奥迪特整车质量评审以来，总装配厂装配调整质量一直控制在 2.6 级以下，先后多次获质量金杯银杯奖称号。

一汽变速箱厂作为新建厂，在 1992 年投产后，最先推行精益生产方式。在短短四年时间里，以其整体性、系统性、配套性，使推行精益生产方式达到一个较高的水平。如变速箱厂，在生产线布局采用“U”型布置，每道工序只有一个加工件在制造和流动的“一个流”生产，生产线之间采用库存补充，以看板为“指令”工具控制生产，改传统送货制为取货制，杜绝了超量生产，有效地控制了在制品的数量，大大降低了流动资金占用。1994 年在制品流动资金占用完成率仅为限额指标的 72.4%，为全公司较高水平；全额流动资金周转天数，1991 年为 11 天，1992 年下降到 6.25 天，1993 年为 5 天，1994 年为 6 天。

一汽铸造厂结合实际，大力推行精益生产方式，坚持不懈地以“四无”（生产追求无库存，质量追求无缺陷，设备追求无停台，成本追求无浪费）、“二优”（优化生产，优质服务）、“一提高”（提高劳动生产率）为目标，广泛开展群众性管理和技术改进，使老厂变新厂。如该厂在生产管理上改变了过去大量生产、片面强调以造型为中心的辐射式管理，建立了“以成品提交为信息，以清理为起点，以造型为中心，信息指令生产，起点拉动中心，中心带动全面”的准时化拉动生产体系，从而实行快速换模，多品种、小批量的生产组织管理。

一汽热处理厂为了使热处理技术在程序控制、温度控制和破势控制达到世界先进水平，选择了“借梯子攀登”这条路。热处理厂先后成立了消化吸收小分队和设计研制小分队，实行了一条龙式的同步工程，采取了边制造边消化、边生产边吸收的方法，前不久，自制完成了我国第一台双排连续式无缸气体渗碳炉，填补了我国空白。

一汽铸造厂灰清车间把精益化管理与群众性的改进相结合，改变了 40 年来在制品堆积如山的状况，使在制品储备由 800 吨下降到 80 吨，在制品储备资金由 150 万元下降到 15 万元，废品库由 0.26%下降到 0.07%。一汽车身厂的驾驶室装配车间，标准件实行定时定量、直送工位，减少了消耗，每月降低成本近 5000 元，大冲车间消除等待时间，每天提高产出时间 30 分钟。一年可增加产出 42 000 多件。

一汽集团公司总经理耿照杰谈推行精益生产方式的实践和认识时，将一汽人对精益生产方式的认识概括为七点：

(1)精益生产方式的精做在于“瘦”，它是一种瘦型生产方式。中国人翻译为“精益生产方式”。如果说美国的企业患了“肥胖症”的话，那么中国的国有大企业与之相比是有过之而无不及的。

(2)精益生产方式提倡逆向思维。

(3)精益生产方式把尽善尽美作为最终目标,在无止境的追求过程中不断地规范企业的市场行为。

(4)精益生产方式提倡以人为本,使工人由机器的附属变成机器的主人,形成了一个人才辈出的激励机制。

(5)精益生产方式是弱者在逆境中拼搏,赶上和超过强者的一个武器。

(6)精益生产方式是企业进入市场的基本功。

(7)精益生产方式不但是管理工作和技术工作的结合点,而且是经济工作与政治工作的结合点。

三

今天,我们在学习推广精益生产方式的同时,回想今年上半年,自治区百家国有工业企业调查报告中反映:我区国有企业面临的困难很多,因企业领导班子素质低、管理不善造成企业亏损的占亏损面的30%,因产品不适销对路造成企业亏损的占亏损面的40%。通过这些情况的分析可以看出,企业存在的共性问题中多数是主观因素造成的。我区多数企业发展不快,甚至踏步不前、负债沉重,原因是多方面的。对照一汽推广精益生产方式的经验,笔者认为关键是认识。一是没有摆正企业生存与发展和企业管理三者的关系,部分企业仍存在着计划经济条件下形成的“等靠要”思想。二是没有扭转重外部环境改善、轻内部管理、苦练内功不够的倾向。三是没有探索开辟市场与内部生产管理相互之间的依存关系。四是主动改革意识滞后,等待、观望思想严重。由于以上几个方面问题,多数工业企业还未摆脱原计划经济条件下的内部生产管理组织方式,影响了企业的竞争能力和市场应变能力,导致企业转轨进展缓慢,活力不足,产品结构和企业组织结构不尽合理,资产营运效率低,技改投入不足,管理落后,包袱沉重,企业难以走向市场。

只要我们正视困难,坚定信心,从本企业的实践出发,认真找出自己的差距,抓住矛盾的主要方面,一个一个加以解决,我区工业企业一定能走出困境。

第十五章

适应企业特点 推行现代企业制度

——对我区国有企业转机建制的思考[①]

一

我区国有企业在改革开放17年中，与全国同步发展，国有企业实力有了较大幅度的增强，企业整体素质上了一个新台阶。许多企业，在积极探索转换经营机制的同时，根据自治区的要求进行以公司制改组为重点的现代企业制度的试点。由于各级政府引导，企业经营者观念更新，截至1994年底，全区股份制试点进入了一个由量到质的变化，其改造形式也由单一步入多样化、多方位、多层次，但不论是采取哪种形式，基本上都取消了原有的企业法人制，按照股份制的要求，建立新的法人制度。按股份制划分，我区共批准设立股份制企业435户，其中股份有限公司27户，有限责任公司408户，大多数股份制公司已按照股份制规范化要求运作，并取得了一定的成绩。全区改制和新设1291户股份合作制企业也在良性发展。我区企业内引外联，已组建各种企业集团43个。67户企业兼并了69户经济效益差的企业；拍卖企业59户，企业依法实施破产20户。尤其是我区大部分国有企业在贯彻“两例”“两则”的同时，进一步深化以三项制度改革为中心的内部机制转换，建立了新的人事、用工制度和工资分配制度。一部分企业还进行了清产核资，摸清家底，弄清国有资产的数量、质量和各种资金占用情况。另外，我区国有企业不断完善内部承包经营责任制，出现了一批高效、快速发展的企业。

二

通过两年的实践，我区股份制企业与现行国有企业相比，具有更强的活力。据统计，我区435户股份制企业，绝大多数股份制公司的产值、利税都有较大增长。

我区股份制试点取得的成效，归纳起来主要表现在四个方面。

(1)重构企业体制，增强企业市场竞争能力。改组后的股份公司，其生产管理系统改为由新三会机构组成，董事长是公司法定代表人。这种组织制度使出资者、

---

① 原载：《新疆经济报》，1995年10月24日，第三版。本文写作于1995年，本章均以写作时间表述。

经营者、生产者的积极性得到调动,行为受到约束,经营者精心,生产者用心。股份制企业的法人实体和市场竞争主体地位的确立,使企业逐步摆脱了政府附属的地位。

(2)建立了资产经营体系,摆脱长期高负债经营的被动局面。企业改制后,产权关系明晰,增强了企业的风险意识和责任心,企业的经营观念发生了重大转变,由过去"对上级部门负责"转向"对股东负责"。通过股份制改组,筹集一批资金,加大企业技改力度,提高了企业技术含量和装备能力,增强资金使用责任感,迅速改变原企业投资大、周期长、资金回收慢、高负债经营问题。

(3)推动产业结构的调整和规模经济的发展。股份制内部机制的重构和规范运作,推动了企业产业结构的调整和规模扩大综合效果。许多企业建立了工、商、科、贸一体化经营新格局,为产品规模优势建立了雏形。

(4)建立竞争性的劳动用工制度,健全激励机制。在企业内部推行"五定",大大减少机构和富余科室人员,通过"双向选择"实行效率优先,最大限度地调动全体员工的积极性和创造性。

由于我区股份制试点起步比较晚,改组、改制还处于初级阶段,在运行中还存在着不少问题,概括起来有以下几方面:①企业外部的改革配套跟不上。这主要表现在政府职能转变滞后,仍以管国有企业的办法管理股份制企业。有些地方还是沿用国家主管部门授权实行股份制企业的领导制度,未能体现董事会的选举和聘任方法。②各级主管部门为了各自的利益,对国有资产管理看法不一,股份制改造不彻底。③国有土地作价入股价格偏高。例如,对部分荒地和生产用地,作价每平方米 0.7~1.2 元,价格比内地还高,政策太死,造成企业留利减少。④对股份制的宣传和引导抓得不紧。⑤社会保障体系尚未很好建立,富余人员分流困难较大。⑥试点运作股份制规范化管理上有待于改进和提高。

三

我区试点实践证明,深化国有企业改革,建立现代企业制度,涉及内外各个方面,影响到整个经济管理体制,是一项十分艰巨复杂的系统工程。为此,笔者认为,在目前企业转机建制中,重点应做好以下几方面的工作:

(1)不断更新观念,为深化改革创造条件。各级主管部门要认真贯彻实施企业法和《全民所有制工业企业转换经营机制条例》,指导企业搞现代制度试点,根据不同企业情况,实施"一厂一制"改革方案。在审批过程中,要给企业多一些扶植政策,为企业改革创造条件。

(2)从理顺企业集团入手,将企业集团的改制作为建立现代制度的突破口。从我区企业集团结构来看,企业集团上承政府管理部门,下联各紧密层、松散层企业,搞好了,集团内部职工心理承受能力较强,改制工作就有一定基础。改制后的企业集团公司为一级持股公司,紧密层改制为全资子公司。

(3)切实转换经营机制,提高试点股份制企业运作水平。在国有企业转换经营机制中，要全面系统地扩大自主权，以建立现代企业制度为目标，按照“三改”“一加强”“一改善”和“三好”的要求，不断深化改革，抓好股份制内部组织，提高股份制试点的质量。股份制试点企业，要严格按公司法的要求规范内部管理，搞好内部机制转换。各地要抽出精兵强将，分类指导，对各地试点企业存在的问题，不断总结探索，做到改制一家，成功一家，宣传一家。

(4)建议自治区减免试运行股份制企业两年所得税，以鼓励股份制在我区试点开展。同时，对国有土地作价入股给予优惠政策，利用我区土地辽阔的优势，吸引更多来新疆合作投资的企业。

(5)对连年亏损、债务沉重的“空壳”国有企业采取兼并、破产、“退二进三”的办法。

(6)强化内部经营管理，这是建立现代企业制度的基础。要在成本核算、挖潜降耗上做文章，只有加强各项基础管理工作，企业才能逐步建立起现代企业制度。

第十六章

谈谈企业现代化管理思想意识更新若干问题[①]

企业现代化管理的内容是指管理观念、管理组织、管理手段、管理方法四个方面的总和。但是，当前企业在管理方面的研究重点，往往偏重于管理组织、管理手段，甚至倾向于纯管理方法上的探讨，而忽视管理思想现代化的研究和运用。笔者认为：管理者思维、观念的转变，才真正是推行企业现代化管理的前提及必备的条件。一个企业经营者，必须具备现代化管理观念，才能正确组织整个经济活动，并不断刷新好的成绩，企业才有后劲。

管理现代化的主要标志：①统筹化，②管理优化，③信息化，④定量化。

第一节　统筹化的思维方式

统筹化的思维方式主要是指注重整体、注重结构、注重协调。

所谓注重整体，就是要明确“在整体中才有部分”，整体系统所具有的功能，已经不同于组成系统各要素的功能，各要素在整个系统中，已将原有的属性转变为总体系统的功能，同时，又大大超过了各种要素功能的总和。注重整体思想，就是要求现代化的管理者尽全力创造一个坚实的企业整体，使它发挥的作用大于各个组成部门的总和。领导者所考虑的每一个问题，所采取的每个行动，都要考虑到它对企业长期的影响，而不是只着眼于个别部门和短时期的效益。

所谓注重结构，就是注重组成系统各要素之间的结合方式和比例关系。经营管理者根据企业的工作范围和发展需要，应当首先着手组建优化企业各个工作部门，然后注重横向和纵向的结构关系。从横向看，主要是指建立各个部门协调配合的良好秩序，并且随着生产实践的发展需要，不断地加以调整完善，以适应和有利于生产力进一步发展的需要。这就是生产关系如何适应生产力发展在企业实践中

---

① 原载：《新疆社科论坛》，1996 年，第 1 期。

的具体表现形式。从纵向看，主要是指层次结构。层次划分，一方面要体现不同层次人员的职能，另一方面要反映“管理跨度原则”，即：战略规划层、战术计划层、运行管理层。三个层次有明显不同的功能和职责：战略规划属于上层领导考虑的大政方针和全局性的问题，包括各企业近、中、远的规划，经营方针与策略，技改技措项目，新产品开发等；战术计划属于中层次，其职责是贯彻实施大政方针，这对中层管理人员来讲，在协调部门之间的关系、实施与落实经营生产大纲的决策处理等方面，有其相当严格的要求；运行管理属于基层工作，其职能就是由基层管理人员把具体任务分配落实到每一个职工的身上，并且保证其任务按计划如期地实施和完成。层次结构另一方面的意义，就是指有效的管理跨度。一个企业，厂长不可能直接向生产职工发号施令，要通过科室（车间）、工段、班组几个层次来指挥协调工作。通过有层次结构的分工，就可以保证上级领导的意图准确传达到基层，共同完成各项任务。超越层次的管理，必然导致各层次管理功能的紊乱。一方面下级失去积极性、主动性，把一切矛盾统统上交领导；另一方面又使领导忙于应付具体事物，而失去了自己的指挥功能。

注重协调是企业管理者必须具备的基本要素，有其极为重要的意义。特别是基层管理者，既要完成上级交付的任务，又要指挥下级进行工作，还要横向保持同级管理层的关系。因此，对中层管理者在协调能力方面的要求，显得尤其重要。作为企业的经营者，不仅要协调系统内部部门之间的关系、部门与整体的关系，还要协调本系统与社会系统之间的关系，以使企业的发展能处于一个良好的外部条件和宽松的环境之中。

第二节　管理优化的指导思想

现代化管理着重优化管理。所谓优化就是以最少的投入得到最多的产出，它是现代化管理思想的核心，贯穿在管理全过程的所有管理对象之中。过去在经济管理上，小生产方式的观念是封闭式的“管钱守财”。一般来说，企业的发展总满足在“理想”的稳定水平上，而不敢进行风险投资以扩大再生产。现代化的生产观念是开放式“用钱生钱”，即以最小的投入，达到优质、低耗、高效的目的，也就是少投入多产出的做法。一位精明的企业家，在处理眼前利益和长远利益、微观与宏观具体措施中能全面平衡，以求得企业最佳社会效益和经济效益。

第三节　重视信息反馈

在社会经济的发展中，随着世界科学技术革命的发展，信息不但显示了它的重要性和必要性，而且已经成为和劳动者、劳动工具、劳动对象并列的生产力要素，并且是最活跃的要素之一。因为社会发展迅速，复杂多变，市场竞争激烈，如果无法对未来进行比较准确的预测，就可能会做出失真的决策。所带来的后果，可谓“一失策而成千古恨”。

信息流动的准确与否，是企业能否取得效益的关键。信息还是企业发展的动力。一方面通过信息交流，能够将社会上的新技术、新经验、新材料、新创举传递到企业中来，促进企业素质的改善、工艺水平的提高及产品的更新；另一方面，随着信息系统工作的加强，必然带动整个企业工作效率的提高，促进经营管理的发展。因此，每一个企业管理工作者，应树立强烈的信息意识，养成分析信息的工作习惯，学会处理运用信息的技能，才能使企业的发展步入稳定、健康的大道。

第四节　定量分析

工作方法定量化是当前管理理论发展的一大特征，并已涉及优化设计、预测、决策、计划、评审、投入产出分析、价值工程等领域。总的说来，定量化的管理思想对现代化企业经营者最重要的作用是通过对事物定量分析，掌握事物发展的统计规律，从而为制定政策提供准确实用的依据。企业投入一种新产品，在不同阶段，应采取不同的策略，才能确保企业生产和效益。在这里需要说明的是管理思想的定量分析，绝对不能低估和脱离统计数学的应用。否则，统计出来的数据就谈不上“精确”。同时，还需要掌握运用模糊理论的内容与原理，对硬性的数字资料进行全面的综合对比与分析，以达到定量分析与定性分析的统一。

总之，企业是由多个要素或子系统有机联系而构成的开放系统，企业的管理思想应该是一个有机的整体。一些企业在这种思想的指导下，注意管理的整体联系，把各种专业化的管理职能和多种管理有机综合起来，形成系统管理，以实现企业系统的最佳运行。不少企业日益认识到信息是企业系统正常运行的重要资源，充分应用现代化控制技术，加强对企业系统管理的传递和反馈，使企业对环境的适应能力和整体运行功能大大增强。在现代决策理论基础上发展起来的战略管理，正在为日益增多的企业所接受和应用。再通过改革日益赋予企业更大自主权的条件下，企业的经营者和企业管理工作者更需要接受新的理论和方法。毫无疑问，现代化的管理思想和实践是以适应生产力日益现代化为发展趋势的，他们代表了企业管理现代化的前进方向。因此，企业管理工作者思想观念更新显得尤为重要。

当然，管理的现代化是需要在现实的基础上逐步发展的。因此，对于目前我国大多数企业来说，深化改革，健全和完善管理的各项基础工作，加强专业管理职能的建设，仍然是甚为紧迫和现实的任务。

第十七章

话说质量、名牌效应[①]

机械工业产品的质量和效益，是决定企业经济是否增长的主要问题。为什么这么说，这是从我国经济工作的实际出发，为克服盲目追求产值、速度的倾向，把注意力切实转变到提高质量和效益上来的重要决策。

如何提高产品质量，增加效益？不同的企业有不同的方法。除了抓住机遇、不断研制开发新产品外，就是开展产品质量改进。众所周知，质量改进是企业质量管理的重要环节，质量改进的最终目的是提高产品质量，促进效益提高。

第一节　产品质量改进是企业参与市场竞争和提高经济效益的前提

在今天的市场经济中，用户不仅要求商品符合国家标准，而且要有很好的可靠性、安全性、经济性，还要寿命长，使用成本低廉，完全满足其需要，并实现预期功能。用户往往同时货比三家，择优而购。如果这家企业产品粗制滥造，就没有市场。我们常说生产要围着销售转，销售要围着市场转，而实际上我们的一切工作都要围着用户转。在广大消费者日趋成熟、自我保护意识日益增强的情况下，消费者在选择商品的时候，越来越关注提供商品的是什么企业，商品又是什么牌子。当企业的某一产品推出市场后，由于市场竞争形势与用户购买行为的变化，对产品质量、价格提出新的要求，改进产品质量、降低成本成为企业的必然选择，质量改进是实现这一目的的重要途径。

新疆潜水泵厂通过三次优化调整产品结构，不断开发高技术含量产品，实现了“质”的飞跃。1985 年该厂研制 250QJ80 系列潜水电泵，替代了原拳头产品 NQ 型的 80 系列老产品，扭转了原来生产能力低下和产品低档的局面，实现了第一次产

---

① 原载：机械工业部《政策与管理》，1997 年，第 2 期。本文写作于 1997 年，本章均以写作时间表述。

品质量的飞跃。“七五”中期，为进入市场竞争，企业抓住机遇，设计开发新疆潜水泵型140系列，产品由原来的几个品种规格，发展到32个品种规格，能生产达到国内20世纪80年代先进水平的潜水泵。为实现第二次产品质量飞跃，该厂引进消化吸收与改造相结合，先后投资150多万元新建了铸造车间、科技办公楼，购置微机，更新设备90%。这次优化产品结构和技术改造，为企业注入了竞争活力。进入20世纪90年代，国内潜水泵厂发展到100多家，许多内地企业派出销售人员来新疆开设经销部。面对激烈的市场竞争，出路在哪里？企业的经营者通过市场调查和可行性分析，果断做出决定：还是优化产品结构，开发高技术含量产品，改进产品质量，提高经济效益。科研部门研制出污水泵、螺杆泵和化工泵填补新疆空白。针对新疆、甘肃市场要求大流量、低中扬程的产品市场行情，该厂明确提出“发展新型、快上大型、稳定中型”的优化产品结构的战略方向，通过加强工艺管理，建立健全工艺管理体系，完善工艺管理制度，加强工装管理，使工装完好率达到96.7%，工艺贯彻率几年来一直保持在95%以上。为保证产品质量，提高名牌产品身价，该厂对几种主导产品建立4个质量管理点，对32种零件、17个产品进行控制。严格现场管理为新产品开发、老产品改造和企业的技术进步走出了一条科技与管理进步、提高经济效益之路。从1992年起，该厂潜水泵先后出口巴基斯坦、独联体几个周边国家，1995年成为全国农用潜水泵出口量最多的企业。1994年上缴利税101万元，销售收入达到1637万元；1995年实现利润288万元，经济效益名列兵团机械行业第一名。

第二节　产品质量改进是扩大市场、赢得用户信赖的重要保证

在社会主义市场经济的平等竞争中，国内外企业面对市场和用户都处在同一条起跑线上，要想获得好的信誉，就必须有好的产品，要彻底改变“皇帝女儿不愁嫁”的经营思想，大胆地接受用户的意见和评价，找出差距，制订提高质量的措施办法。1992年上半年，笔者和新疆机电行业10多位企管部门的同志亲临上海柴油机股份有限公司，现场学习该公司“三项”制度改革经验。该公司具有40多年历史，135柴油机在国内享有较高声誉。随着市场经济的发展，尤其是近几年来受市场需求的拉动，许多外省市的兄弟企业抓住机遇，扩大生产经营，研制生产出新一代柴油机，上海柴油机处于南北夹击的境地，企业的发展受到了严重挑战，如果仍按原来的思维方式把注意力集中针对竞争厂家，那么在一定时期内企业的产品可以占领一部分市场，抑制对方的进攻。上柴公司却不这样做，他们把注意力仍然集中在消费者身上而不是在竞争者一方。他们认定消费者、用户才是衣食父母，只要能够不断给用户提供满意的产品和服务，用户就会给企业回报最好的效益，职工的

收入也才会水涨船高。上柴公司明确了生产要围着销售转，销售要围着市场转，形成了各部门的一切工作都围着用户转，提出“永远坚持质量第一，真心真意为用户服务”的方针。在总经理的带领下，公司的全面质量管理工作很快普及落实和深化。其质量管理已发展到产品质量形成的全过程，即对市场研究、开发设计、生产制造到销售服务的全过程进行有效控制，逐渐形成比较完整的质量保证体系。公司把现场质量管理与工艺管理融为一体，把加强工艺管理、严格工艺纪律、提高工艺水平，作为提高产品质量的重要保证。在管理上，采用了方针目标管理、质量成本及质量审核等先进管理方法，以提高工作质量来保证产品质量。公司采用产品质量可跟踪的柴油机“装配责任卡”，操作人员和检验人员在每道工序完成的检验后均要在卡上盖章，然后最终存档，作为质量跟踪的依据。严格的质量管理，使上柴股份有限公司一直处于同行业领先水平。1983 年至今，6135G 等五种柴油机获国家银质奖，B 型喷油泵获国家银质奖，柱塞出油阀偶件和 135 柴油机被评为出口商品名牌产品，D 系列中轻型柴油机广泛应用于大型客车、重型卡车、集装箱牵引车、汽车吊及中轻型工程机械中。公司的各项经济指标在市场竞争中保持同步增长速度，上柴公司已真正成为远东第一流柴油机制造企业。

第三节　产品质量改进是实现产品自我推销的关键

当前，不少企业很注重商品推销工作，集中较多的人力、物力搞销售服务工作。为了推进销售额增长，一些企业经营者采取搞活营销战术，例如广告促销，“给回扣”“托销”和“代销”等，但最终因自身产品质量欠佳而失败。这样的教训为数不少了。

从上述国内外成功企业悟出一条经验，笔者认为，让名牌产品自我推销威力最大。纵观我国近几年来开展“名牌战略”实施进展，虽取得了一定成效，但也存在着许多问题，有待改进工作。近两年来，名牌产品在中国的各省（区）市不断升温，许多部门和一些协会牵头组织评审，还有些厂家把产品拿到国外参赛，荣获了一些桂冠，其中有一部分产品确确实实质量上乘，但也有一部分企业的产品以次充好，花钱买荣誉的事例不少，给消费者带来苦恼和愤恨。笔者认为，构成名牌的实质，首先要质量过得硬，质量是检验名牌的试金石。作为名牌产品，必须是质量优质，性能良好，有一定的市场占有率，内外质量都要高，在消费群体中有较高声誉，企业的经济效益综合指数在同行业中具有一定的名次，是被社会消费者公认的产品。

激烈的市场竞争，向生产厂家不断提出更高的要求：良好的质量、合理的价格、准确的交货期、优质的售后服务是产品自我推销的前提条件。企业要取得好的经济效益，必须参与市场竞争，即进行产品竞争、质量竞争，使自身永远立于不败之地，在竞争中站稳脚跟，求得发展，全力提高产品的市场竞争能力。要达到此目的，以下几点是值得重视的。

(1)制定出较长期的质量目标,树立质量是企业第一形象、是产品试金石的思想,要在企业发展战略中提出确实可靠的质量目标。要在职工中推行“如果不提高质量管理,你的企业就会从电话本上消失”的口号,真正树立起企业的生命来自质量,质量是企业走向市场的通行证的思想,并使其成为每位企业家的座右铭,以产品质量实现经济效益增长。

(2)为了保证质量管理得到落实,重点抓好工序质量控制。工业企业质量管理除了要有一整套完备的质量保证体系外,更主要是对人员、机器、材料、工艺方法、环境和检测手段等影响质量的主要因素进行综合管理,运用全面质量管理的思想方法,对产品制造的全过程进行有效控制。对产品工序进行控制和现场监督与管理,落实质量责任制,推行“三级检验制度”。对安全点、关键和容易出错的点设立工艺提示卡,加强质量信息反馈,建立上班前 10 分钟信息发布的制度,严格纪律、奖励与处罚并举的措施。

(3)树立危机意识,不断巩固以质取胜信念。努力发展“高创汇、高效益、高技术、高市场容量”的新一代产品,做到质优价廉,使自己立于不败之地。

第十八章

发展新疆丝绸工业的思考①

1997年7月下旬，笔者作为自治区经贸委赴和田地区调研组的成员，先后对该地区主要丝绸企业进行调查，重点调研了和田地区棉纺厂绢丝分厂、和田地区丝绸厂、和田县丝厂、策勒县丝厂。笔者同这些企业同志进行座谈，采用试卷形式征求职工意见，并同地区经贸委、丝绸公司和策勒县有关领导对发展新疆丝绸工业思路进行探讨。现就和田地区丝绸工业迅速发展的历程，以及探索如何加快新疆丝绸工业，谈一点粗浅认识。

第一节　和田地区丝绸工业的现状及外部环境

一、和田地区基本情况

和田地区是古"丝绸之路"南道中的主要驿道，是新疆蚕桑丝绸生产的主要基地。据记载，蚕桑生产在和田地区已有1700多年的历史。和田地区的维吾尔族农民在历史上就有栽桑养蚕和织绸的传统习惯。1945年和田地区蚕茧产量曾达2245吨的历史最好水平。新中国成立前，在国民党的破坏和摧残下，蚕桑生产一落千丈。到解放初期的1949年蚕茧产量仅有45.6吨。新中国成立后，在党和政府的大力扶持下，蚕桑生产迅速发展。1953年兴建和田缫丝厂，1962年又将原和田织绸厂合并，改为和田丝绸厂。1989年以来又陆续兴建起了2400绪能力的洛浦县丝厂、墨玉县丝厂、于田县丝厂、和田县丝厂、策勒县丝厂、和田棉纺织厂绢丝分厂。和田地区现已成为我区生丝主要产区，从统计数据看已占我区总产量的70%，成为我区丝、绸、印、染工业全疆最大生产加工中心。

由于当地政府领导得力，和田地区的丝绸工业20世纪90年代初呈现高速、高

① 原载：《新疆改革与发展》，1997年，第4期。本文写作于1997年，本章均以写作时间表述。

效发展态势。1991 年至 1993 年全地区丝绸行业共实现利税累计达到 5000 多万元，成为和田地区国民经济的支柱产业，为和田地区脱贫致富和社会安定团结起到了积极推进作用。1994 年全地区已有桑树 10 362 万株，蚕茧产量超过 3500 吨，养蚕户达 18 万户，制种站 2 个，烘蚕茧站 25 个，丝绸生产能力为 22 080 绪，织绸机 600 台，并有印染后整理、年炼印染真丝绸生产能力达 700 万米。共有职工 5000 多人，丝绸专业人员 251 人。全地区生产生丝 360 吨，生产丝绸 180 万米。但因全国丝绸行业设计能力弱、款式陈旧、印染技术水平方面与国际上的差距较大，1994 年下半年出现经济效益普遍下滑、丝绸业陷入低谷的现象。和田地区丝绸业受全国大气候的影响，蚕农积极性下降，蚕茧产量下滑，收茧价格上涨，企业生产成本加大，大部分企业产量有较大幅度降低，加之管理粗放，亏损额增大，经济效益滑坡，造成六家丝绸厂全行业亏损。下面一组数字很能说明问题(见表 18 - 1)。

表 18 - 1　新疆丝绢纺织业主要指标情况　　单位:万元

年份	产品销售收入	利税总额	利润总额	资产总额	所有者权益	企业负债总额
1995 年	3914	－1601	－1808	15 204	2111	13 092
1996 年	3380	－2909	－3036	13 846	－920	14 766

1997 年 1—6 月，六家丝绸厂实现生丝产量 121.1 吨，其中：和田地区丝绸厂生产生丝 36.34 吨，完成年计划 37.46%；墨玉县丝厂生产生丝 12.9 吨，完成年计划 28.67%；于田县丝厂生产生丝 9.76 吨，完成年计划 42.44%；洛浦县丝厂生产生丝 29.1 吨，完成年计划 44.77%；和田县丝厂生产生丝 21 吨，完成年计划 46.67%；策勒县丝厂生产生丝 12 吨，完成年计划 48%。于田县丝厂因原料等问题，7 月停止生产。预计今年随着国内生丝价格的上浮，该地区丝绸业将得到复苏发展。

二、外部环境

尽管这些年来国内外丝绸业起伏较大，内地一些丝绸企业开始停产甚至倒闭，和田地区丝绸业仍然健康持续地发展。其经验是，和田地委、行署早在“八五”初期为贯彻自治区“621”工程规划，结合当地实情，做出“和田地区工业经济发展规划”以及“和田地区丝绸工业 1994—2010 年发展规划”，充分说明和田地区已把蚕桑丝绸业列入地区发展重点，并提出要铺天盖地搞丝绸。请看规划表和重点基建技改项目表，如表 18 - 2 和表 18 - 3 所示。

表 18-2 和田地区 1994—2010 年蚕桑丝绸发展规划表

项目名称	计算单位	1990 年实际	1994 年预计	1995 年计划	2000 年规划	2005 年规划	2010 年规划
丝绸工业总值	万元	2158	8045	12 000	28 000	40 000	58 000
蚕桑农业总产值	万元	1832	4200	6750	7350	9975	10 500
种植桑树	万株	3200	10 362	11 000	16 000	21 000	26 000
蚕桑产量	吨	1745	4000	4500	7000	9500	11 500
生丝产量	吨	141.89	360	400	650	850	1000
纺织品产量	万米	128.71	180	250	350	500	750
绢丝产量	吨			50	240	400	480
丝绸服装	万件				20	20	40
真丝针织绸	万米				50	50	50
丝绸绣制品	万米				80	80	80

表 18-3 和田地区 1996—2010 年蚕桑丝绸重点基建技改项目表

序号	企业名称	技术改造主要内容	新增生产能力	起止年限	总投资/万元	新增产值或效益
1	各县市	改良嫁接桑树，建立桑园基地	8 万亩	1996—2010	37 500	—
2	各县市	改造扩建养蚕设施	7 万套	1996—2010	12 000	—
3	各丝绸厂	改造收烘设施，扩建蚕站	10 个蚕站	1996—2008	1500	—
4	蚕种场	改良培育蚕种，防治蚕病	10 个蚕站	1996—2000	1000	—
5	皮山县缫丝厂	新建 2400 绪缫丝厂	2400 绪	1998—2000	1850	新增产值 1000 万元 利税 380 万元
6	墨玉县缫丝厂	扩建 2400 绪	2400 绪	1997—1998	600	新增产值 1000 万元 利税 280 万元
7	和田棉纺织厂	改扩建 3200 绪自动缫丝机	3200 绪	1997—1998	2600	新增产值 2400 万元 利税 480 万元
8	和田棉纺织厂	改扩建针织生产线	年产 50 万米	1996—1997	900	新增产值 1750 万元 利税 350 万元

续表

序号	企业名称	技术改造主要内容	新增生产能力	起止年限	总投资/万元	新增产值或效益
9	和田棉纺织厂	引进 100 台喷水织机	100 台织机	1998—2000	9900	新增产值 4000 万元 利税 1015 万元
10	和田棉纺织厂	改扩建 2400 锭绢纺生产线	2400	2001—2002	2000	新增产值 2560 万元 利税 384 万元
11	和田棉纺织厂	改扩建 3200 绪自动缫丝机	3200 绪	2005—2000	2400	新增产值 1000 万元 利税 480 万元
12	和田棉纺织厂	改扩建丝绸服装生产线	年产 20 万件	2008—2000	600	新增产值 3000 万元 利税 400 万元
13	和田丝绸厂	改扩建 300 台织绸机项目	300 台	1996—1997	5500	新增产值 4600 万元 利税 760 万元
14	和田丝绸厂	改扩建 3200 绪自动缫丝机	3200 绪	2000—2001	2000	新增产值 2400 万元 利税 480 万元
15	和田丝绸厂	改扩建丝绸服装生产线	年产 20 万件	2001—2002	600	新增产值 3000 万元 利税 400 万元
16	和田市针织厂	改扩建丝针织生产线，由 80 万米达 120 万米	年产 40 万件	2002—2000	800	新增产值 1600 万元 利税 230 万元
17		各缫丝厂、地区棉纺厂、丝绸厂其他设备更新、新技术推广等项目		1996—2010	10 000	
合计					92 550	

和田地区丝绸工业到 2010 年的规划目标是一幅美丽前景，可以说是再造古“丝绸之路”辉煌。由于和田地区有丰富的资源优势和较好的发展前景，发展丝绸工业，对和田地区经济来说，有利于扬长避短。

另从近几年南疆地区一些主要丝绸厂来看，发展的规模和速度不如和田地区。例如，阿克苏地区丝绸厂 1995 年和 1996 年产品销售收入分别为 267 万元和 276 万元，产品销售成本分别为 255 万元和 367 万元，利润总额分别为－271 万元和

－428万元，企业负债总额分别为2835万元和3076万元，固定资产净值分别为591万元和776万元，职工分别为465人和455人。再如，喀什地区丝绸厂1995年和1996年产品销售收入分别为254万元和350万元，产品销售成本分别为244万元和489万元，利润总额分别为－189万元和－419万元，企业负债总额分别为1400万元和1690万元，固定资产净值分别为871万元和948万元，职工分别为409人和385人。库尔勒丝绸厂1995年和1996年的产品销售收入分别为76万元和40万元，产品销售成本分别为109万元和76万元，利润总额分别为－262万元和－185万元，企业负债总额分别为1659万元和1845万元，固定资产净值分别为267万元和267万元，职工分别为394人和381人。

再来看看全国纺织工业丝绢纺织业各项指标。据统计，1996年全国丝绸工业完成总产值296亿元，比1995年下降7.43%，丝产量为68.8万吨，比1995年下降9.9%。据全国20个重点城市丝绸工业统计，1996年产品销售收入比1995年下降7.43%，企业亏损10.8亿元，比1995年增加6.69%。出口依然下滑，据海关统计，1996年全国丝绸出口创汇25.3亿美元，比1995年下降19.1%。今年以来，我国主要丝绸业省区普遍贯彻国办发〔1996〕49号文精神，结合本省区茧丝绸的生产，调整产业政策和茧丝绸行业发展总体规划，改变贸工农分割、产供销脱节、多头出口、低价竞销的状况。浙江、江苏、四川、山东分别对缫丝厂和绢丝厂进行清理整顿，对产品质量差、扭亏无望的企业实行破产和兼并。对一批规模小、无蚕茧原料的生产企业关停并转，组织有技术实力和有市场的好企业进行改组、改造搞集团公司；一批有实力的集团将着力开发国内丝绸消费市场，让美丽的丝绸重放昔日光彩。今年上半年市场销售出现良好势头，生丝价格由去年的每吨15万元，上涨到每吨19万元，出口数量大幅度提高，产销基本平衡。目前，浙江、江苏一些企业产销率均在95%，有的甚至达到100%。从我区丝绸业近十年发展历史来看，我区丝绸业与内地省区同行业相比，各项经济技术指标较差，差距仍较大。

第二节 几点认识

综上分析，对新疆丝绸工业现状有以下几点认识：

(1)改革开放以来，新疆丝绸工业有了较大的发展，有关地、州政府对发展丝绸工业的积极性高，政策措施得力。

(2)目前企业多、规模小(县级企业一般为2400绪，产量为25～45吨)、品种单一、批量小的状况不改变，难以形成规模经济。

(3)大多数企业为县办企业，生产手段落后，产品质量难以保证，起伏较大。

(4)和田地区丝绸厂拥有缫丝机7200绪，丝织机300台和印、染、炼、整等设备，年生产生丝为150吨，丝绸200万米，属西北地区最大的丝绸印染联合企业，多种产品获自治区优质产品奖，在国内外享有盛名。除此之外，其他企业难以形成缫丝、印、染、炼、整一条龙生产能力。

(5)各地企业厂小，生产规模大都为2400绪，点多且分散，多数为县办企业。南疆主要丝绸企业分属于几个地(州)、县管理，几乎没有行业调控能力，散、乱、差的局面在近时期难以解决。

(6)大部分企业没有自筹资金，基本上全靠政府出面、银行贷款投资建设起来，债务包袱较重。

(7)在全国丝绸市场较火爆时，这种大分散、小批量、中低档次产品有一定销路，但若市场疲软，原料供应宽松、初级产品过剩时，企业生产就难以正常维持了。

(8)丝绸工业属资金密集和技术密集型产业，要形成一定的规模实力，需要一定的投入。从目前产业发展来看，在较长的时期自治区难以拿出大量资金搞技改建设新疆丝绸工业，光靠地区或县级财政是有困难的。

(9)大部分企业在当地属“独生子”和“小巨人”，缺乏邻近的竞争伙伴；而这些地区或县主管部门齐全。在“小经济、大机构”的情况下，政府部门对企业更不放心，常常表现为“溺爱”，期望值也高，随之各种不必要的行政干预进一步强化；企业则以政府部门的“附属物”为天经地义，对政府部门的依赖性也更强。这就在相当程度上，削弱和淡化了企业的竞争生存意识。

(10)除和田地区丝绸厂在企业管理上建立了一套比较科学和完整的规章制度外，大部分丝厂管理粗放，仍沿用小作坊的生产管理方式管理现代化企业。有的企业基础管理薄弱，无章可循，跑、冒、滴、漏浪费严重；有的企业技术水平低，质量监控无序，放任自流；也有的企业职工整体素质较低，由“泥腿子变成工人老大哥”，没有经过专门的学习培训；还有的企业受外部经济环境变化的影响较大。最主要的是观念滞后，企业领导对管理出效益认识不足，致使一些企业缺乏活力，经济效益不佳。

(11)蚕桑生产跟不上丝绸发展，桑树老化、蚕舍收烘茧设施落后，以及规模化桑园土地、水利设施建设的滞后，制约了丝绸发展速度，这主要是资金短缺，从而影响桑蚕生产，质量也无法提高。

第三节　发展新疆丝绸工业的思路探讨

为适应社会主义市场经济的发展，满足社会生产和人们生活的需要，按照建立社会主义市场经济体制和现代企业制度的基本要求，政企分开，打破地区封锁和部门分割，加强和完善宏观管理，调动各方面的积极性，提高经济效益，新疆丝绸工业的发展必须从工业体系入手，在企业的组织结构、产品结构和市场结构等方面寻找自己的出路，可能选择的途径有三条：

(1)以和田地区丝绸厂为核心层,组建新疆茧丝绸集团公司。把和田、喀什、阿克苏、库尔勒等地丝厂合并成立集团公司下的几个专业公司,以资产为纽带,处理好各地农、工、商、贸的利益关系,各地(州)县可作为资金入股,对区内企业进行统一布点,以生产生丝为主,实行分工协作,专业化生产,产品面向区内外、国内外市场。为配合茧丝绸经营管理体制改革,要突破现行体制,要自治区政府出面组织,统筹安排,否则,工作推动有较大难度。

(2)对现有企业和产品相对集中和调整,分别向两三个有实力的企业靠拢。以不同企业类别为龙头,分别由和田、阿克苏、喀什、巴州地区经委牵头,形成丝绸工业联合体,组成生产协作厂,并进一步围绕骨干企业,建立稳固的桑蚕茧基地;落实本地区种桑养蚕和蚕茧收购,为蚕农提供产前、产中、产后系列化服务;负责联合体项目规划和年度发展计划并组织实施,控制重复布点、新项目上马;调整产品结构,协调购销网络。这种途径的优点是可利用现实联系渠道,进一步发展联合,各地区、部门、企业的利益较易协调,所需投入,有关地区可根据企业联合体情况进行协调,具有较大弹性,组织工作相对好做。缺点是各企业仍然较分散、批量小,质量不稳定,管理粗放的状况还不能有根本改变。从目前条块分割,分灶财政来看,此条途径有较现实的意义,也有可能实现。

(3)继续各自为战,自我发展。各地区或县办丝厂按照自己选定的发展规划,在当地政府的财力支持下尽可能加大投入资金,提高生产规模和产品质量,争取市场销路,自主经营,自我发展。其结果可能是:企业自生自灭,有的在“看不见的手”的竞争中慢慢发展壮大,有的因种种原因半死不活,有的被迫关停或破产,最后被淘汰。我们认为,这种发展途径是十分有害的,也不利于新疆丝绸工业发展远景规划的实现。

我们认为,强化行业统一归口管理,保护竞争,引导联合,走企业集团化的发展道路,是新疆丝绸工业发展的有效途径。但由于现阶段,在有计划的商品经济向市场经济体制的过渡时期,对全民所有制的大中型国有企业各级政府仍在管任免干部和技改、贷款等,所以,集团公司的职能不可能立即全部到位,搞活企业的步伐也只能是逐步推进。进行集约化、规模化深层次的变革,仍需在经济体制和政治体制的较长的时间磨合过程中慢慢认识和实现。因此,面对新疆丝绸工业诸多特殊现状,应探索一条既能宏观管住又能利于微观搞活的“干预”和“竞争”相结合的发展道路,以达到新疆丝绸工业在“九五”时期有一个稳定的发展。建议自治区人民政府对丝绸工业发展上给予政策倾斜,加强茧丝绸行业宏观管理,改变目前体制上存在的贸工农分割、产供销脱节情况,也利于加快南疆四地州脱贫致富的步伐,使新疆丝绸工业实现良性健康的发展。

第十九章

机制在改革中深化，活力在竞争中增强①

位于新疆昌吉市北京路上的新疆特种变压器股份有限公司是新疆机械电子行业利税大户。近几年来，这个公司在新疆工业企业经济不景气的困境中，深化企业改革，经济效益年年稳步递增，今年第一季度又传喜讯：工业产值、产量、销售额和利润分别比去年同期增长 65.4%、96.7%、54.8%和 50%，各项经济指标均创历史最好水平②。由于公司美名频传，自治区党委副书记金云辉、自治区副主席王友山等领导在参观之后，题词赞扬"特变"巨变。

新疆特变公司的改革实践说明，抓紧三项制度的改革，让人人都有危机感，是启动企业活力的一把钥匙，是促管理、上水平、出效益、增后劲的有效途径。

第一节　破除"铁交椅"，引进人才，在竞争中优化劳动组合

长期以来，企业的干部能升不降，能上不下，这似乎已经成为不成文的制度。当改革的春风吹进"特变"后，如何冲破干部职务终身制的旧框架，优化劳动组合，成为全厂职工热门的话题。新疆特种变压器股份有限公司前身是新疆昌吉市电力变压器厂，20 世纪 70 年代，凡是去过该厂的同志回来后都为工厂的前景捏把汗，有些同志告诉我们，该企业债务累累，人心不稳，还不如早点破产兼并。面对经营不善、包袱沉重的"老大难"企业，年轻的张新意识到，在这座形同虚设的破厂房中，不甘心从此失业的老职工是多么地希望企业重振生机。1988 年，张新组成的班子从企业的实际出发，在我区机电行业租赁承包中，率先全面推开三项制度的改革，实行劳动优化组合，打破大锅饭，破除铁交椅，在干部管理上，实行竞争上岗，层层

① 原载：《新疆改革与发展》，1998 年，第 2 期。有删改。

② 本文写作于 1998 年，本章均以写作时间表述。

选聘和公开招聘相结合，广招贤能之士。1988年至今，该公司共引进人才129名，引进大中专人才占公司干部总数的55%，其中安排为公司级领导6名，部门负责人18名，培养98人先后取得了高、中、初级技术职称。他们对干部的工作实绩、责任大小进行综合考核，逐步建立起一套“干部能上能下，工资能升能降，上岗靠竞争，收入看贡献”的内部约束、激励机制，较好地解决了原在岗干部上与下、进与出、工资、奖金与职工的贡献脱钩的问题。

改革给新疆特变股份有限公司注入了新生机，该公司自1993年成立以来，经过20个月的运作，再创第二次腾飞：1994年完成销售收入3500万元，比1993年增加52%；1994年实现利润418万元，比1993年增加35%。新疆特变股份有限公司第二次腾飞证明了国有企业实行股份制，能进一步冲破旧体制的束缚，更有利于增强企业自我发展的能力和对市场竞争的承受能力。

新疆特变公司在推行股份制企业运作中，始终遵循下列原则：①保证国有资产的完整和增值；②既不以国家让利为前提，又有利于搞活企业；③按财务归属进行利益分配，风险共担，收益共享；④实现政企分开，“两权分离”，从股份制的固有特点和企业社会主义性质的要求出发，对国有企业的所有制形式、经营制度、领导体制、人事、劳动、分配制度等方面进行探索性的改革。在深化企业内部改革中，“特变”人克服了资金和原材料供应紧张、交货周期短和市场竞争激烈等问题给企业生产组织带来的困难。很多员工放弃节假日，加班加点，较好地解决了技改与生产冲突等矛盾。去年9月与香港奇彩集团、昌吉电业局合资，使该公司的性质转变为中外合资股份制企业，在前进的道路上不断发展壮大。

第二节 不断开发新产品，增强市场竞争能力

几年来，新疆特变股份有限公司把开发新产品和提高产品水平作为增强企业竞争力的“龙头”，下大功夫认真抓好。

(1)瞄准国内先进水平，制定产品开发战略。变压器行业在西北是新兴的机械行业，市场潜力很大，但产品技术水平比国内先进水平要落后5年左右。为尽快提高西北变压器生产能力，公司制定了“以市场需求为导向，坚持技术进步，努力研制开发高档次产品”的开发战略。公司成立了科技攻关小组，通过市场调研，企业明确提出在“八五”期间要做到生产一代、研制一代、储备一代，形成产品开发的良性循环，立足于区内市场，着眼于西北市场，努力提高产品水平。主导产品SG干式变压器、电源变压器等系列的各项技术性能指标，要达到国内先进水平；同时，要向市场不断推出数量大、品种多、质量高、节能的新产品，以满足各个层次的不同需求。

(2)注重信息反馈，选准产品开发方向。信息是产品开发的“航标灯”。为及时

生产出适销对路的新产品，该公司突出抓两个环节：一是广泛搜集市场信息。公司近几年来，派出各类人员广泛听取用户的要求和意见，及时采纳他们对改进产品的建议，做到从市场需求出发，选定产品开发的基点。公司相继研制出市场急需的SG系列干式变压器，通过国家鉴定，其中S23、SF27、110kV等系列节能变压器，MJ系列高功能电子灭菌设备别等多种新产品，填补了自治区空白，部分产品填补了西北地区空白。其中SG干式变压器、电源变压器获得科技进步一、二等奖。MJ系列高功能电子灭菌器1991年6月在深圳全国高新技术展交会上获优秀奖，1992年又在乌鲁木齐"星火"计划及专利技术展交会上获"金奖"，并被列为自治区和国家"火炬"高新技术开发计划，还被国家科技委授予"优秀成果奖"。去年，该公司实验成功110kV产品——8000kV·A/110kV变压器，并生产了多台110kV级优质产品，一次通过自治区标准局和西安变压器厂的监测，获区级新产品合格证书。二是注重社会效益。当他们获知市场需要BTS7型全封闭变压器后，立即组织有关人员，适时研制SF7-100000/35、SF7-12500/10型变压器、S23-630/10kV箱绕式变压器、SG-800/10kV变压器等新产品的开发，产品上市后，深受用户欢迎，不仅为企业创造了经济效益，还带来了较好的社会效益。

第三节　围绕产品开发，狠抓技术改造

先进的测试手段、精密的加工设备，是产品开发的基础。为提高测试水平，该公司去年补齐"八五"自治区技改项目440万元资金，并投资200万元安装调试具有国内外先进水平的110kV级变压器实验站，两条仿西德乔格生产线也被引进并投入使用，投资100万元的计算机检测系统和真空微机控制系统及销绕机转入使用，成为西北地区最大的特种变压器制造基地。企业技术装备不断提高，产品质量等级、生产能力也越来越高。从1992年到1994年三年中，该公司比机械部设计院原设计产量扩大规模75%，产值增加2倍，实现利润417万元，利润增长2倍，合计三年技改共实现产值7080元，产量达80万kV·A，利润1082万元，利税1442万元，三年已全部还完银行技改贷款。随着第二期技改同香港夺彩集团合资成功增资扩股，到2000年公司预计实现产值1亿元，利税2500万元。

第四节　企业改革促进精神文明建设

在企业改革和生产经营发展中，该公司把发展生产力、增强企业凝聚力作为思想政治工作，使之适应开放的新形式。该公司把理顺职工情绪、增强职工对改革的心理承受能力、调动职工积极性作为搞好思想政治工作的中心内容，坚持依法治厂与以情治厂相结合。首先，公司总经理张新关心人、尊重人、体贴人，提倡"在工作

上满负荷，生活上减负荷”，把思想政治工作同解决职工实际困难、改善职工集体福利相结合。去年，公司发动职工美化厂区和福利区环境，抽出时间完成了主厂区3000多平方米的绿化工程，栽上了各种花草树木，被政府授予文明工厂。为了改善职工的业余文化环境，公司出专款为职工建设体育活动场所，并为单身职工购置了彩电、台球等娱乐工具，建设了职工之家、职工住宅楼。团组织在去年活动中，注重正面引导职工奋发向上的精神，先后举办篮球赛25场，乒乓球赛30场，羽毛球赛15场，各种大型劳动、技术比武竞赛5次。这些活动的开展调动了职工的生产劲头。其次，公司在发展生产的同时，积极支持社会公益事业建设，加强民族团结。例如，公司与奇台县五马厂、吐鲁番市二堡乡、昌吉市庙尔沟牧场等少数民族单位建成联谊单位，年初公司向“希望工程”捐款29 120元，资助121名巴里坤县石仁子乡的失学儿童重返校园。再次，把“四有”职工队伍建设，作为全面提高企业素质、增强企业升级与活力的内在动力和源泉，不断加强职工思想道德和技术业务培育教育。为适应公司发展，仅去年初就选派了25名生产骨干去西安变压器厂进行培训。去年5月后，通过人才交流会，引进50名大中专毕业生和技术人员。采用请进来和联办渠道同西安机电学院签订了在公司开办变压器专业大专班培训协议，委托新疆电机电器制造公司绩效培训20名变压器专业技工；又同昌吉州技校开办了三个月焊工取证培训班，焊工受训面达到国家要求。对学习回来的技术人员，给予用武之地。目前，该公司本地培训和引进的人员在企业中已发挥出重要作用。例如，公司工艺装备部负责人苗建军从西安学习回来后，在一年中自行设计、自行组织施工、制造出110kV级变压器铁芯翻转台、平衡梁等工装器具250件，价格达80万元，为公司节省开支费用达10万元。

新疆特种变压器股份有限公司不断把现代化管理相辅相成地向高效率、全方位推进。现今，该公司下属六个分厂(公司)各层层聘用，调动全体员工的积极性，企业连续七年被市政府评为“先进企业”、“重合同守信用”单位、自治区科技开发先进单位，荣获全国经营之光杯一等奖、全国“五一劳动奖章”先进集体、自治区首批星火科技示范企业等荣誉称号。董事长兼总经理张新也先后被评为昌吉市拔尖人才，荣获自治区“开发建设新疆奖章”、自治区“新长征突击手”、自治区“优秀共产党员”、全国“优秀青年企业家”等称号。

第二十章

塑造名牌 实现产品自我推销[①]

随着我国改革的不断深入、对外开放水平的不断提高以及全球经济的日益一体化，在不久的将来，企业之间的竞争将进入一个全新的阶段，即品牌竞争时代。当代市场竞争，实质上是企业形象和品牌形象的竞争。形象战略已成为品牌竞争谋略的核心内容。市场竞争越激烈，用户的要求就越趋向于优质高档产品。显然，企业只把目光停留在生产合格品或一般优质产品上，已经远远不能适应市场的需求。如何增加效益？不同的企业有不同的方法。除了抓住机遇，不断研制开发新产品以外，开展产品质量改进也很关键。

第一节 质量是名牌的生命

实施名牌战略，关键在于提高质量。质量是名牌的生命，也是名牌价值之所在。质量上不去，品牌就谈不上，企业的效益也无法保证。千方百计提高产品质量是实施名牌战略的根本。

新疆潜水泵厂的产品能得到用户的信赖，在很大程度上得益于名牌效益。进入 20 世纪 90 年代，国内潜水泵厂发展到 100 多家，许多内地企业来新疆开办经销部。面对激烈的市场竞争，该厂积极开展市场调查和可行性分析，优化产品结构，开发高技术含量产品，改进产品质量，终于使潜水泵成为新疆第一品牌。为保证产品质量，该厂对几种主导产品建立 4 个质量管理点，对 32 种零件、17 个产品进行控制，并要求企业所有“工作中的人”以及“人的工作”，都必须围绕“顾客”运作，使上道工序为下道工序保质，全厂职工都能理解“顾客”的价值与意义，真心实意地为“名牌”着想，为用户提供服务。从 1992 年起，该厂潜水泵先后出口巴基斯坦等周边几个国家。1995 年后成为全国农用潜水泵出口量最多的企业。近十多年，该厂

---

① 原载：《新疆农机化》，1998 年，第 3 期。本文写作于 1998 年，本章均以写作时间表述。

年年实现利润 200 多万元，经济效益名列新疆机电行业前茅。

新疆七一风机厂是新疆天山锅炉厂、新疆电机电器制造公司等名牌企业的配套厂。近十年来，该厂通过与主机厂接触，建立了信赖与亲密的关系，并广泛收集顾客的意见和建议，不断改进技术、设计、款式和性能，充分发挥企业优质产品的优势，争抢国内市场份额并积极跻身于国际市场。今年该厂在不断提高优质产品的同时，强化内部基础管理，提高市场占有率，争创自治区“名牌”产品。

第二节 产品质量改进是扩大市场、赢得用户信赖的重要保证

在社会主义市场经济的平等竞争中，国内外企业面对市场和用户都处在同一条起跑线上，要想获得好的信誉，就必须有好的产品。上海柴油机股份有限公司(简称“上柴公司”)是有近 50 年历史的企业，135 系列柴油机在国内享有很高声誉。近些年来，许多省市柴油机企业研制生产出新一代柴油机，使该企业的发展受到了严重挑战。按原来思维方式把注意力针对竞争企业，抑制对方的竞争，在一定时期内企业产品可以占领一部分市场。但上柴公司不是这样，而是把注意力集中在提高产品质量上，公司把现场质量管理与工艺管理融为一体，把加强工艺管理、严格工艺纪律、提高工艺水平作为提高产品质量的重要保证。在管理上，采用目标管理、质量成本及质量审核等先进管理方法，以提高工作质量，保证名牌产品质量。同时采用产品质量可跟踪的柴油机“装配责任卡”，操作人员和检验人员在每道工序完成检验后填上数据，作为完成质量跟踪的依据。严格的质量管理使上柴公司一直处于国内同行业领先水平，6135G 等五种柴油机和 B 型喷油泵获国家银质奖，柱塞出油阀件和 135 柴油机被评为出口名牌产品远销世界各国，上柴公司已真正成为远东第一流柴油机制造企业。

第三节 产品质量改进是实现产品自我推销的关键

当前，不少企业很注意商品推销工作，集中较多的人力、物力搞销售服务工作，并采取灵活多样的营销战术，但最终因自身产品质量欠佳而失败。这样的教训为数不少。

剖析长虹电子集团公司发展历程，其前身长虹机器厂是我国一家军工企业。10 多年来，该公司充分利用优势，创出名牌产品，一跃成为我国电子百家企业第一名，中国最大彩电基地，囊括国家权威机构对电视机颁发的所有最高荣誉和奖牌，在国内外享有很高的知名度。“长虹”人认识到，市场是企业的生存空间，产品质量则是企业生存的要素。为使“长虹”产品赢得市场，公司始终以产品质量求生存、求

发展，坚持推行全面质量管理责任制，坚持抓新产品开发的质量管理，抓元器件进厂的质量，抓产品生产的质量，抓质量奖罚制度的管理，建立完善的产品质量监督机构。由于制度健全、责任明确、事事有人抓，产品的各项指标有了明显的提高，为名牌效应的创立、实现产品自我推销提供了可靠的保证。笔者认为，让名牌产品自我推销威力最大。

第四节　名牌产品要经得起社会公认，不断创新

近几年来，名牌产品在我国不断升温，为提高产品质量做出了积极的贡献，但也存在着不少问题。前不久，一些部门和一些协会牵头组织各种活动，搞"名牌"产品评审，还有些厂家把产品拿到国外参加国际性比赛，获得了各种荣誉称号。应该说，其中大部分产品确实质量很好，但也有少部分企业的产品以次充好，花钱买荣誉的事例。名牌产品首先要质量过硬，经得起社会公认，在消费群体中有较高的声誉；企业的经济效益和社会效益综合指标应在同行业处于领先地位，并被社会和消费者公认。名牌的形成需要一个过程，企业必须不断改进产品质量和服务质量。企业创名牌、保名牌并非一朝一夕的事。在这个过程中，企业需要有自我否定、不断创新的精神，要有不断领先于对手的优势，不断向前发展。

第五节　参与竞争，力争实现名牌

市场是企业活动的舞台，消费者是企业真正的"上帝"。许多成功企业的经验告诉我们：机遇其实无处不在，关键在于企业如何把握，市场需要自己争取。

当前，激烈的市场竞争，向生产企业不断提出新的要求，良好的质量、合理的价格、准确的交货期、优质的售后服务是产品自我推销的前提条件。一个企业的产品面向市场，关键在于如何去吸引顾客。企业要取得好的经济效益，必须参与竞争，即进行产品竞争、质量竞争，在竞争中发展，在发展中不断提高产品质量，不断调整企业的经营决策，扩大产品市场占有率，力争多创名牌。要达到此目标，企业应该从以下几个方面做好工作。

(1)多渠道提高员工质量意识，提高全员素质。建立和完善各类质量管理培训机构，实施不同层次的质量教育与培训，对员工进行质量意识教育，培养质量法制观念。通过开展"质量月""信得过个人、班组、车间""用户满意工程"等群众性质量活动来提高员工质量意识。要树立危机意识，不断巩固以质取胜的信念。

(2)依靠科技进步，调整优化产品结构，提高产品档次。走质量效益型发展道路，就是要不断研究市场，改进质量，满足用户的需要和潜在需求，不断开发新产品，应用新技术，使产品能满足用户需求。

(3)抓好工序质量控制,保证质量管理得到落实。企业除要有一套完整质量保证体系外,还要对机器、人员、材料、工艺方法、环境和检测手段等影响质量的因素进行综合管理,运用全面质量管理的思想方法,对产品制造的全过程进行有效控制。特别是对重点或关键工序进行控制和现场监督与管理,落实质量责任制,设立工艺提示卡,加强质量信息反馈管理。

(4)制定长远质量发展目标,以“三转”即“销售围绕市场转,生产围绕销售转,部门围绕生产转”为中心,搞好产品质量升级。一个企业要生存、要发展,除了要有好产品、好牌子以及完善的售后服务和一流的技术外,还必须有一个长远质量发展目标。日本企业对产品质量提出“如果不提高质量管理,你的企业就会从电话本上消失”的口号,从而使企业质量不断跃上新台阶。市场需要的,就是企业新的增长点。一步一个脚印,实现质量升级是企业走向市场的通行证。

(5)加强企业管理是做好创名牌的基础。企业亏损,半数以上是经营管理不善造成的。加强企业管理潜力很大,管理基础工作是企业开办和运行的起码条件。“九五”期间,所有工业企业都要认真做好八项基础工作(即标准化工作、计量工作、定额工作、信息工作、基本规章制度、职工教育、班组建设、现场管理),保障企业生产经营活动顺利进行,不断改进和创新企业管理,提高产品质量和经济效益。

第二十一章

坚持三改一加强　实现跳跃式发展

——对新疆特变电工股份有限公司的调研分析[①]

新疆特变电工股份有限公司组建于1996年10月，是国内变压器行业首家上市公司，是原国家机械工业部在新疆维吾尔自治区的定点企业，原国家电力部指定的输变电产品供货单位，也是新疆机电工业行业最大的电工企业。公司的主导产品有：变压器220kV级9型，110kV级9型、10型，35kV级9型，10kV级9型、10型，电线电缆35kV级以下聚乙烯交联电缆，0.6/1kV聚氯乙烯电缆，10kV、1kV绝缘架空线，钢芯铝绞线，橡套电缆。其中S10型变压器通过国家变压器检测中心突发短路试验，填补了国内空白，产品主要销往新疆和内地部分省区，对外主要销往阿联酋等中亚地区，还有部分产品销往东南亚地区。

企业在发展过程中深入贯彻落实"三改一加强"工作，抓住改革机遇，实施优势互补、1+1>2的联合发展战略，不断融资扩展，坚持"引进人才，依靠科技进步推动企业发展"的方针，强化企业各项专业管理，实现管理进步，同时依托科技进步优化产品结构，积极开拓国内外市场，这些举措使企业实现了跳跃式发展。1998年企业克服东南亚金融危机带来的不利因素，积极开拓国内外市场，各项经济指标较上年大幅度增长，1998年完成工业产值4.7亿元，同比上年增长104.35%，实现销售收入4.6亿元，同比上年增长115%，产销率达98%，同比提高2个百分点，实现利润6000万元，同比增长50%。

新疆特变电工股份有限公司前身是昌吉市特种变压器厂。1986年底，企业负债73万元，人均负债1.4万元，固定资本15.8万元，职工仅有51人。1988年，企业实行租赁承包，开始扭亏为盈。1993年率先在自治区机电行业进行股份制改造，加速了企业发展，1997年与1986年相比，人均劳动生产率由不足千元增长到25万元，由人均负债1.4万元发展到人均拥有净资产8.23万元，固定资产由15.8

---

① 原载：《新疆经济管理》，1999年，第2期。

万元猛增长至9300万元，人均年收入由几百元增长到1万多元。到1997年底，公司已发展成为总资产达4.5亿元、净资产3亿元、总股本8168万股，拥有员工1000余人的大型股份制企业。在公司员工结构中，中高级科技人员占30%，拥有法国、德国、瑞士、意大利的先进生产设备和实验仪器，公司主要产品达到20世纪90年代国际水平，公司新特牌变压器电线电缆电子灭菌产品被中国技术监督局和中国标准情报中心列为“97质量信得过产品”，“新特牌9型系列变压器”“聚氯乙烯电线”被评为名牌产品。

新疆特变电工股份有限公司之所以能从一个濒临倒闭的街道企业成为全国变压器行业首家上市公司、自治区机电行业骨干企业和全国机电行业的先进企业，关键在于企业通过改革改制改造，加强了企业管理。

第一节 依靠改革转换机制实现企业跳跃式发展

计划经济使“特变”步入了死胡同，企业到了资不抵债的地步。1988年实行承包责任制后，初步改变了以前有什么材料就生产什么、生产什么就卖什么、卖不掉就积压的局面。对于一个企业来说，如何从实际出发，扬长避短，选择正确的发展战略，关系到企业的兴衰，决定着企业的前途和命运。在变压器制造和销售中，新疆特变电工发现，由于特种型号变压器工艺复杂、技术要求高，而且大多数是单台生产，许多变压器厂都不愿生产。为了在激烈的市场竞争中站稳脚跟，新疆特变电工另辟蹊径，提出了“拾遗补缺”的发展战略——开发生产特种变压器。在生产经营中，公司建立健全各项规章制度，实行不接订单不生产的生产方式，以无库存化生产来保证有限的资金快速周转，与市场对接一步到位，此举措使企业当年便实现了产值122万元，盈利17.8万元。几年来，新疆特变电工成功地运用这个战略占领了市场，赢得了用户。

承包制使企业摆脱了濒临破产的厄运，但并没有从深层次上解决问题，由于投资主体单一，生产始终上不了规模。1992年变压器一期技改，投资450万元，技改工作提前完成后，二期技改所需751万元资金没有着落，当时面临政府有计划、银行无规模、设备要定金、土建要付款、扩大再生产更需要资金的情况，资金问题成了制约企业再发展的瓶颈。为了摆脱困境，1992年企业抓住转机建制的大好机遇，在昌吉州市有关部门的指导帮助下，于1993年2月与自治区投资公司、新疆机改投资公司、昌吉电力实业公司等单位发起组建了新疆特种变压器制造股份有限公司，短期内筹集资金650万元，解决了资金短缺的燃眉之急。改革的强大推动力使企业开始走上了自主经营、自负盈亏、自我约束、自我发展的轨道，逐步成为市场竞争主体，向建立现代企业制度的目标迈出了关键性的第一步。

1992年，公司又争取到了自治区“八五”重点技改项目，成功地兼并了昌吉市二轻局农具修配厂，取得了发展空间，走出了资本扩张的第一步。

1995 年，随着经营规模迅速扩大，公司需要新建一个变压器外壳厂，如果公司自己建这个厂需要投入资金 500 万元，还要搞基础设施建设，招收培训人员，耗时、耗力、耗钱。通过调研，新疆特变电工积极转变观念，没有重走“大而全”的老路，决定利用新疆设备安装公司现有闲置设备和富余人员，两企业以股份制形式建起特变乌鲁木齐电器制造有限责任公司，公司仅投入 35 万元资金就拥有了一个配套厂，同时盘活了新疆设备安装公司 500 万元存量资产，安置了 50 名富余人员。

1996 年公司又积极着眼于产业结构调整，在区、州、市各级领导支持下，成功地实现了与新疆电线电缆厂的联合，电线电缆和变压器都是电力发展所需的配套产品，两企业的联合有利于共同开辟市场，这次联合，共盘活电线电缆厂有效资产 5200 万元，720 名职工进入公司，100 名下岗职工得到安置。政府、银行、企业三方受益。重组后的特变电工股份公司致力于资本经营，于 1997 年 6 月向社会公开发行特变电工股票，募集资金 1.58 亿元，为扩大电工产品的生产规模奠定了资金基础，解决了变压器“九五”技改项目和电线电缆填平补齐项目所需的资金，向现代企业制度的目标又跨出了关键性的一步，企业迅速步入了稳定发展的轨道。

第二节 建立行之有效的管理模式和方法，以适应竞争激烈的市场环境

作为股份公司核心企业的线缆生产厂，改组前是一个濒临破产的国营中型企业。长期的传统计划经济体制下形成的企业管理模式和思维方式，已不适应竞争激烈、优胜劣汰的严峻经营环境。通过对外部环境及内部环境状况的分析，公司领导班子认识到要使企业持续快速发展，就必须从企业内部管理入手，挖掘潜力，在管理方法上有所创新，彻底打破原有的管理思维方式。为此，公司改革后立即提出了建立快速反应、高效运转的“三维一体”管理体制，制定“以销售为龙头，以资金为主线，以成本为目标，以效益为中心”的经营方针。即：建立以“三维一体”管理体制为框架，以“四全”管理为手段的整体策划管理机制。

1. 整体构思

采用系统论的基本原理，从强化企业的各项管理功能着手，明确划分各部门管理目标，确定不同经营目标，明确各项职责。建立生产厂以制造成本控制为中心，实现目标成本管理，市场供销部门以市场为中心，追求市场利润，管理部门以管理控制为中心，完成目标责任的“三维一体”管理模式框架，同时以资金循环流为主线，实行内部银行买卖关系，规范各部经济行为，以“四全”管理为手段，配合总体经营目标，全面推进企业各项专业管理，从而使企业综合管理水平达到整体优化，专项管理系统不断完善。

一个目标：以生产经营目标为各项管理总目标，各项管理工作服从于总目标。

一条线：以资金循环为主线，设立内部银行核算体系，控制各部门资金流动，规范各部门经济行为，提高资金使用效率。

一个集中：以各类信息流分析、处理为集中点，建立完善企业内外信息的收集、筛选、传递网络，汇集各类信息，为公司决策层提供决策依据。

三条支柱：以市场开拓、管理优化、科技进步为支柱，实现总体经营目标。通过市场调研，分析预测市场与需求，确定市场定位目标和产品开发方向，制定营销策略，不断提高市场占有份额，开发潜在市场。通过优化管理提质降耗，增强产品竞争力，为市场开拓提供保证。通过科技进步，加快产品升级换代，提高生产技术水平和产品科技含量，提质降耗，增强产品竞争力。

三个中心：建立市场营销部门以市场利润为中心，生产厂以目标为中心，职能部门以管理控制为中心的管理，通过对“三个中心”的进一步细化管理，实现总体效益目标。“三个中心”功能以完成成本利润为目标，细化为物耗控制、质量控制两个功能区，职能部门以管理控制为目标，细化为费用分解控制、管理指令下达检查和纠察两个功能区，市场营销部门以市场利润为目标，细化为供销价格控制、供销费用控制两个功能区。制定覆盖各功能区成本管理工作内容的“成本管理规程”，规范成本管理行为，细化强化成本管理，完成总体效益目标。

2. 四全管理体系

“四全”，即全面计划管理、全面劳动人事管理、全面经济核算、全面质量管理。

这四项管理形成各项专业管理交叉体系。①全面计划管理以计划管理为主体，归纳各项专业计划管理大纲，制订分阶段实施计划，通过检查考核，纠正与计划目标的偏离程度；②全面劳动人事管理以劳动人事管理为主体，贯穿各项专业管理工作，制订各项工作计划、劳动定额，建立管理人员业绩和生产工人定额考评机制，通过检查考核促进管理人员和生产人员的工作质量、工作效率提高；③全面经济核算以财务核算管理为主体，覆盖各项专业管理，按成本费用构成要素，制定各部门各层次成本费用指标，通过检查考核，实现效益指标；④全面质量管理以质量管理为主体，深入各项专业管理工作环节，制定各部门、各环节质量工作程序和产品质量指标，通过检查考核，提高质量工作和产品质量水平。

“三维一体”“四全”管理机制的建立运行是一项长期而复杂的系统工程。新疆特变电工制订中长期计划，分阶段来实施并制定了各阶段实施方案。通过两年转机建制工作的开展，公司发生了较大变化，达到了预期效果。

“四全”管理体系的全面推进，使各项专业管理相互配合、相互协调，加强了横向联系，从而使企业形成内部管理自律机制，综合管理水平及工作质量效率不断得到提高，公司基础管理工作得到了进一步加强，年底顺利通过国家机械工业部“企业管理基础规范化”达标验收，公司直属线缆厂、变压器二厂双双分别通过了

ISO9002、ISO9001 国际标准质量保证体系现场审核认证，并取得英国皇家 UKAS 环境管理认证证书，成为国内线缆行业、变压器行业首家通过 ISO14000 环境认证的企业，使产品销往国外市场，消除了通往国际市场的绿色壁垒，为企业的技术、管理同欧美发达国家全面接轨打开了通道。

第三节　依靠先进科技不断创新为企业发展奠定基础

“科技是第一生产力，是社会发展的动力源”，这是从人类历史发展实践中总结出的真理。在人类社会步入知识经济发展阶段的今天，世界经济的发展越来越依靠于科技技术的扩散与应用，高科技的发展正在推动和改变着世界经济格局，知识经济作为一种崭新的经济形态正在悄然兴起，企业知识经济含量及科技进步水平的高低将决定企业未来的生存与发展。在知识经济时代，高新技术科技产业将成为时代发展主旋律，知识、科技先导型企业将成为经济活动中最具活力的经济组织，只有具备了相应的知识产权，企业才有竞争主动权。基于这种理念和认识，新疆特变电工股份有限公司制定了以科技为先导、以高新技术为依托的“科技兴企”长远发展战略，把科技人才队伍建设作为企业发展重中之重，进一步加大科技投入，不断进行技术创新。

1. 提高科技进步管理水平，培育科研开发力量，适应知识经济时代的需要

根据“科技兴企”长远发展战略规划，企业成立了“开发研究中心”，先后引进三百多名各类大中专毕业生和专业技术人员，聘请德国、澳大利亚等国近三十名专家来“中心”指导工作，同时派出近五十名员工赴德国、瑞士以及我国香港接受专业培训和企业管理培训，企业还建立了终身教育制度，使员工不断充实和更新知识，以适应知识经济时代的需要。

企业根据市场产品技术进步需要和世界技术发展方向，统一确定立项开发研究项目和技术引进项目，聘请科研所和大专院校专家作为技术创新顾问，同时研究开发高科技产品，引进高新技术，如引进、消化、吸收国外先进的电脑远程控制系统，实现远距离控制、维护和无图纸生产运用 CAD 设计，应用电脑异地诊断产品质量等先进的设备和管理技术，提高了生产管理自动化水平。企业坚持实施高起点的“技术引进、科研攻关、技术改造”方略，超前开发高新技术产品。1997 年企业投入 3600 万元资金，引进了具备当今世界先进水平的微波测量仪、局放仪、功率分析仪、变压器等生产技术设备。广大科技人员凭着聪明和智慧，敢于攻关，大胆进行新产品开发研制，先后开发研制十项变压产品。1998 年企业投入 1500 万元资金购置了采用芬兰先进技术的上引生产线，采用德国西门子电控技术、芬兰变频技术和国内最新专利的交联生产线，开发研制了铸态圆铜杆、阻燃电缆、35kV 级以下交联电缆等新产品。

2. 技术创新硕果累累，为企业发展奠定基础

通过技术创新，企业科技进步管理水平提高了，科研开发力量也逐渐培育形成，企业生产技术和科研开发跨入了国内领先行业水平，借助高新生产技术和"产、学、研"一体化的技术创新开发机制，企业近几年技术创新硕果累累，为进一步向国内外发展奠定了基础。

1997年企业自行开发研制的Q型系列110kV级变压器在全国同行业首家通过国家突发短路考核及国家电力部和机械部GB1094.1—1996强制认定和新产品鉴定，填补了国内空白，并被国家经贸委授予1998年国家级新产品，SC系列变压器项目获得国家科技部"火炬计划10周年"优秀项目表彰。企业开发研制的0.6/1kV级阻燃电缆、阻燃控制电缆、1kV级绝缘架空电缆、耐火电缆、钢丝装电缆、35kV以下聚乙烯交联电缆，通过电缆行业研究所和新疆质量检测部门共同检测鉴定，填补了新疆地区的空白。

企业科技进步管理水平的提高，技术创新成果的不断涌现，使企业产品附加值逐步提高，产品竞争力日益增强，为企业带来了巨额利润。近两年企业科技进步贡献率达46%，每年新产品产值率、利润率超过50%，企业保持了经济效益持续增长的势头。

第二十二章

抓住机遇，发展新疆管理咨询事业

——内地开展管理咨询工作的经验及对我们的启示[①]

我国企业管理咨询从1981年开始引进以来，已经走过19个年头。1999年10月下旬，中国企业联合会在浙江宁波市召开第十四次管理咨询工作会议，目的是落实十五届四中全会赋予管理咨询的新使命，交流、讨论面对世纪之交的新形势和新挑战，探讨企业管理咨询服务如何迅速行动起来，再创管理咨询事业佳绩。他们的经验对我们很有启发，值得借鉴。

第一节　围绕党和政府的中心工作和企业的迫切需要开展咨询服务

浙江省企业管理咨询公司成立于1985年。15年来，在浙江省计经委等有关部门的领导下，公司紧紧围绕党和政府的中心工作，针对企业急需解决的问题，采取各种不同类型的方案，开展咨询服务，受到企业的欢迎。该公司配合省开展企业升级达标的要求进行升级咨询；如各级领导强调要求各单位加强现场管理，他们就为企业整顿现场管理提供咨询；又如企业主管部门和企业都要求推行三项制度改革，他们则帮助企业制订和贯彻三项制度改革；企业要求组建企业集团和改制股份制公司或有限责任公司，他们就积极为这些企业转换经营机制而谋划奔走；各级政府要求企业学邯钢加强成本管理，他们就拿出一些整套加强成本管理的方案；企业要求进行ISO9000系列质量认证，他们就组织一支力量为企业贯彻服务。15年来，有不少企业去信、去电或在报纸杂志中感谢和表扬他们，如浙江钱啤集团股份有限公司称“企业需要这样的咨询服务”，浙江临平丝绸工贸集团公司称他们是“企业管理的好参谋”等。

---

① 原载：《新疆经济管理》，2000年，第1期，有改动。本文写作于2000年，本章均以写作时间表述。

为进一步拓宽管理咨询工作，该公司十分重视管理咨询的舆论宣传。公司每年或每两年召开一次记者招待会，向各报记者介绍咨询公司所做的工作及存在的困难，取得他们的舆论支持。已有十几家有影响的国家级和省(市)级报刊报道过该公司脚踏实地、全心全意为企业咨询服务，为企业办实事的情况，这些宣传在社会上都起到了较好的效果，从而使社会各界更多地了解咨询、支持咨询、接受咨询。该公司自1985年成立至今，共为307家企业开展了各种类型的咨询服务，为企业排忧解难，提出改善建议1万多条，完成1200余项咨询课题研究。他们所提出的咨询方案，可挖掘流动资金潜力10亿多元，降低成本5亿元。实施咨询方案后，企业实际新增经济效益6亿多元，一批接受过管理咨询的企业迅速成为走向成功的先进企业典型。

第二节　与国内外咨询公司联合协作，发展深度咨询

近三年来，山东省企业管理咨询委员会着力抓住与国内外知名咨询公司联合协作的契机，借力发展。在国际合作方面，该委员会先后与挪威DNN船级社、德国罗兰贝格等世界著名咨询公司建立了正式合作关系，与这些外国咨询公司一起对山东凤祥集团、山东亚龙泵业集团等6家企业成功地进行了ISO质量体系咨询与认证服务，取得了良好的服务效果。在国内，该委员会先后与中企联咨询服务中心建立了协作关系，并与君创公司一起对山东成山橡胶集团进行了营销战略和规范母子公司体制方面的咨询。通过咨询，帮助企业总结管理经验，找出管理中存在的突出问题，有针对性地提出改进措施，受到了企业的肯定。他们连续11年为山东三孔啤酒有限公司做市场营销、成本控制、质量管理等专题咨询，使该企业由名不见经传的小厂发展为年产40万吨啤酒的大型骨干企业，目前该企业经济效益和社会效益名列全国啤酒行业前茅。

第三节　注重咨询效果，搞好六个结合

安阳市企业管理协会咨询中心15年来始终坚持“做企业朋友，为企业服务，当企业参谋，助企业发展”的宗旨，根据企业需求，在全市范围内广泛开展企业管理咨询活动。该中心先后对78家企业进行了企业战略、市场营销、质量管理、目标成本管理及企业改制整体设计、形象策划等综合性咨询。该咨询中心根据市场需求，搞好自我定位。安阳市是一个GDP256亿元、人口518万的中小城市，全市拥有工业企业586家，其中，大型企业仅有20家，占总数的3.4%，96.6%的企业是中小企业。根据这一特点，该咨询中心将自己的市场定位在中小企业上，并通过细分，又重点以乡镇企业、民营企业和承包租赁的中小型国有企业作为自己的服务对象。

该咨询中心注重咨询效果,特别注重做好以下六个结合:

第一,咨询与任职相结合。在咨询实践中,他们注重咨询效果、树立品牌形象,在不少企业中采取咨询与任职相结合,即任职完成咨询实施的做法,配合企业改善管理薄弱环节。1995 年,他们给市粮油机械厂做目标成本管理咨询课题,厂方主动要求咨询中心派人留厂落实整改方案。他们立即派人到该厂对各项成本管理指标进行分解与实施,使企业成本比上年降低 11.2%,三项费用都分别有不同程度的降低,受到了企业的好评。

第二,咨询与常年挂厂咨询相结合。他们采取咨询与常年挂厂咨询相结合的做法,这既能稳固原有咨询成果,又能使咨询工作不断发展。1997 年,该咨询中心对河南梦娜集团做发展咨询课题。他们采用“小产品,大市场”特色项目的建议,使该企业仅用两年时间就发展成为产值 3000 万元、利税 300 万元的中型企业。

第三,咨询与培训相结合。他们根据企业的要求,有针对性地对企业的薄弱环节开展培训授课,使企业有疑问、有问题找上门,通过“精、透、实”三个字,帮助企业解决困难。对安阳通讯电缆厂的营销战略咨询就是采用这一种方法,企业反映良好。

第四,软件与硬件相结合。他们与市科技协会、行业协会共同作战,聘专业技术人员协同管理人员共同咨询,现场解决各种问题。1992 年,该咨询中心在安阳第二轧钢厂根据人、机、料、法、环五种因素分析产品质量问题,认为轧机技术问题是主要的,就立即请安阳钢厂技术权威进行现场指导,很快排除了技术障碍,质量问题得到圆满解决。

第五,“锦上添花”与扭亏脱困相结合。1999 年初,市经贸委给企协下达了解决 39 户困难企业扭亏的咨询任务。他们立即一一对 39 户企业做认真分析,分类排队,对经营性亏损的企业现场咨询,帮助企业献计献策。药用玻璃厂资产负债率高达 240%,经过认真分析后,他们一致认为该企业产品有市场,就是缺乏资金无法启动。由于企业资信低,银行不愿对其贷款,于是该咨询中心提出虚拟股份合作制的改革意见,采用承接人自筹资金方式启动生产,一下启动了两个车间,使企业扭亏,职工看到了希望,企业走出了困境。

第六,管理咨询与企业改制设计咨询相结合。该咨询中心 1997 年承接了特种纸厂、纸箱厂等企业改制整体设计咨询课题,他们分别就企业情况,认真找企业职工商议改制方案,许多改制方案受到市场改制办表扬。

第四节　新疆企业管理咨询工作概况

20 世纪 90 年代后期,随着企业改革的不断深入,有一批企业经营者为使自己的企业进入良性循环和管理水平上台阶,纷纷出钱要求咨询部门帮助企业开拓市场,提高产品质量,降低成本,提出改革方案。同时,还有一批困难的企业要求咨询部门帮助制定扭亏方案，解决各种经营管理中的问题。我区咨询人员队伍迅速发展，但咨询人员整体水平与内地相比差距仍很大，我们的许多工作有待进一步提高，尤其是帮助困难企业的咨询服务中方案不多，观念陈旧，机制不活，管理不善，管理咨询事业信誉度还不高，影响力不大。但令人高兴的是，1999年度申报高中级管理咨询顾问的人员较多，有一批是大中专院校的教授和有一定知名度的专业管理人员。这说明管理咨询事业已得到我区大中型企业经营管理者和社会方方面面人员的承认与重视。为了把我区管理咨询事业推向一个新阶段，笔者认为应该做好以下几个方面的工作。

(1)重视人才选拔，加快队伍建设。管理咨询作为一个行业，咨询机构必须有一支足够资格、数量较多的咨询专家队伍。目前，新疆企协下属各级企业管理协会专职咨询人员很少，年龄结构不合理，特别是知识结构不够合理，具有专业知识和实践经验的人数较少，尤其是有现代知识和技能的研究生和博士生人数更少。这种现象如不迅速改变，很难满足管理咨询市场发展的要求。因此，注重人员结构的调整，加快人才选拔，使一批有实践经验的中青年加入咨询队伍，是我区咨询队伍建设的重要内容。

(2)围绕我区工业企业改制中心任务，开展管理咨询服务。2000年是我区工业企业加快改制，推行现代企业制度全面展开的关键一年，也是即将步入“十五”计划国企改革深入的一年。各管理咨询机构要把工作重点转移到落实我区经济、计划工作会议精神上。为此，各咨询机构要加大对重点行业和重点企业扭亏脱困工作力度，配合各部门做好加大兼并破产、员工增效工作力度，加快企业改制、改造和技术创新、管理创新的步伐。咨询工作要按照这一总的部署，联系实际，发挥实务，主动服务，做出贡献。只有这样，我区的咨询工作才能引起各级政府部门的重视并得到有力支持。

(3)服务形式必须多样化。过去，我们过多地把服务重点放在国企上，忽视了非国有企业，形成了单一格局。今后，我们要开展全方位的咨询服务，国企、个企、股份合作制企业、三资企业、乡镇企业都要去服务。可以搞专项管理咨询和整体咨询，通过和行业协会联合，有利共享，收入分成，把咨询与服务结合起来，抓点带面形成网格。

(4)建立全疆性咨询服务机构。现在我区有些行业管理协会已成立咨询委员会(部)，随着机构改革的深入，还有一些行业也有一批中老年管理专家从政府有关部门退出来。建议在现有的新疆企业管理协会基础上，把新疆工业经济协会和各行业协会组织起来，组成一个全疆性管理咨询中心，引入市场机制，实行独立核算，依靠专职人员为主体，吸收部分离退休老同志，采用聘用的方法，广招社会人才，成为固定场地、专职人员、资产照章纳税单位。各级组织健全了，业务活动就可以纳入正轨，并可承担一部分政府职能，帮助政府做好各项工作。

第二十三章

增强国营大中型企业活力要在内部管理上狠下功夫[①]

1991年,李鹏同志在中央工作会议上的讲话中提出,增强大中型企业活力,除改善外部条件外,从企业来说,更重要的是通过进一步深化改革,转换经营机制,加强政治思想工作,加强企业管理,促进技术进步。不久前,国务院和自治区政府为改善企业外部条件先后颁发了十二条措施和二十六项政策,给新疆工业企业创造了一个比较好的环境。应该说,国家给予企业的权力和政策不少了,现在的问题是需要企业内部创造小气候,不断完善内部管理。

企业缺乏活力,原因是多方面的,但归结起来,不外乎内部机制和外部环境两个方面。就内部机制来说,首要的是深化改革,但企业管理也必须相应加强,二者是互相联系、相互促进的。改革是对管理的进一步完善,改革也要以加强管理为基础,同时,通过加强管理来巩固和发展改革的成果。本文仅就我区机电企业加强内部管理谈点个人浅见。

"六五"期间,我区机械电子工业企业完成了全面整顿。"七五"期间,在改革、开放、治理、整顿方针指导下,贯彻了国务院《关于加强工业企业管理若干问题的决定》,以抓管理、上等级、全面提高素质为宗旨,开展了各项专业管理达标和企业升级工作,企业管理水平有了很大变化,一大部分企业抓了企业管理基础工作,标准、计量、定额、信息、规章制度、班组建设工作水准有明显进步,质量、物耗能耗、经济效益管理的保证体系有所加强。截至1991年底,我区机械电子工业涌现出二十五家区级先进企业和一家国家二级企业。但是,我们也必须清醒地看到,我区机电工业企业管理落后的状况仍然没有大的改观,与全国同行业管理水平相比差距还很大,经济效益低的问题突出,企业适应市场的能力弱,企业管理基础工作相对薄弱,一部分企业生产现场脏、乱、差现象比较严重,规章制度不健全。由于管理思想方

---

① 原载:《新疆经济管理》,2000年,第3期。本文写作于2000年,本章均以写作时间表述。

法落后，我区机电企业仍然走的是一条投入多、产出少、经济效益低的路子。

从我区机电企业来看，在相同的外部环境下，企业经济效益却出现较大的差异。如 1990 年，我区机电行业有 7 家亏损百万元以上的大户，同时也有 10 家百万元以上的盈利大户。从盈利的企业来看，有一个共同点，就是重视技术进步和企业内部管理。亏损企业虽有企业外部环境影响的因素，但主要的原因还是企业内部管理薄弱。

另从这几年笔者到企业参加升级评审和下厂调查研究掌握的情况来看，我区机电行业约有 60％的企业产品跳不出原有产品的框框，新产品开发周期长，几十年一贯制。有少数企业，产品销不出去，不找市场却找行业主管部门；缺乏资金，不靠挖潜靠贷款；没有利润，不求用户求国家免税；仍然习惯于躺在国家政策的摇篮里搞经营，要保护性的产品政策等。一方面喊资金紧张，循环受阻；另一方面产品库存占用量大，资金沉淀严重。从上述情况来看，病症归根结底还是企业内部管理水平跟不上形势剧变的发展，企业管理水平低是主要原因。主要表现在以下几方面。

一是企业领导对管理出效益认识不足。不少企业经营机制还未从根本上转换过来。许多企业领导把主要精力集中在销售工作上，忽视了销售要靠好的产品，而好的产品主要取决于企业各环节的管理质量。一个企业内部管理乱哄哄，就不可能生产出拳头产品来；没有拳头产品，就不可能打开销路，占领市场；失去市场，企业经济效益又从何谈起？

二是各项基础工作薄弱，重生产轻管理的状况仍然很严重。许多企业还没把消耗定额、工时定额、原始记录、标准化管理等基础工作健全起来。有些企业虽然有章可循，但在考核中由于种种原因，不按章办事，结果混日子的照混，不该乱的照乱。

三是以包代管。许多企业运用经济承包制来管理企业，虽然对推进企业发展起了一定作用，但他们没有看到，经济承包制只是企业管理的一种形式，他们误认为实行了承包责任制后，就不用在管理上下功夫。于是，有的企业管理者眼光只盯着承包指标，放松了各项企业管理工作，作业现场环境零乱，毛坯件和已加工件随意乱扔，互相磕碰，锈蚀严重，物流方法不适应生产的正常运行。结果，产品质量下降，原材料消耗上升，浪费很大。

四是干部和职工的素质同现代化管理的要求差距较大，不能适应高科技发展的需要。特别是一部分中小型企业，他们习惯于作坊式生产，不积极推进现代化管理。表现在许多企业还在用传统的作坊方式管理生产，现代化管理的方法和手段还不普及。在一些企业的装配线上，榔头敲打轴承、齿轮现象严重。有些领导认为这种敲敲打打的“游击战”比现代化管理更容易、好操作。一些企业干部虽然也想搞现代化管理，但缺乏管理才能，不善于管理，工作十分被动。一些大企业领导怕职工找麻烦，怕得罪人，不敢从严治厂。

以上情况表明，搞好我区机电工业企业，增强大中型企业活力，关键还是要加强内部管理。为此，笔者认为：

第一，企业领导要更新管理意识和经营意识。从厂长到科室车间领导，都要认识到管理工作是市场形势所迫，是商品经济的要求，它具有时间的紧迫性和发展的必然性。通过不断更新管理意识的学习，企业领导真正从传统的陈旧的管理模式中解放出来。要结合每年工厂目标和经济责任制工作，建立和完善各项规章制度、管理目标，严格考核，真正把企业管理各项指标落实进去，并制定一套与职工经济效益挂钩的考核系统，做到奖惩分明。

第二，要扎扎实实地强化各项专业管理能力和基础工作。要建立质量管理、物资能源管理、安全生产工作保证体系，并逐步完善。当前，首先要把各项基础工作做到定量化，以便于操作和考核；其次要把基础工作条款作为评选先进车间、班组及个人的考核条件之一。凡是基础工作不合格、基础工作不扎实的，都要限期整顿补课。

第三，要把企业管理作为承包经营责任制的一个考核项目，考核企业领导。在新一轮的承包中，企业领导要把管理上台阶作为工作奋斗目标，到期兑现。首先，企业领导要从治理现场“脏、乱、差”入手，做好人的管理。其次，要摆脱“破家值万贯”的陈旧观念，把同生产无关的物品彻底从作业现场清除，以定量管理科学地安排生产线，以达到优质、低耗、高效的目的。

第四，大中型企业要在现有的基础上，积极应用15种现代化管理方法，做到制度化、规范化和计算机辅助管理网络化。条件较差的企业也要重点应用几种现代化管理方法，如全面质量管理、价值工程、ABC重点管理法、市场预测、目标管理等。

第五，要增强法制观念，依法治厂，从严治厂。企业领导学法、守法是搞好企业管理的关键。目前职工对领导的廉政建设十分关心，只有领导自觉遵守法规，以实际行动影响和调动群众，职工的积极性才能激发出来，各项管理制度才可能落到实处。

第二十四章

抓住西部大开发机遇 加快中小工业企业发展[①]

在实施西部大开发战略中，面对变化了的市场环境，新疆中小工业企业一方面要利用国家对西部大开发的优惠政策，另一方面也要针对自身发展的各种障碍，采取相应的发展对策，推进企业技术创新，在增创经济发展新优势中发挥其应有的功效，这不仅紧迫，而且十分重要。

据近十年新疆机械电子工业中小企业发展历程分析，随着信息产业的兴起和蓬勃发展，中小企业在技术创新和竞争中的不利局面有所改观。大部分中小企业对技术创新具有较强的适应性。从自治区工业企业实施“九五”计划资料反映，我区中小型企业的创新成果数量是大企业的近 2 倍；就平均开发速度而言，也快于大企业。另从 1998 年自治区组织实施国家重点新产品计划 7 个项目承担的 7 个单位企业类型来看，这些企业全都是中小型企业，这些新产品投入市场后，预计年产值 4630 万元，年利润 1352.34 万元。另据 1998 年列入自治区重点新产品计划项目的 12 项承担单位分析，这些承担单位也都是我区中小型企业。经自治区科委组织专家进行鉴定，这些新产品的开发不仅填补了自治区的空白，而且推动了科技成果的转化，提高了技术创新能力，培植了我区经济新的增长点。从以上情况分析，中小型企业与大企业的差异主要表现在技术创新的动力机制、环境因素和创新能力三方面。

第一，在动力机制方面，中小企业有一定优势。首先，小企业管理结构简单，经营者具有较强紧迫感和危机感；而大企业管理结构复杂，其决策层一般情况下比较保守，不利于技术创新的风险投入。其次，中小型企业组织灵活，决策层比较精干，科技人员所做的贡献与所获得的利益可直接挂钩，激励机制较强，有利于技术创新的决策。再次，中小型企业面临市场挑战，由于要生存，相对来讲，也往往不遗余力

---

① 原载：《新疆经济管理》，2000 年，第 5 期。本文写作于 2000 年，本章均以写作时间表述。

地进行技术创新，以新设计、新工艺、新产品来拓展市场。同时，中小企业具有较强的激励机制，在内部管理上交易成本相对低，有利于克服自身规模和财力方面的弱势。

第二，在创新能力方面，中小企业专业化程度较高，具有满足特定的细分市场需求的技术创新能力。因其规模较小，科技人员和销售人员能较好沟通，并能对市场和技术的变化做出迅速有效的反应，也能根据市场形势变化及时调整经营方向，抓住短、平、快项目，满足大企业暂时难以顾及的需求，还能调动所有资源集中于某一项目进行创新。

但也应指出，中小企业技术创新能力弱是不容置疑的。首先，中小企业缺乏充足的科研力量和健全的科研开发体制及完善的信息网络系统。新疆机电工业 6 家国家级大二型企业中已有 4 家有独立研究开发中心(所)，它们可以在自己的科研部门进行产品设计、试验和鉴定，技术力量也较雄厚。其次，中小型企业缺乏技术创新方面的战略规划，使企业无法形成自己的核心能力。

第三，在创新环境等各个方面可以看出，中小企业同时也具有宽松和自由的技术创新内部环境，其灵活简便的作风有利于技术创新的开展。但是近几年来政府重点扶植的是大型企业或企业集团，银行、财政、投资部门也都出台了一些向大型企业倾斜的政策，造成中小企业技术创新资金不足。

通过中小型企业与大型企业相对比可知，中小企业必须正视自身技术创新的有利和不利因素，抓住国家西部大开发有利机遇，合理定位，扬长避短，选择合适的创新策略；要利用区内外的先进技术，形成自己的技术特色和在同行业中的竞争优势；要紧紧围绕国民经济和行业发展总目标，以市场为导向，加快技术改造和新产品开发。随着区内外市场细分的广度和深度进一步强化，小批量和多元化将成为今后产品发展的主流，这种趋势为中小企业带来广阔的前景。中小企业可选择利用变动大的领域作为主攻目标，以寻求发展的机会。我区中小企业集中在加工业、服务业等劳动密集型行业，随着科技进步、知识经济时代的来临，中小企业应向技术含量高的产业拓展，向以高新技术产业为代表的新兴产业，如电子信息、生物工程、环保节能、新材料等产业发展，它们还处于初创阶段，技术发展快，产品更新快，它具有机动灵活、创新效率高的特点，很适合中小企业规模经济发展，中小企业间应加强联合，并应积极与大企业和科研单位形成紧密的分工合作体系，中小企业可通过与同行业或区外先进地区企业实行联合，形成优势互补，资源共享，发挥出加倍的效果，尤其是利用东部地区企业想来我区拓展新的经济增长点的机遇，主动攀亲，这将为我区中小企业的生存与发展带来新的生机。我区中小企业也可利用与区内外大企业和科研部门形成紧密的分工合作体系，这既是中小企业谋求生存发展的重要途径，又是大企业提高专业化水平的有效手段。中小企业可利用当前国家对科研机构搞改企建制的机遇，主动找科研部门从事横向技术协作，实行优势互补，提高企业整体素质。同时，在技术引进方面中小企业应注意不可只停留在操作、使用、维修阶段，不可只追求短期效益，也要注意消化吸收引进技术，从而增强自身的自主创新能力。

从系统观点看，在当前推进中小企业的技术创新活动中，必须从源头抓好，注重强化三大机制。

首先，应强化中小企业技术创新的动力机制。要解决好这些问题，就要做好管理创新这篇文章，结合企业深化改革、产权制度改革，发挥出中小企业的创造性、积极性，使中小企业真正成为“四自主”主体，适应市场经济的需要。

其次，应强化中小企业技术创新的保证机制。中小企业在改革中应对内部管理如科研、制造、供销部门有一整套与创新相配套的机制，尤其是如何进一步规范有限责任公司或股份合作制公司改造完成后的企业法人治理结构，建立完善与市场经济相适应的劳动人事制度，形成企业内部有效的激励机制特别是企业高层经理人员的激励与约束机制，等等。只有处理好以上几个问题，才能围绕动力机制，保证企业科技创新。

再次，应强化中小企业技术创新的风险机制。要建立中小企业技术创新风险的社会防范机制，为中小企业提供技术创新的风险环境，分摊其风险或承担一部分风险损失。第一，各级政府应为这些企业技术创新项目承担部分风险，为中小企业技术创新项目提供风险信贷担保。第二，政府和有关行业部门应为中小企业技术改造提供风险防范条件。具体是由政府和有关行业部门为企业多提供信息指导，防止企业在技术创新中走入误区。第三，通过给企业优惠贷款和减免税，降低风险损失，增加风险收益。

第二十五章

借鉴欧洲企业经验 提高我区企业经营管理水平

——赴欧洲五国考察的启示[①]

今年10月23日至11月3日，应欧中经济技术合作基金会的邀请，中国机械工业联合会组织代表团赴欧洲五国考察。此次赴欧洲五国考察代表团27名成员主要来自全国机械工业国有大中型企业厂长（经理），课题是考察现代企业国际化经营环境与人力资源管理。新疆机械电子工业协会组织10名代表，由笔者带队参加了考察活动。在欧洲的12天中，我们先后前往荷兰、比利时、法国、卢森堡和德国五个国家，并现场参观了四家大企业。总的感觉是：欧洲的机械、汽车、电缆行业企业在经营管理上有较为规范的公司治理结构，当今世界流行或正在推行的许多先进管理思想、管理方法和管理手段，在这些企业中都有不同程度的体现，其管理创新已经具有相当高的水平。我们通过考察开阔了眼界，拓宽了改革思路在当前我国即将正式加入世贸组织（WTO）之际，欧洲国家企业的公司治理结构和创新管理理念，对我国企业很有借鉴意义。

第一节　欧洲五国企业公司治理结构运作的概况

在欧中经济技术合作基金会的安排下，我们先后考察了荷兰鹿特丹HMA一家电机股份有限公司、德国莱茵州蔡勒集团液压驱动提升机制造公司、德国法兰克福尼霍夫机器制造股份有限公司、德国纽伦堡Lacroix-Kress拉丝股份有限公司。

20世纪90年代以来，美国和欧洲工业发达国家兴起了一场轰轰烈烈的企业重建运动，这被誉为继全面质量管理运动之后的又一次工商管理革命。随着这一运动的展开，全球企业兼并浪潮呈现了新的特点，欧洲许多国家大企业出现“强强

---

① 原载：《新疆社科论坛》，2001年，第4期。本文与作于2001年，本章均以写作时间表述。

联合"的新趋势，尤其是在经济全球化和政治多极化两种趋势的相互作用下，作为西方工业发源地的欧洲已成为世界许多国家凝聚综合国力的重点地区。欧洲各国政府以产业政策为导向，通过行业协会和商会加强行业自律作用，不断以大公司、大集团作为资产重组和企业兼并的重要主体，在资产重组中发挥出积极的作用。各企业在不断规范公司治理结构的同时，寻找企业发展的轨迹。

荷兰鹿特丹的HMA股份有限公司是一家电机生产企业，公司拥有员工400人，年产值达1亿美元，主要生产高速列车、地铁、设施电机，是一家高科技企业，目前经营状况很好。但该公司并不满足于现状，还在寻找比自己更强的品牌、更硬的企业集团进行合作。其总经理告诉我们："只有具备了优势，企业才有可能被名牌企业收购。"在他的眼里，只有企业做大了，才能立于不败之地。

德国莱茵州蔡勒集团液压驱动提升机制造公司是一家环保机械生产企业。陪同我们的当地州政府官员和银行主管向我们介绍，该企业主要是生产垃圾箱机械传送、承重、清洁系统。在厂区百米的车间墙上，依次贴着美国、荷兰、日本、中国等国的名签，足有几十个。在名签的下面整齐摆放着各国目前使用的各种型号、用途不同的大大小小、花花绿绿的垃圾箱。该公司的总经理自豪地说，这些国外产品的型号，是我们收集用户信息、发展产品的主要依据，也是该公司几十年来，在营销管理上，搜集世界产品取胜的宝贵经验。

在德国法兰克福尼霍夫机器制造股份有限公司，我们看到先进、精密的设备和经过技能培训的技术工人，以及整理有序的生产现场。该公司498人，其中技术、管理骨干384人，年产值1.6亿美元，人均劳动生产率30多万美元。该企业的产品已在本国乃至世界立足，成为电缆行业有名的制造厂。这家企业的特点是对原有过细的专业分工和业务流程进行重新考虑和设计，抛弃原有的作业流程，针对顾客需求，实现再造一个或几个新业务流程，使品质、效率、成本、服务等经济目标获得惊人的改善。

德国纽伦堡Lacroix-Kress拉丝股份有限公司是世界上最大的电线电缆生产企业之一，其产品不仅占领了欧洲，还畅销世界三大洲。该企业生产的导体电缆是目前世界上最为紧俏的产品，也是打入我国的优势产品。该企业生产线上下两层楼，装有约900台专用电缆生产设备，采用四班三倒的管理办法。在这个世界上最大的电缆生产企业中，每班仅用员工20人，他们采用大量的计算机辅助管理来处理各工序间的生产和测试，使我们耳目一新。

正如我们到达欧洲的第二天，我国驻荷兰王国大使馆张参赞在会见我们时告诫大家的那样，欧洲企业不管在技术上还是在管理上，乃至在市场占有率方面都已具备相当高的竞争优势。我国企业一定要增强紧迫感和危机感，一定要在做好改制的同时，加大改革力度，要用信息化管理提升传统机械制造业，发挥我国地缘、市场、矿藏的优势。通过与欧洲的合作，提高我国工业整体水平，使我国的产品在欧洲市场上占有一席之地。

第二节　五国企业在公司治理结构和创新管理运作中的主要特点和经验

一、强烈的市场竞争意识和规范的公司治理结构

尽管这些企业处在不同国家体制下，许多企业从诞生的那一天起，就已在私有制基础上开始生存，其投资主体的多元化决定了产权结构的多样化。但是，在考察中我们看到，不管是有限责任公司，还是股份有限公司或是独资公司，也不管是否是上市公司，这些企业都有很强的市场竞争意识，它们以法律规范和政府政策为准绳，以服务于顾客、社会目标和利润目标为导向，努力实现企业内部运行稳定与和谐的一致性，不断适应外部市场竞争和持续发展的要求。在企业内部经营管理方面，普遍采用了较为规范的公司治理结构。在企业中，股东紧紧掌握着企业的最终控制权，行使着资本所有者天然拥有的收益权、知情权、投资权和对董事的选拔权。

例如德国 Lacroix-Kress 拉丝股份有限公司，目前是世界最大的拉丝企业，在世界三大洲拥有 20 多家企业，其中有一部分是该公司控股的，还有一部分是作为股东入股的。该公司成立几十年来，已先后十多次加入本国或其他国家大公司兼并和重组结构调整，频繁进行结构调整的目的是为了达到本公司的发展需要和维护股东利益。

从中我们可以看出，董事会切实承担着股东将公司财产信托给董事会的受托责任。作为企业的最高决策机关，它不干预企业的日常经营，但受股东大会的委托行使对企业重大财产关系变动的决定权。这些企业公司治理的框架一般采用双重委员会，即董事会和监事会，董事会、监事会中都留有名额由员工担任董事和监事，这些员工代表董事反映全体员工的呼声。德国的法律目前都有规定，要求企业董事会成员中有一定数量的员工比例，这种做法大大弱化了监督者和被监督者之间的关系。这也是德国企业为什么劳资冲突比较少的原因之一。

另外，在法国、德国、荷兰等以私有制为主体的国家，企业在公司治理结构中比较强调经理和员工之间的合法权利，他们通过经理层和员工代表共同制订激励办法，使全体员工的合法权利在董事会中得到满足。从交谈中我们了解到，这些企业的员工在日常管理中已形成一个共识，就是在工作时间除了完成日常生产任务外，每日、每时都能认真地考虑怎样去降低成本，增加利润，提高每小时的工作效率。通过员工或班组形成一个独立"核算"管理单位，具体方法是员工把自己所完成的半成品交给下一个工序时，也就不是单纯地"转交"，而是"卖"，按一件多少钱算，这就成为每个员工的"产品销售额"，而再从其产品销售额中减去其总成本，就形成这

个员工的"利润"。这种方法就是通过内部买卖关系来调动员工的积极性。此外，这些企业中，工会的监督权也很大。例如，德国尼霍夫机器制造股份有限公司总裁鲍威尔看到三个工人平时工作十分出色，准备第二天在公司大会上给予他们奖励，在征求工会组织意见时，工会反对，认为其奖励项目在公司章程和管理条款中没有，不能随意表彰，就这样，总裁的决定被否决了。

二、在内部经营管理上不断创新，注重做好对外宣传工作

在企业内部管理上，尽管他们与我们的政治制度、经济基础和价值取向等都有很大差别，甚至有本质上的区别，但从管理科学的基本要求而言，确有许多管理创新经验值得我们借鉴。

这些企业都能结合自己的产品和规模形成自己的管理方式，创造了许多行之有效的管理经验。例如德国蔡勒集团液压驱动提升机制造公司和德国 Lacroix-Kress 拉丝股份有限公司，在内部管理中大量应用计算机辅助管理、设计与制造，以及计算机集成系统等，尤其是他们采用立体库房管理方式，将 30 多万种零部件按照 A、B、C 管理方法分七层储存起来或分别运送到各个分公司（世界各地销售网点），该部门只有 6 个人，所管辖地方很大且工作很有头绪，管理方法确实很先进。在生产现场，他们大量运用定置管理，实现优化现场生产管理，做到物流有序、整洁运行，这给我们留下了深刻的印象。

注重对外宣传和外宾的接待工作，也是这几家企业管理创新的又一个特色。从这次我们走访的四家企业可以看出，各公司的企业经营者都十分重视本企业的宣传和策划工作，都派出负责销售的总裁或副总经理及总工程师做接待工作，在宣传中大量采用图文并茂的版面和录像片，介绍企业产品和市场占有率的情况，并要求我们与他们座谈时要提出意见方法来扩大该公司的影响。这种营销方法，面对面的交谈，使我们感受很深。另外，从这些企业的管理人员结构来看，这些企业管理人员甚少，一般占 10%左右，但技术开发部门人员较多。销售管理渠道主要是按地区（各大洲）分类，派出专业人员前往做销售和维修工作，在销售分公司之间不互相压价和侵占对方地区的订单，根据部门分工规则，有秩序地划分市场。这种销售管理，对我们很有启示。

三、重视员工培训和继续教育工作

加强员工培训和继续教育是欧洲国家企业发展的根本。出于不同的目的和需要，企业和员工双方都很重视继续教育。企业把员工培训工作作为人力资源开发的基础。他们在招收员工时不仅要看在学校的学习成绩，更注重其综合能力的考察，如进入企业后，学习期集中培训二至三年，主要学习内容是技能、理论、合作精神等几个方面。通过学习，然后进行考试，竞争上岗，优胜劣汰率约为 20%。对班

组长以上管理人员，要经过国家办的专业学校学习，获得证书后，企业才可能考虑使用。这种人才管理方式有利于员工尽快进入合适的工作岗位，从而提高企业整体素质。许多企业为提高工作效率，普遍采用一专多能、一人多机的人才管理办法，他们这种用工制度有效地保证了各工作岗位的正常运行。笔者认为，入世以后，外国资本和技术将很快大面积涌进我国，这就意味着“国内竞争国际化，国际竞争国内化”，企业和国外跨国公司的第一场遭遇战不是产品，也不是市场，而是对人才的激烈争夺。现在我区许多国有企业，对人才资本和继续教育的认识并不到位，仍把其当作普通生产要素，用传统的体制进行管理，甚至许多企业认为，员工已有了一定学历和文凭，没有必要让他们再出去培训和深造，只要能干活就行，这种观念是造成企业素质不能尽快提高的原因之一。

在考察期间，我们还看到企业对员工的生理和心理方面考虑得很周全，努力营造良好、愉快的工作环境。如在工作场所安放食品销售柜，员工可以在休息时间喝咖啡、抽烟、聊天。员工通过以上方式解除疲劳，从而以更加饱满的精神状态投入生产，创造最佳效益。

四、得到政府和银行的大力支持

在去德国尼霍夫机器制造股份有限公司和德国 Lacroix-Kress 拉丝股份有限公司时，德国莱茵州政府官员和投资与结构银行主管白赫特始终陪同我们代表团参观这些企业。他告诉我们，这两家企业都是他们银行的管理范围，政府要求银行参与企业重大活动，银行是为企业服务的，不管是外国企业在该州，还是本国企业来该州办企业，政府都要求他们为企业多出主意，帮助企业找资金、找产品，银行与企业是一家。政府要求银行要对企业经营负责，企业亏损，政府先找银行。因此该国银行完全是为企业着想，急企业所急，帮助企业解决负担，在观念和服务意识上与我国银行截然不同。外国政府和银行这种为企业服务的意识很值得我们借鉴和学习。

五、分工明确，突出专业化生产，通过走集团化道路，企业规模不断扩大

随着市场竞争的需要和政府导向性政策的要求，各行业协会或商会都在加强行业自律的同时，根据行业发展形势及时给企业引导。这几家企业的发展经历告诉我们，走集团化大生产是企业发展的大趋势，社会化大生产改变着企业的组织结构和业务流程。这些企业为了发展，在市场竞争中常常多次走兼并联合道路，在更大规模和更高层次上展开运作。“活鱼吃死鱼（或休克鱼）”“快鱼吃慢鱼”“大鱼吃小鱼”，各公司之间通过自主谈判，在反垄断规定条件下经过市场实现合并和业务互补，从而增强企业竞争优势。例如，德国尼霍夫机器制造股份有限公司，目前是

欧洲最大的通信电缆设备生产厂家。德国 Lacroix-Kress 拉丝股份有限公司，目前是世界最大的拉丝公司，从成立到今天已有近百年历史，他们已开展十多次与国外同行或相关产业兼并、联合、控股，或以参股形式与其他公司进行合作。这些企业通过社会化协作和契约关系，以外包非核心零部件生产和认证零件质量的可靠性的方式，使企业的中间管理组织设置变得简单，专业性更强，在成本、质量、服务和速度方面得到重大改进。

六、发挥行业协会和商会特殊作用，促进市场经济有序发展

欧洲五国行业协会和商会对本国的经济发展起到了积极的推动作用。德国行业协会不仅为企业提供必要的经济信息服务，而且还对企业的技术、管理工作进行指导，更重要的是帮助企业开拓销售渠道，与政府协调价格争议。法国行业协会和商会，定期征求企业经营者意见，向政府反映企业的要求；保护企业的合法利益，并对所有的国产或进口的制造业产品由行业协会进行认定，协会对专利申请有很大的发言权，并可对违规的会员单位给予制裁。

七、政府参与国有控股企业的管理

在对国有控股企业的管理方面，欧洲各国政府作为国有资产的所有者，通过干部参与明确国有资产的产权代表，产权代表对国有资产增值保值负责。对于国家绝对控股的企业，欧洲政府在干部参与程度和任免上有相当大的控制权，对总经理人选甚至可以直接任免，可以左右董事长授权，也可对国有企业的许多问题发表意见。荷兰、法国、德国财政部定期派出人员到企业，检查如董事会是否按规定办事，业务是否合法，有无重大决策失误等诸多方面，并根据上述内容编写报告，呈交监事会及财政部。审计署人员也可直接到企业查看文件，发现经营问题有权要求企业向财政部说明情况。从考察的情况看，在确保国有资产保值增值的管理保证体系上，欧洲各国政府根据本国的国情，采取不同的措施，并没有一个固定的模式。

第三节　欧洲企业经验对我们的启示

欧洲国家企业公司治理结构和创新经营管理思路，对我们新疆企业建立现代企业制度和提高企业经营管理水平具有十分重要的启示作用。为使新疆的企业在加入 WTO 后有一个较大的发展，笔者认为，新疆各级政府和企业亟待解决以下几方面问题。

一、深化国有企业改革，加快推进企业建立现代企业制度

当前，我区国有工业企业改革已向纵深发展，随着市场经济体制的建立，产品

相对过剩的局面已经出现，非国有经济得到了发展，一些国有企业不可替代的地位已经丧失，使国有资本“有进有退”成为现实。从国外政府扶植大企业集团的思路看，我区各级政府和有关部门应通过实施大重组，发展大集团，围绕市场抓发展。要以大合资发展大产品。通过引进国外先进技术，立足资源优势，培育开发一批在全国乃至世界农牧业领域的高科技产品，建立现代化大农业。要立足丰富的矿藏能源、生物资源的基础研究和开发，调整深加工产品。要以大商贸、大旅游拓展大市场，通过一头对外，加大开拓西亚市场力度。各级政府和有关部门当前要切实加快建立现代企业制度的工作，把国有企业的改革大刀阔斧地搞完；同时要进一步做好脱困企业的工作，现在许多企业脱困工作的基础并不稳固，尤其是保持工业快速增长和效益提高的机制尚未完全形成。政府有关部门还要下功夫寻找与国际接轨的交接点，从企业集团“强身健体”着手，引导帮助国有企业规范治理结构，规范企业改制工作。我区各级政府要充分利用国务院西部开发办《关于西部大开发若干政策措施的实施意见》，拓展思路，加大改革力度，实现跨越发展。同时各级政府和各有关部门还要为民营企业、乡镇企业和外来的混合所有制企业、外资企业的发展创造一个较好的政策环境和制度环境。各部门要改变观念，在兼并和联合重组中要有不怕吃亏的思想，才能把内地和国外的资金、人才、技术源源不断地吸引到新疆来，从而使新疆在西部大开发中抓住有利机遇，开创出新的局面。

在抓好以上工作的同时，要充分利用新疆得天独厚的旅游资源，发展旅游业，使世界了解新疆，扩大对外开放，拓展大流通，吸引区内外资金，做大产业结构调整这篇文章，使我区一部分企业通过重组形成新的优势。

二、要坚持以市场为导向，大力调整产品结构，加快国际化步伐

国外企业的经验告诉我们，当前我们企业在坚持以改革促发展的同时，必须坚持以市场为导向，按照世贸组织规则尽快制定企业发展战略，运用市场机制配置社会资源，依据市场规则和市场发展趋势开拓发展空间，找准自己的位置。在搞改制和兼并联合中，一定要解决好三个问题：一是观念更新，在改制中不要等待、观望；二是不要怕吃亏，怕别人夺了自己的权而当不成厂长（经理），从而拒绝兼并和联合，这只会害了企业，使企业不能有新的发展；三是要克服“小富即安”思想，现在有些企业领导，过一天算一天，总感到自己还有一些老关系，或还有一定市场，每年还能生产百十万，利润没有，但还能发出工资，别人找上门来，还要摆个架子，结果误了时机。目前，由于多种原因，我区大部分工业企业只能生产大路产品，而品牌产品和名优产品甚少。入世后，大量的附加值高、技术含量高的产品将冲击我区市场。面对这种竞争，我区工业企业应尽快采用高新技术和先进适用技术改造老工艺，提高企业技术创新能力，加快新产品开发，以创品牌取代做“OEM”（代工制造）。同时，我区企业要提高信息化水平，通过加强与国外企业的经济技术合作，扩

大产品出口，积极参与国际竞争。

三、坚持深化企业改革，不断提高管理水平

当前国外企业经营管理水平很高，尤其是加工质量的专业化、标准化水平和分工协作体系较强。我区工业行业尚未形成核心企业，也未形成拳头产品，面对国外企业的竞争，我区工业要想形成优势，必须走专业化道路，要从“小而全”和“大而全”的观念中跳出来，通过专业化和协作化生产形成具有特色的“小巨人”。必须逐步按现代企业制度规范治理企业，有效地解决长期困扰国有企业的“所有者虚置、机构重叠、领导多头和企业内部员工失控”的现状，实行企业投资主体的多元化，加大国有经济成分对社会经济的支配作用，努力实现制度创新、技术创新、管理创新，大力推广、普及现代化管理方式，通过加强质量、成本、资金和营销管理，使我区工业企业整体管理水平跃上一个新的台阶。

四、充分发挥无形资产优化配置作用

我国过去对资产优化配置理论的解释，都是“配置机器、设备、人力、物力和财力等”，不讲配置名牌、信誉、版权、专利等。从欧洲国家进入知识经济时代及中国市场经济形成买方市场的事实证明：知识重于资本，文化重于物质，品牌重于产品，无形重于有形。我们必须把无形资产优化配置这一块充实进去。要研究无形与有形两种资产的配置内容，要研究政府及司法部门如何调控无形资产配置问题，要研究如何建立无形资产优化配置的市场机制等同题。

五、要加快培育和发展工商领域行业协会的作用，促进行业和经济发展

从欧洲企业迅速发展壮大的经验来看，欧洲各国政府都十分重视中介组织——行业协会和商会的特殊作用，许多行业协会和商会通过加强行业自律，在落实政府产业政策、调整产业结构和提高企业经营管理水平方面，做了大量政府无法做到的事。当前，随着我区政府机构改革的深入，各级政府应充分认识新形势下工商领域协会的地位和作用，结合政府机构改革和职能转变，完善和落实我区工商领域协会的职能，进一步发挥行业协会协助政府部门加强行业管理的职能。例如开展行业、地区经济发展调查研究，提出有关经济政策和立法的意见和建议，制定并监督执行行规、行约，规范行业行为，协调同行价格争议，维护公平竞争，参与行业生产、经营许可证发放，资质审查，分析、发布行业信息，为决策提供各种信息和开展各种咨询服务，为行业发展储备高素质人才库，等等，推动我区经济建设迅速发展。同时政府要在规范中介机构上出台一些相关政策，使行业协会和商会有较大的发展，为明后年自治区政府机构第二次改革打下基础。

六、要增强对世界贸易组织(WTO)本质的认识,更新观念

人们在认识 WTO 的时候,往往侧重于它对具体行业的影响,而忽略了对 WTO 本质的认识,似乎只要把握了行业的变化趋势,企业就可以胜券在握。其实不然。笔者认为,面对我国加入 WTO 后的挑战,我区企业应做好以下几点准备:首先,我区企业应该把握 WTO 规则,拥有一个明确的 WTO 意识。WTO 的规则有许多条,企业要全部掌握是不现实的,也是不可能的。我们并不需要熟记全部法律条款,但企业经营者必须拥有强烈的法律意识,遇到问题时应知道处理问题的方式和从哪里找到适合的规定条款。面对 WTO,我们的企业需要的就是这样的意识。其次,做好企业经营战略定位,具体说就是做好经营专业化与细分化,要准确地找到自己的定位,合理确立目标市场,进行明确的市场细分。再次,全面推进企业管理、市场营销和技术创新工作。企业在做好战略定位后,就应该做好战术、制度和组织的调整和完善,依据具体市场和变化做好管理和营销的创新。最后,抓好人力资源管理。知识经济时代,随着更多的外资竞争者进入中国市场,他们与我国企业竞争的第一步,不是技术,也不是市场,而是人才,尤其是同行业的顶尖人才。面对这种形势,企业有必要把人力资源开发放到突出位置,必须研究适应市场经济规律要求的用人之道。

综观与国外企业经营管理的差距,我们面临许多科技和经营方式与 WTO 的规则要求不一致的问题。我们应了解差异,加紧学习国际市场规则。另一方面,还要主动调整自己的定位。市场经济是专业化分工的组合,一个企业要想生存和发展,就要找准自己在全球性专业化分工中的位置。要发挥自身优势,利用各种有利因素,通过在管理上下功夫,在技术上加大投入,争取让产品上档次,适应多层次的需要。我们也要看到,我们与国外企业开发能力相比,差距不是很小,单靠自身的力量是远远不够的,因此走合资合作的道路乃是一条捷径,特别是入世的成功,使我们与国际融为一体,既是机遇又是挑战。因此,当我们为我国企业鼓劲的同时,也应深信我们的企业在经历了一场洗礼之后,将换回另一种新生。

第二十六章

从国外参展看"新汽"发展[①]

一

2005年，经自治区政府批准，由自治区经贸委组织的2005比什凯克中国（新疆）机电建材产品展览会于2005年8月12日，在吉尔吉斯斯坦共和国首都比什凯克市大唐分拨中心举行。此次展览会是我国首次在中亚国家举办机电建材展，参展46家企业（含外省3家），大都是具有行业代表性和有实力的企业。上午10点半，开幕式在蓝天白云照耀下举行，整个会场气氛热闹非凡，早早来到展览大厅前广场的各国客商和前来参观的人群把会场围得水泄不通。简短开幕之后，我们几位参展团负责同志陪同吉尔吉斯斯坦、哈萨克斯坦、土耳其等国到会官员先后来到室内、室外75个展位前，在各展位前，他们不停地向我们询问产品性能，了解使用情况。当我们来到室外东风新疆汽车有限公司（本章简称"新汽"）展位前，两辆专用自卸汽车有节奏上下驱动，引起了在场外国官员的关注，吉尔吉斯斯坦商务部副部长笑着向我打听该车型号和用途。我通过翻译告诉他：东风EQ3252GX和EQ3165GX选用美国康明斯发动机，底盘采用EQ3252GXJ，机械式七挡或八挡变速箱，5T级前桥10T级贯通桥，驱动桥；车架总成在结构上采用多层镶嵌加固结构；自卸车厢采用全金属焊接、高挡板、五开门结构、自卸举升、为"F"式等。介绍完之后，在我身旁的吉尔吉斯斯坦建设部副部长已经坐上驾驶室，东看看、西摸摸后，跷起大拇指连声对我和翻译说"哈拉绍"（俄语"好"）。围观人群向我们的翻译打听是哪家汽车厂生产的，当他们听说是东风新疆汽车公司生产的，显得有些惊讶和喜悦，许多客商纷纷在汽车前留影和拍照。

当天下午，我们又陪同我国驻吉尔吉斯斯坦大使馆张延年大使、刘传武参赞等来到展厅。张大使看完东风新疆汽车有限公司车展后，兴致勃勃地接受记者采访。他对此次参展和展品都给予了很高的评价，并向我们几位参展团负责同志介绍吉国情况。他说吉国经济开始复苏，目前，吉国机电、汽车及配件等大多比较陈旧，产

---

① 原载《东风新疆汽车有限公司五十年风雨历程》，2008年9月。

品已过时，我们如在吉国生产和销售，商机都很好，关税较低，也可采用在吉国贴牌的方式，直接进入到中亚各国及欧洲国家……

展会期间，我们还组织参展企业50多位同志先后到当地阿拉美金市场、促姆市场、机电市场、二手车市场等，考察当地的市场需求。在考察中，我和东风新疆汽车有限公司董事长、东风商用车有限公司副总经理黄钢、东风新疆汽车有限公司总经理刘红胜交流，我们共同的感受是：吉国市场和此次参展洽谈给“新汽”带来了新的发展机遇，这儿的市场很大，吉国也是最早加入WTO国家之一，现在路上跑的车相当于我国当时20世纪80年代的卡车，吉国人民对中国很友好，我们准备在这里建维修点，为我们今后销售各种汽车做好后勤保障，近来可以在当地招一批工人，送到“新汽”培训后，再回到这里搞服务。考察归来，我们在吉国国家展览馆前照相留念，此次参展“新汽”公司实际成交近6万美元，参展团共成交100多万美元，“新汽”等一批企业与吉方签订产品代理意向书18项。

二

每当我回想起“新汽”产品在国外参展深受各国称赞和青睐时，我这个老“新汽”人，同“新汽”人一样自信，一样自豪。

回顾“新汽”50年走过的艰难而又光辉的历程，我感激万千，思绪纷纭。

记得1966年7月，我们一批上海在校青年响应党的号召，支援新疆工业建设，8月被分配到新疆机械工业局，为了使我们能尽快掌握技能，将来好工作，领导将我们540名同志分别派到上海机电工业局下属的革新电机厂等七家企业实习。1967年5月中旬，我和第一批进新疆的100多名同志来到新疆第二汽车配件厂（现东风新疆汽车有限公司）。我先后在厂技术革新小组、机修车间、检验科工作，1986年4月调新疆机械电子工业厅工作。由于工作需要，我多次来到我曾经工作、学习、伴我成长的“新汽”，参与和带队来该企业调研、座谈和评审。也由于有机会常来“新汽”，对该企业的发展有了进一步的了解和关注，也总想为“新汽”的发展做点事。

三

纵观世界变迁的轨迹，溯源于1958年，在党的“鼓足干劲、力争上游、多快好省地建设社会主义”总路线指引下，新疆第二汽车配件厂等一批企业先后成立，到1967年5月我来到工厂时，工厂主要生产解放车型的后桥、变速箱、刹车鼓三大总成及部分汽车配件，厂房、设备、职工人数规模还比较小。十年动乱，企业生产一度不正常。是党的十一届三中全会精神，鼓舞了“新汽”人奋进斗志，到80年代初在全厂职工共同努力下，企业规模不断扩大，新疆第二汽车配件厂更名为新疆汽车厂。

1981年我国进入了经济体制改革的新阶段，在“发挥优势、保护竞争、推动联合”方针指引下，新疆汽车厂领导班子结合企业发展，大胆提出走联营是“新汽”发展之路，在聂厂长带领下，企业精神面貌发生了深刻变化。1984年在自治区各级政府的大力支持下，新疆汽车厂正式加入了东风汽车工业联营公司，之后，在东联和第二汽车制造厂的大力帮助和支持下，“新汽”从一个产品单一、生产技术和经营管理薄弱、经济效益不佳的企业逐步发展成为国家机械工业部、中汽联的重点企业，并成为生产改装车、专用车、组装东风系列汽车专业生产厂。五年间企业的生产、产品质量、经营管理等方面有了显著的提高，并获得自治区一级企业的光荣称号。

1988年9月“新汽”和“二汽”共同研制开发的沙漠车，经试验，在沙漠中的通过性、爬坡性，与进口的同类汽车相当，并通过部级鉴定投入生产，从而结束了只有外国车才能进出世界第二大沙漠——塔克拉玛干的历史，填补了我国汽车产业一项空白。在大好形势推动下，厂党委提出“立足新疆，走向全国，力争出口”的发展战略。在全厂的共同努力下，企业又先后开发出20多种专用车，例如10吨半挂自卸车、供液车、营房车等。

在企业不断深化改革进程中，2002年5月，“新汽”吸收了东风汽车公司、信达公司、乌鲁木齐国有资产局、东风特种汽车公司等四家企业入股，改制成为东风新疆汽车有限公司。由于注入新的活力，当年“新汽”的生产经营情况出现了可喜成绩。2002年“新汽”生产载重汽车3800辆，创历史新高。为做大做强新疆汽车工业，在自治区政府及中央有关部门的大力支持下，2003年6月8日，东风新疆汽车有限公司加入世界大企业集团东风——日产——雷诺集团，为“新汽”的新腾飞插上雄健翅膀。改制后东风新疆汽车有限公司根据党的十六大精神，结合“三个代表”学习，公司党委提出了“去其糟粕，吸收精华，合理扬弃”的企业文化，根据“存在即合理”的哲学理论，铸成本公司优秀文化，突出弘扬本企业优秀文化，例如，员工自觉奉献精神，团结凝聚力，尤其是遇到压力和挑战时展现出一种拼搏创业精神。同时，吸收外来文化，例如制度规范，有章可循，责权明确，决策迅速。这些就是“新汽”能成为一个国际现代化企业的立身之本。

回顾“新汽”50年来发展历史，是一部团结拼搏、艰苦奋斗的创业史，也是一部依靠科技进步强化管理的发展史。我们可以看到“新汽”历来十分重视科技投入，即使在公司经营状况十分困难的情况下，仍然千方百计地多渠道筹措资金，来确保产品开发和科研项目所必需的费用。近年来，公司根据实际需求，不断加大科技投入，使一批产品结构调整落到实处，并相继竣工一批重点技术改造工程。例如2006年，企业技术开发经费支出高达479万元，企业科技活动经费支出983.6万元，企业全部科技项目66项，新产品销售收入15 097万元，企业自有品牌产品与技术出口创汇458.6万美元；企业获国家级自然科学技术发明进步奖9项，东风6X4重型汽车荣获国家级火炬计划项目奖，EQ1211系列重型汽车、EQ1241系列重型汽车等获自治区高新技术产品证书；企业先后被自治区经贸委、自治区科技厅认定为“自治区企业技术中心”和“高新技术企业”。“新汽”为我区工业交通事业发展和振兴地方经济做出了积极贡献，赢得了社会广泛好评。

四

五十年来，“新汽”经历从小到大，从量变到质变的发展过程，克服了边远地区软硬环境不利的制约，突破了国内外对新疆“经济落后，根本造不出好产品”的陈腐成见，实现了“新汽”几代人未圆的汽车出口之梦。

“新汽”给我们的启示是丰富的，它不仅给我们增添了一个国有企业成功的案例，也给我们提供了在欠发达地区走“联合之路”的成功典范，进一步坚定了一个信念，西部的企业可以搞好，西部的企业更可以利用地缘和资源的优势，在推进我国新型工业化进程中一试锋芒，大有可为。

“新汽”已经取得了骄人业绩，相信通过深化改革，坚持自主创新，节能降耗，“新汽”的未来一定会更加美好，“新汽”的明天一定会更加辉煌。

第三部分

专题研究与报告篇

第二十七章

新疆哈密地区[①]制造业发展规划研究[②]

第一节　规划的背景意义、编制依据和主要内容

一、哈密地区国民经济发展概况

初步核算,2008 年哈密地区实现生产总值 126.9 亿元,比上年增长 19.7%。分产业看,第一产业增加值 17.67 亿元,增长 11.6%;第二产业增加值 58.66 亿元,增长 36.5%;第三产业增加值 50.57 亿元,增长 9.2%。三次产业比例为 13.9∶46.2∶39.9,人均地区生产总值 22 887 元,比上年同期增长 17.4%,以当年平均汇率折算,地区人均 GDP 达到 3295 美元,见图 27-1。

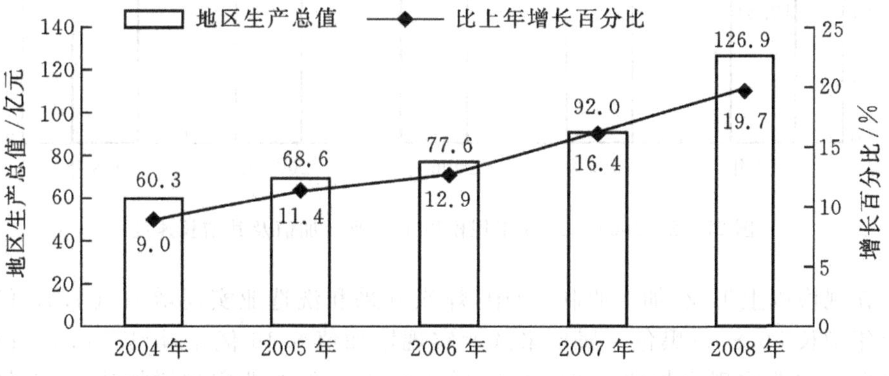

图 27-1　2004—2008 年哈密地区生产总值及其增长速度

---

① 2016 年 1 月,国务院批准哈密地区撤地设市,现为哈密市。根据原文写作时间,本书统称“哈密地区”。

② 原载:《新疆咨询业联合会 2009 年 12 月课题研究》,有删减。本文写作 2009 年 11 月,本章均以写作时间表述。

(一)机械动力

2009 年末农业机械总动力达到 26.06 万千瓦,比上年增长 5.2%。中大型拖拉机 0.17 万台,增长 12.7%;小型拖拉机 1.09 万台,增长 3.9%。化肥施用量(折纯)1.02 万吨,比上年增长 9.1%。农用塑料薄膜使用量 0.18 万吨,比上年增长 6.8%。农村用电量 2.05 亿千瓦小时,比上年增长 45.6%。当年外出务工人数 4.40 万人,比上年增长 11.0%。

(二)工业和建筑业

2008 全年实现工业增加值 48.8 亿元(其中加工制造业占了 2/3),比上年增长 37.5%,地方规模以上工业增加值 27.28 亿元,比上年增长 22.8%,其中,轻工业增加值 2.05 亿元,增长 28.5%;重工业增加值 25.23 亿元,增长 22.4%。见图 27-2。

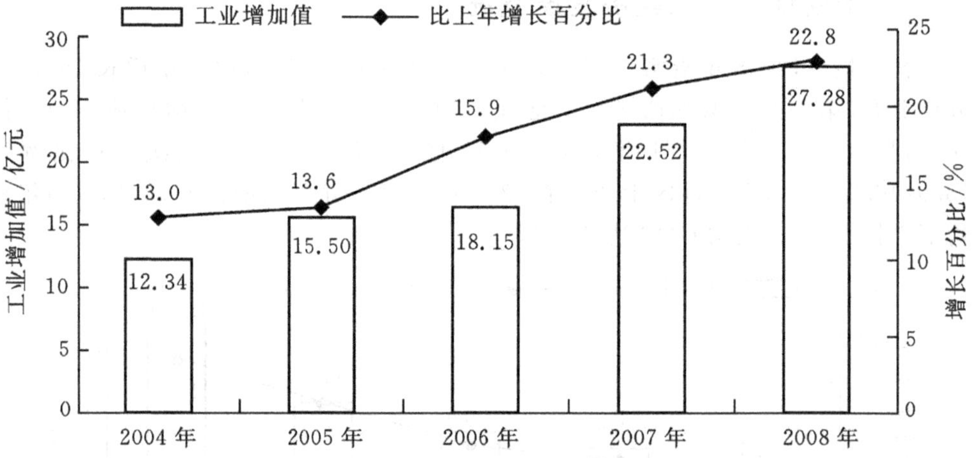

图 27-2 2004—2008 年规模以上工业增加值及其增长速度

在规模以上工业(加工业制造)中,煤炭开采和洗选业实现增加值 7.18 亿元,比上年增长 56.8%;黑色金属矿采选业实现增加值 6.16 亿元,增长 38.4%;有色金属矿采选业实现增加值 3.31 亿元,增长 0.6%;纺织业实现增加值 0.75 亿元,增长 3.8%;化学原料及化学制品制造业实现增加值 1.84 亿元,增长 15.5%;有色金属冶炼及压延加工制造业实现增加值 1 亿元,增长 8.8%;电力、热力的生产和供应业实现增加值 4.09 亿元,增长 5.6%。见图 27-3。

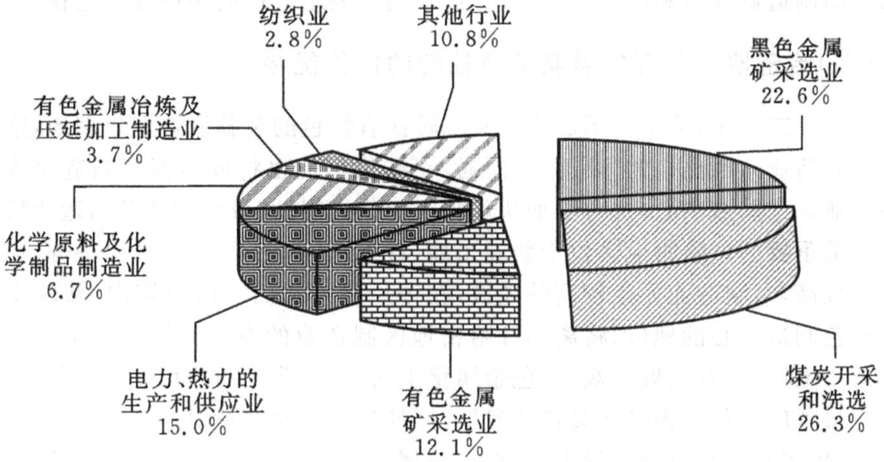

图 27-3　规模以上工业增加值构成

二、规划的意义

(一)以开发利用哈密地区优势资源为目的,加快发展制造业对推进地区产业升级具有重要意义

党中央在总结改革开放以来我国社会主义建设基本经验的基础上,高瞻远瞩地审视国内外的发展环境和我国在经济全球化进程中的定位,在党的十六大报告中明确提出要"大力振兴装备制造业"。2006 年国务院制定《装备制造业调整和振兴规划》,胡锦涛在 2006 年中央经济工作会议上,对当前我国机械装备制造业的特点、地位和作用做了精辟的论述。他指出,装备制造业基础性强、关联度高,决定着一个国家整个制造业的水平,也在很大程度上决定着社会生产消耗水平和国民经济整体利益。基于这一判断,胡锦涛明确要求:"要把推进重大装备国产化作为提升制造业的战略重点,切实加强现代装备制造业建设,发展新型产业群。"温家宝也在 2006 年全国人大会议上所做的政府工作报告中再次明确提出"加快振兴装备制造业"的要求,这表明了党和政府对装备制造业在国民经济中的地位和产业特性有了更深刻的认识和明确的要求,必将对加速装备制造业的发展产生深远的意义。新中国成立以来,我国的发展证明装备制造业是国民经济的支柱产业,是国家竞争力和综合国力的重要体现,自治区"十一五"规划已将装备制造业作为支柱企业,哈密地区国民经济和社会发展第十一个五年规划,提出"工业强区"的发展规划。现在各级政府都把发展制造业作为实现工业化的重中之重来抓,哈密地区"十二五"工业发展规划提出要构建包括机械装备制造工业在内的九大制造业高地,把哈密

建成东疆制造业基地和向西出口基地，这说明发展制造业的舆论环境正在形成。

（二）哈密地区具有发展制造业独特的区位优势

未来一二十年，哈密将形成优势资源转换有特色的装备制造业集聚地，这是哈密地区制造业向西出口的"要地"。同时，一些集聚地也将成为新疆制造业重要的装备工业加工制造中心，这对于加快新疆工业化进程、跻身全国装备制造业特色产业是至关重要的。哈密地区位于新疆东部，背靠内地，交通便利，人口中等，经济发展水平较高，是制造业比重较高的地区，在今后相当长的一段时期内，新疆要打造国内特色制造中心的地位，将离不开哈密地区制造业的发展升级。哈密地区是东疆的核心地域，具有发展煤炭、有色金属化工、轻工制造业的独特区位条件。首先，可以直接呼应乌鲁木齐经济高速的发展，接受甘肃企业的辐射。其次，我国众多大企业、大集团来哈密投资开发煤炭、有色金属化工等资源产业，资金技术管理的辐射作用，对哈密地区制造业发展具有较强的带动作用。第二，甘肃省部分地区与哈密地区加工制造业保持着合作与竞争关系，在很多方面有较强的互补性。论天时、地利，哈密地区有发展机械装备制造业得天独厚的区位优势。

（三）自治区产业结构调整与转移，将进一步加快哈密地区制造业的向西出口进程

当前，以全球化为特点的世界经济发展日益加快，由此带来的投资贸易的自由化和国内国际市场的一体化，正引起新一轮国际产业结构的调整与转移。近年来，随着上海合作组织的发展，我国内地各省市正在加快向西出口地带转移。哈密地区由于占据交通便利和经济基础比较发达等优势，已成为外商投资的热土，其中广东省投资在哈密地区的比例高达20％以上，国内大公司、大集团等众多的大企业，正陆续在这个地区落地生根，这给哈密地区制造业带来了难得的历史机遇。这些国内大公司既有和我们合资的，也有独资的，既转移过来资本和产业，也转移过来一些技术，既有合作关系，也有竞争关系，这必将大大提高哈密地区制造业的技术升级程度。因此，哈密地区制造业应当充分抓住和利用这一历史性的机遇，积极参与区内分工，接受向西出口梯度转移，融入全球生产体系，以获得自身快速发展。

三、研究编制依据

（1）国务院《装备制造业调整和振兴规划》；

（2）国家《"十一五"机械工业发展规划》；

（3）国务院公布的《节能减排综合性方案》；

（4）中共哈密地委、哈密地区行署《关于贯彻落实党的十七大、国发32号文件精神，加快哈密地区经济社会发展》的实施意见；

(5)新疆维吾尔自治区《国民经济和社会发展第十一个五年规划》纲要；
(6)新疆哈密地区《国民经济和社会发展第十一个五年规划》纲要；
(7)新疆哈密地区《2008年国民经济和社会发展统计公报》；
(8)新疆哈密地区《十二五工业发展规划》；
(9)新疆维吾尔自治区《装备制造业振兴规划方案》。

四、规划研究的主要内容

(1)新疆哈密地区制造业发展研究的指导思想和原则；
(2)新疆哈密地区制造业发展的环境分析；
(3)新疆哈密地区制造业规划的背景、意义、编制依据和主要内容；
(4)新疆哈密地区制造业基本情况；
(5)新疆哈密地区制造业发展规划思路、布局、目标和重点；
(6)新疆哈密地区制造业发展与生态保护及环境保护；
(7)新疆哈密地区制造业发展的保障措施和政策建议。

五、研究的编制时限

(1)规划研究基准年:2008年；
(2)近期目标:2015年；
(3)远期目标:2020年。

第二节　新疆哈密地区制造业基本状况

一、新疆哈密地区工业产业发展简况

近几年来,哈密地区认真贯彻落实国家和自治区关于加快经济发展的一系列政策措施,大力实施优势资源转换、工业强区和大企业大集团战略,加快产业结构调整和新技术的推广应用,全力打造现代化工业城市,新型工业化建设取得了积极进度,特色优势产业迅猛发展,已基本形成以能源工业为龙头,以黑色及有色金属加工业和化工工业为两翼,带动轻纺、建材、特色农产品及有机食品加工、石油加工、高新技术产业快速发展的经济格局。

(一)黑色金属加工业

铁矿是哈密最具优势的矿种之一,分布广、类型全、远景储量大、富矿比例较高,预测资源量22.1亿吨,居全疆第一位。哈密成为新疆八钢股份(集团)公司、甘肃酒钢集团公司、青海西宁特钢(集团)公司的重要钢铁原辅料生产和供应基地之

一。2008年,地区黑色金属加工业已形成铁矿石生产规模800万吨/年,铁矿石产量359.2万吨;氧化球团生产规模270万吨/年,球团产量105万吨。

(二)有色金属加工业

新疆东天山有色金属成矿带已被列入西部大开发十大重点开发带。哈密铜镍资源十分丰富,成矿条件优越,已探明土屋、土屋东、延东、香山、黄山、沙尔湖等矿床。土屋—延东铜矿成矿带,铜资源预测资源量超过1000万金属吨,居全疆第二位,具有良好的找矿前景。2008年,地区有色金属加工业已形成镍金属生产规模5000吨/年,镍金属产量3021吨;高冰镍生产规模5000吨/年,高冰镍产量3846吨;黄金产量644千克。

(三)化工工业

哈密地区芒硝、湖盐、钾盐资源十分丰富。芒硝保有储量8 902.3万吨,占新疆探明储量的12%,居全疆第五位;湖盐探明资源量5907万吨;钾盐探明资源量超过170万吨。以硫化碱、纯碱为主产品的无机盐化工产业已初步形成,硫化碱市场份额占全国四分之一,是全国三大硫化碱生产基地之一。2008年地区纯碱生产规模20万吨/年,纯碱产量15.9万吨;硫化碱生产规模20万吨/年,硫化碱产量13.3万吨。

(四)建材工业

哈密石材资源较为丰富,石材质地好、花色艳、品种多、储量大,探明储量6939.22万立方米,保有储量5445万立方米,居全疆第一位。2008年地区石板材生产规模60万平方米/年,板材产量20万平方米;水泥生产规模60万吨/年,水泥产量42.3万吨;浮法玻璃生产规模270万重箱/年。

(五)农副产品加工业

哈密农牧资源质量优、品牌响。山南哈密盆地年气温较高,无霜期长,日照充足,盛产哈密瓜、哈密大枣、葡萄等特色农产品;山北巴里坤、伊吾两县草原广阔,气候宜人,是哈密地区的畜牧业基地和有机产品生产基地。2008年地区棉纱产量1.8万吨,肠衣产量2519桶,饮料酒产量2.7万千升,轻革产量11万平方米,乳制品产量2981吨。

(六)石油工业

哈密蕴藏着丰富的石油和天然气资源,主要分布在哈密红台区域和巴里坤三塘湖盆地,2008年地区石油产量32万吨。

二、新疆哈密地区工业园区概况

(一)广东工业加工区发展现状

广东工业加工区是2003年初先后启动建设的,由哈密市石材加工区、农副产品加工区、轻工产品加工区合并组建成立,是以“粤哈”经济技术协作为平台,实现哈密、广东两地优势互补,打造投资成本洼地、构建优质服务高地,推动哈密新型工业化建设进程,实现哈密经济社会超常规跨越式发展的一项重大举措。截至2008年末,加工区累计完成各项固定资产投资36 846万元,其中,政府完成基础设施投资9909万元,企业完成固定资产投资26 937万元。已基本形成了石材加工、农副产品精加工、轻工产品加工制造、仓储货运及综合服务等功能区。

哈密广东工业加工区已有来自广东、江苏、浙江、福建、山东等省份的79家企业申请入园。其中,建成投产的企业有50家,正建设的企业有14家。2008年全年完成工业总产值1.7亿元,工业增加值0.4亿元,上缴税金415.7万元。生产的产品有石材、奶制品、大枣系列饮品、酒类、棉花加工、肉食品加工、干鲜果加工、仓储、建材、钢构及电力设施产品。有哈密盖瑞乳业、新疆王液酿造公司、新雅酒业有限公司、乌斯赫肉食品加工有限公司、沙驼股份有限公司(哈密市天丰包装制品有限责任公司)、新疆思科实业拓展有限公司、新疆华星电力设备有限公司、西部建设哈密有限公司、广新石材有限公司等一批有实力的生产企业入驻广东工业加工区。

(二)重工业加工区发展现状

重工业加工区于2005年3月18日启动建设,哈密鲁能煤电化基地是其重要组成部分。截至2008年末,加工区已累计完成各项固定资产投资50 813万元,其中,政府完成基础设施投资5886万元,企业完成固定投资35 305万元,其他行业投资9622万元,主要发展煤电产业、高载能产业、矿产品深加工制造产业、仓储物流产业等,适度发展煤化工、盐化工产业。

哈密重工业加工区已有30家企业申请入园。其中,建成投产的企业10家,正在建设的企业8家。2008年完成工业总产值1.1亿元,工业增加值0.35亿元,上缴税金326万元。已生产和将要生产的产品有:铁精粉、球团、合金焦、金属镜、电产品、粉煤灰空心砖、水泥、玻璃制品等其他矿产加工产品。目前已有鲁能集团、酒钢(集团)哈密昕昊达矿业有限公司、新天山水泥有限公司、新疆美特镁业公司、新疆腾翔煤化工公司、新疆大安矿业有限公司等一批国内上市公司、大企业、大集团在重工业加工区投资建设。

(三)有色金属工业加工区发展状况

有色金属工业加工区位于哈密市东南路70公里外骆驼圈子,距312国道6.8公里,2005年在已有的6家企业基础上规划整合而成。截至2008年末,加工区已累计完成基础设施配备等各项固定资产投资27 417万元,其中,政府完成基础设施投资124万元,企业完成固定资产投资27 293万元。

有色金属工业加工区已有11家企业申请入园,其中:建成投产的企业10家,正在建设的企业1家。2008年完成工业总产值8.9亿元,工业增加值3亿元,上缴税金8375.8万元。生产的产品有金、银、铜、镍等各类金属制造的矿产品、精粉产品和金属产品,已形成了企业采矿与加工区选、冶为一体的企业有色加工制造群,目前有新疆有色集团、东为矿业公司、新华联公司、佳泰矿业公司、天日矿业公司等大企业、大集团。

三、新疆哈密地区制造业SWTO分析

(一)内部条件主导下的优势和劣势

1. 发展优势

发展优势主要有:①资源优势;②市场优势;③区位优势;④政策优势;⑤环境容量优势。

2. 竞争劣势

竞争劣势主要有:①产业基础薄弱;②管理水平不高;③生产能力水平较低;④产业结构不合理;⑤科研及产品能力弱;⑥高素质技术工人短缺;⑦基础设施及配套滞后。

(二)外部因素带来的机会与威胁

1. 发展机会

(1)有利的政治、经济、社会环境;

(2)我国装备制造业调整和振兴规划带来的发展机遇;

(3)矿产资源供求形势及价格变化趋势带来的投资机会;

(4)自治区矿产资源勘探开发作为加快发展的六大支柱产业之一;

(5)地区将发展煤炭、黑色、有色金属、化工采掘加工业纳入地区“十一五”规划;

(6)国家西部大开发战略的实施给哈密制造业的发展带来政策性的机会;

(7)上海合作组织发展给哈密制造业发展带来“向西出口”的机会。

2. 面临的威胁

(1)中国经济与世界经济融为一体,国内市场国际化,国际竞争国内化;

(2)国内制造产业快速发展,市场竞争激烈;

(3)自治区制造业的发展,使哈密地区面临更加严峻的竞争环境;

(4)哈密制造业基础薄弱,没有形成龙头企业。

四、哈密地区制造业发展的SWTO因素分析

(一)优势(strengths)

(1)资源优势。哈密矿产资源丰富,已成为国家"西煤东运""西电东送"的重要能源基地,重点发展的煤电、煤化、黑色、有色化工产业加工制造已形成。

(2)市场优势。哈密煤炭、黑色及有色金属矿产品有稳定的供应渠道,煤运往内地,黑色有色矿产主要供应甘肃省的酒钢和金川有色金属公司以及宝钢新疆八一钢铁公司和新疆有色金属公司工业铜镍公司等。

(3)区位优势。哈密煤炭、黑色及有色金属矿产品有就近供应的优势。

(4)政策优势。哈密地处我国西北边陲的少数民族地区,是国家扶持发展的地区,国家西部大开发将助推哈密地区制造业的发展。

(5)环境容量优势。哈密地区制造业企业远离城市,环境容量相对宽松,通过开展污染治理和综合利用,不会对哈密环境构成威胁。

(二)劣势(weaknesses)

(1)产业基础。制造业还没形成规模生产,产业基础比较薄弱。

(2)产业结构。产品品种少,结构不合理,不能满足不断增长的市场需求。

(3)生产能力。企业规模小,技术装备水平低,生产成本和能源消耗较高。

(4)科研及产品能力。科研及产品开发能力较弱,缺少创新技术支撑。

(5)管理水平。企业生产管理粗放,在节能、节水、环境、资源利用等方面面临较大压力。

(6)基础配套。基础设施建设及供水、供电、交通运输等设施配套滞后。

(7)人力资源。缺少行业领军人才,高素质的技术工人少。

(三)机会(opportunities)

(1)有利的政治、经济、社会环境为哈密制造业及发展矿产品加工业提供了有利的宏观背景和发展机遇。

(2)我国工业化、城镇化进程加快,为哈密开发矿业及发展矿产品加工业提供了发展空间。

(3)煤炭、钢铁和有色金属产业的资源供求形势及价格变化趋势，为哈密带来投资机会，也为制造业发展奠定了基础。

(4)自治区将矿产资源生产加工和矿产资源勘探开发作为六大支柱产业之一，纳入“十一五”规划。

(5)地区将发展煤炭、黑色、有色金属采掘加工业纳入地区“十一五”规划，并提出要建设成为重要的煤炭、钢铁辅料基地和有色金属等加工制造产业群。

(6)国家西部大开发战略的实施，将给哈密制造业的发展带来政策性的机会。

(7)上海合作组织的发展，将给哈密地区带来向西出口的机会。

(四)威胁(threats)

(1)全球化的竞争形势使中国经济与世界经济融为一体，国内市场国际化、国际竞争国内化成为发展的必然趋势。

(2)国内制造业快速发展，市场竞争激烈。

(3)自治区制造业的发展，使哈密企业面临更加严峻的竞争环境。

(4)哈密制造产业基础薄弱，没形成龙头企业。

第三节　新疆哈密地区制造业发展规划思路、布局、目标和重点

一、发展思路

以党的十七大精神为指针，按照国务院《关于进一步促进新疆经济社会发展的若干意见》(国发〔2007〕32 号文件)提出的加快新疆经济发展的总体要求，紧紧抓住国家西部大开发的发展机遇，按照实践科学发展观的要求，依托煤炭资源转换为重点，结合地区经济社会发展情况分析，结合哈密地区“十二五”工业发展规划总体发展要求，哈密地区制造业在“十二五”乃至“十三五”的发展思路是：

深入贯彻落实科学发展观，以招商引资为突破口，坚持“有所为，有所不为”的原则，选择制造业重点领域、重点项目形成制造产业梯度发展格局，以立足本地、面向全疆、开拓中亚作为发展目标，实现地区制造业的新突破。按照哈密地区制造业发展目标定位，拟分为三个阶段：第一阶段，力争用三年时间以招商引资等各种方式引进内地 3～5 家本地资源转换急需的制造业大企业作为龙头企业，引进生产和技术建立特色资源转换制造业产业群；第二阶段，五年内形成具有一定生产能力和经营管理、设计制造、销售服务能力的产业技术创新体系，加速科技成果孵化与转化，形成基础制造业体系，并能带动地方企业为之配套，有一定影响和市场，形成地区的优势；第三阶段，力争在十年中形成“以大带小，以小保大”的制造业体系，成为

自治区特色装备制造业生产和向西出口的基地。

二、产业布局

“十二五”期间，以哈密地区“十二五”工业发展规划为主线，立足本地丰富的煤炭资源优势，建设国家“西煤东运”“西电东送”的重要能源基地进行布局。

(1)以煤炭工业为主，力争初步形成黑色及有色金属产业、化工产业、建材产业、特色农副产品及有机食品加工业制造等七大产业集群。

(2)依托哈密地区工业园区，建设3个制造业集群区。①哈密地区广东工业园区利用“粤哈”经济技术协作平台，抓住东部加工区制造业向中西部转移的契机，重点发展装备制造业(电子器件组装、矿山机械制造装备、高低压配电设备组装、机电设备维修等)和高新技术产业、综合物流。哈密工业园区重工业加工区，依托哈密市南部丰富的煤炭资源和矿产资源，以哈密鲁能煤电基础建设项目为龙头，重点发展黑色有色金属、冶炼压延等金属材料、非金属资源深加工、建材及物流服务制造业。哈密工业园区有色金属工业加工区，依托加工区东部丰富的石材和黑色、有色金属资源，重点发展有色金属加工业、黑色有色金属选矿业、石材加工制造业。②巴里坤县工业园区依托丰富的煤炭资源，建立煤炭和煤焦化生产基地；打造重要的硫化碱生产制造业基地；围绕吐哈油田石油、天然气开放逐步建立石油石化装备制造业，以及下游产品转化贮存运输设备制造业；特色农牧机械及农副加工制造业。③伊吾县工业园区依托丰富的煤炭资源，重点发展煤电、煤化工基地，发展黑色有色金属、建材、有机食品加工制造业。

三、发展目标

到“十二五”末，哈密工业园区力争实现以下发展目标。

1. 园区生产规模扩大

哈密工业园区到2015年实现生产总值78亿元，工业增加值超过29亿元，实现利润10亿元。其中，广东工业园区产值8亿元，重工业加工区产值40亿元，有色金属加工区产值30亿元。

2. 企业结构不断优化

继续壮大在哈密地区投资的大集团、大企业，充分发挥它们在技术、管理方面的优势，加快发展地区制造业加工能力，扶持一批地方中小制造企业形成生产能力，到“十二五”末，形成工业增加值占地区生产总值比重达到50%以上，工业对财政的贡献份额提高10个百分点，工业经济对财税的贡献份额显著提高。到“十二五”末，预计形成销售收入10个亿以上的企业3家，5个亿以上的企业3家，5个亿以下的企业5家。

3.配套能力不断增强

以煤炭为主体，围绕有色金属、化工电力、建材、轻纺等支柱产业，重点产品和重点企业“十二五”期间积极发展产业链配套，同时，通过招商引资，吸引 3～5 家大制造企业入驻哈密地区，以大企业、大集团为龙头，争取疆内企业采购率比 2009 年提高 10 个百分点以上。

4.创新能力不断提高

“十二五”期间，力争有 2 家企业通过自治区级企业技术中心认定。企业研发投入占销售收入的比例保持在 3%以上，新产品产值率保持在 15%以上，具有特色产品比例明显提高。

四、发展阶段

鉴于哈密地区煤机装备制造产业基础薄弱、配套能力不强的现状，分为三个发展阶段，即起步阶段、发展阶段、定型阶段。规划期实现哈密地区煤机装备制造产业从无到有、从小到大、从大到优的跨越式发展。

(一)起步阶段

2010—2012 年，哈密地区煤机制造业实现从无到有的转变，主要从建立煤机工业园区、建设基础设施开始。建立本地的煤矿大宗材料如锚杆、风筒以及非标产品的制造和加工基地，建立和引进带式输送机、矿用风机等，初步建立煤矿大型设备维修业，以满足哈密地区煤炭开发的需要，并逐步向全疆辐射。

(二)发展阶段

2013—2015 年，哈密地区煤机制造业初步实现由小到大的转变。对大宗材料生产和非标设备生产产品进一步系列化、规模化，基本实现新疆市场的全覆盖。带式输送机和风机、水泵等设备、部件制造基本形成系列化和规模化，在新疆市场实现大部分覆盖。国内高新技术产业如安全监测监控系统等争取在哈密落地并开始在哈密建厂生产。大型采掘设备、洗煤设备以及辅助运输设备的配套部件制造基本形成。

(三)定型阶段

2016—2020 年，哈密地区煤机制造业集群结构基本成型。形成几个关联配套、系列化和规模化的单机产业。在大型采掘设备、洗煤设备等领域形成几个具有自主知识产权的名牌产品，形成在全疆具有重要影响力的煤机制造基地，部分产品走向国内市场。大型煤机设备维修形成规模，提高档次，达到新疆采掘设备维修不出疆。

第四节 新疆哈密地区制造业发展保障措施和政策建议

一、保障措施

(一)制定有利于新疆哈密地区制造业发展的产业政策,扶持重点制造领域的产品发展

制造业是为国民经济各行业提供技术装备的战略性产业,产业关联度高,吸引就业能力强,发展制造业有利于拉动内需,形成新的经济增长点,促进其他行业技术进步。新疆哈密地区要成为新疆制造业的基地之一,向西出口制造业的重要基地,关键是要拥有一个强大的制造业产业。针对我国装备制造业特殊的产业地位和作用,2006 年国务院下发了《关于加快发展装备制造业的若干意见》,2009 年国务院又制定《装备制造业振兴规划》及新疆制定的《自治区装备制造业振兴规划方案》,国家和自治区已明确制造业发展的产业政策,明确扶持哪些、发展哪些、淘汰哪些。哈密地区应根据国家和自治区产业政策,结合哈密地区制造业的实际情况,由地区制定发展制造业的"专项计划",给予必要的资金和政策倾斜。哈密地区还应结合优势资源转化,以培育支柱产业为重点,定期发布《重点装备产品目录》,对列入其中的机电制造产品,在设备采购时给予适当倾斜奖励政策,编制若干专项计划。专项计划应明确发展目标、发展重点、实施定位及相关配套措施。专项计划的实施应引入竞争机制。对一些研制周期长、投资大、风险大的高新技术产品,以及具有较好基础、有可能得以突破、形成自主创新能力和在国际市场有竞争优势的制造业产品,地区要予以重点扶持,以保证这些重点制造业的产品得到重点发展。对技术水平低、耗能高、污染重、超过规定期限的制造业设备要限期淘汰。另外,对其他面广量大的制造业产品也要分门别类,进行分类指导,通过产业政策调控和法规、规章来规范制造业的生产,避免低水平重复和无序竞争,防止资源的浪费,以确保哈密地区制造业健康发展。

(二)统一思想,制定整体规划,分步实施

为了促进哈密地区制造业快速、健康、有序的发展,首先须统一思想,加强组织领导,强化协调管理。建议由哈密地区主要领导牵头,成立专门的领导小组和办事机构。哈密地区制造业依托地区优势转换,实现地区工业又好又快的发展是一项长期而艰巨的任务,必须遵循"循序渐进、梯度发展"的原则,由领导小组负责与各方面相关部门沟通,协调制造业发展规划所涉及的重大问题。同时,指定专门机构

负责按照“循序渐进、梯度发展”的原则分步实施企业的布局和准入工作。

(三)进一步加强矿产资源的勘探力度,日益提升制造业生产能力

要加大地区煤炭、黑色和有色金属、化工、矿产资源的地质勘查,鼓励对铜、金、铁、锰、铝、锌、钼、原盐、石灰石等优势资源矿产尽快开展详细的勘探工作,探明可供规模开采的矿产资源储量,以提高大宗原料的保障程度,促进制造产业结构进一步优化,产业布局不断趋于合理,实现“在调整中发展,在发展中优化”的思想,日益提升制造业生产能力。

(四)加强宣传,形成共识

贯彻落实国家振兴装备制造业规划是国家政策,哈密地区要在全面实施“生态产业、工业强区、科教兴区、南园北牧、增牧富民”发展战略的同时,以“四个优先”为原则,推进地区制造业发展。要加强宣传,形成共识,创造全社会支持制造产业发展的外部环境。

(五)认真组织好规划的实施

有了好的发展规划,还要认真组织实施,才能取得好的成果和效益。建议哈密地区政府有关部门将制造业发展规划进行分解落实,提出具体实施办法和计划。对投资项目要做充分的前期论证,防止盲目攀比和一哄而上。转变政府观念,加强各部门的服务职能,特别是计划、财政、电力、通信、交通、金融、保险、工商等部门要提供全方位的优质服务,为全面实施发展规划创造良好的政策环境和服务环境,支持规划项目和建设的政策措施的实施。

(六)制定优惠的招商引资政策

国家发改委和商务部于 2004 年 7 月发布的《中西部地区外商投资优势产业目标(2004 年修订)》中提出鼓励中西部地区利用外资,引进先进技术、设备,发展中西部地区比较优势产业和技术先进的企业,促进产业结构的优化升级,带动中西部地区经济整体素质的提高。

认真贯彻 2006 年国务院下发的《关于加快发展装备制造业的若干意见》和 2009 年国务院制定的《装备制造业振兴规划》,成立招商项目的储备、推荐管理工作机构,优化投资环境,采取政府引导、产业开发、自主招商、封闭管理等模式,以商招商,筑巢引凤,千方百计加大招商引资力度。建立招商奖励机制,以经济手段吸引社会各界对招商引资工作的积极参与。制定各种优惠政策,特别要研究制定税收、土地使用、城市基础设施配套等的优惠政策和方法,简化各种手续,积极引进国内外知名企业和大集团来哈密地区投资,加大制造业的开发力度,力争十年形成

"以大带小,以小保大"的制造业体系,促进全地区经济健康、协调、持续发展。

(七)加大制造业科研和管理人才的引进和培养

建立人才引进和培养相结合的人才机制。全地区要强化双语教育和普及工作,以适应制造业大发展对人才的需求。随着制造业项目的不断投产,新产品的不断面市及经营领域的扩展,对人才需求必将大大增加,这就要求在产品生产、技术开发、产品销售等几方面都要大力引进、培养和用好人才。要大力引进制造业发展的科研领军人才,通过向社会招聘,到人才市场发现各种专业人才。对外聘有专长的专家给予优惠的政策和待遇,同时抓好企业自有人才的培养,建立和完善灵活的激励机制、调动人才的积极性。加强制造业的产业技术研究,汇集国内高层次制造行业科研和管理人才,推动当地制造行业研发力量和产品升级,以适应哈密地区制造业发展形势的要求。

二、政策建议

装备制造业是国家的支柱产业,哈密的装备制造业基本上不具备资源优势,但哈密优势资源要转化为经济优势,需要大量的装备,哈密地区有关部门应按照自治区《重点装备产品目录》,对列入其中的机电产品采购应给予鼓励,使大企业、大集团积极参与,使该规划能得以落实。建议自治区及哈密地区政府都能给予积极的扶持,在项目规划及批准、资金配套、税收政策、用地出让、基础设施配套等方面制定有针对性的优惠政策,兼顾国家、地方、企业三方的利益,促进规划的实施,使各方都能通过发展获益。

(一)制定鼓励制造业发展的优惠政策,对制造业重点优势产业实施重点扶持政策

制造业是实施工业化的基础,是实现传统的农业社会向现代工业社会转变的关键过程。我们应全面贯彻实践科学发展观,以工业强区、紧紧围绕哈密地区"八大产业"、依托本地区优势资源为基础,最大限度地开发,以循环经济的理念指导、发展制造业,做好本地资源转换和提升;引进内地大企业、大集团共同开发建设哈密;积极向西出口。这三个方面,是实现哈密地区产业结构和产品升级的跨越式发展举措。因此,制造业发展是当务之急,制造业发展又离不开政府的推动,需要政府出台支持制造业发展的优惠政策,用经济手段来引导加工制造业企业做强做精。

第一,把发展制造业作为政府投资的重点领域,加大对制造业发展的资金支持。对制造业重点项目进行直接投资或资金补助、贷款贴息的支持,引导各类金融机构对有利于促进循环经济发展的制造业重点项目给予贷款支持。

第二,建立制造工业园区补偿金制度,对进入哈密地区一园三区工业园和各县

工业园区的制造业企业，应在土地价格、税收减免、科研及技改费用等方面给予更加优惠的政策。建议哈密地区政府的相关部门建立专用基金，鼓励和协助生态工业园区的软硬件设施建设和科学研究与技术开发，以及与3R相关技术的研发和生态产品的研发等，对符合循环经济发展模式的入园企业的初步建设费用进行一定补贴。

(二)积极争取自治区对规划建设项目的支持，制定地方优惠政策

哈密地区有发展制造业的良好环境条件，将该有利条件转化为经济优势，将有力地推动哈密地区全面建成小康社会。本研究是实现哈密地区全面奔小康的重要环节之一。但实现规划的关键是要有得力的措施和国家、自治区及哈密地方政府给予的特优政策，建议如下：

(1)建议自治区出台相关的政策条例，赋予哈密地区招商引资、项目审批、税费征收等方面优惠政策。对于土地出让金的收入建议全部留给地方，以加大基础设施建设，将矿产资源补偿全部留给地方，以此带动和加大矿产资源的勘探、开发以及基础制造业建设力度。

(2)建议自治区在今后10～20年内，将哈密地区工业园区和当地每年新增的税收留给地方，用于加快基础设施建设。

(3)建议自治区加大对哈密地区资源优势等的宣传力度，扩大在国内外的知名度，以此吸引更多国内外资金来哈密地区开发建设。

(4)建立制造业重点企业贷款审批的信贷授信权制度，根据不同企业的信誉等级评定确定贷款审批额度，简化审批环节，尤其是适当下放低风险贷款和优良客户贷款的审批权限，有利于促进企业提高贷款的积极性。

(三)拓宽融资渠道，提高资金支持力度

金融机构应尽快完善中小企业贷款融资相关规定和程序，简化审贷程序，逐步提高放贷额度，同时探索在设备租赁、产品抵押、产品分期付款等方面针对制造业企业推出新的金融业务，为中小企业发展提供周到服务。培养一批制造业拟上市企业，帮助和协调这些企业尽快符合上市条件，从资本市场进行融资。对争取到国家支持的项目，自治区和哈密地方财政要给予一定的配套资金支持。

(四)大力推动出口

对哈密地区的制造业出口产品采取优惠的鼓励政策，提高出口奖励额度。扩大哈密地区出口加工规模，吸引更多制造业的企业来哈密入户。

(五)积极支持煤炭制造业的发展

在自治区煤炭产业发展基金中每年提取一定比例的资金，专门用于支持哈密煤炭制造企业的技术改造、产品研发和再制造，力争在“十二五”期间把煤矿制造业培育成为哈密地区制造业新的增长点。

(注：此课题内容较多，本文已作简化处理。)

第二十八章

新疆产业转移系列对接活动签约项目现场调研工作情况汇报[①]

（2011 年 12 月 16 日）

根据自治区经济和信息化委员会《关于做好 2011 新疆产业转移系列对接活动签约项目跟踪服务工作的通知》（新经信规划〔2011〕469 号）要求，由经信委规划投资处、协会办、新疆咨询业联合会组成的现场调研组于 2011 年 9 月 23 日至 11 月 6 日，第一阶段对各地、州、市签约项目跟踪进展情况进行摸底调研，并请各地经贸委（经委）认真总结项目落地工作，了解签约项目的进展情况，以及存在的问题，填写《签约项目进展情况汇总表》。在此基础上，为进一步做好签约项目的跟踪服务工作，确保项目早日落地、开工实施，早见成效，自治区经济和信息化委员会下发了《关于做好 2011 新疆产业转移系列对接活动签约项目现场调研的通知》（新经信规划〔2011〕546 号）要求，三个部门根据第一阶级摸底情况，组织现场调研组，由毛克寒、沈柏亮同志带队，于 2011 年 11 月 18 日至 12 月 5 日，根据现场调研安排，分别对伊犁州、克拉玛依市、石河子市、哈密地区[②]、吐鲁番地区[③]、阿克苏地区、阿拉尔市、库车县、巴州、乌鲁木齐市、昌吉州等 11 个地州、市、县签约项目建设情况进行了现场调研。现场调研中，调研组采取座谈会、实地调研、发放统计表等方式对 2011 新疆产业转移系列对接活动项目签约的 200 个项目，其中涉及现场调研的 10 个（不含库车县）地州签约的 135 个项目总体进展情况进行了解，实地查看到这些地州市 2011 新疆产业转移系列对接活动签约项目中已开工 62 个。另外，对此次未做现场调研的和田、喀什、阿勒泰、塔城、克州和博州 6 个地区，发放 2011 产业对接活动签约 50 个项目报来的进展情况汇总表，通过电话联系了解具体情况，也在此汇报中做了汇总总结，现将现场调研情况汇报如下。

---

① 原载：《新疆经济和信息化委员会课题成果汇编》，有删减。

② 2016 年 1 月，国务院批准哈密地区撤地设市，现为哈密市。

③ 2015 年 3 月，国务院批准吐鲁番地区撤地设市，现为吐鲁番市。

第一节　2011 新疆产业转移系列对接活动签约项目进展情况

一、基本情况

伊犁州、克拉玛依市、石河子市、哈密地区、吐鲁番地区、阿克苏地区、阿拉尔市、库车县、巴州、乌鲁木齐市、昌吉州今年 6 月 18 日至 20 日在乌鲁木齐市举行中国(新疆)2011 产业转移系列对接活动,共签约项目 200 个,总投资金额 5 605.598 亿元。这些项目建设进度分别为:完工投产项目 5 个,已开工过半项目 5 个,已开工项目 81 个,在做前期项目 87 个,没落实和取消项目 13 个。现统计实际只有 191 个,据与各地对接有个别项目做了调整,与对接项目组委会办公室签约项目有误。截至 2011 年 10 月已完成投资 146.693 9 亿元,占总投资金额 2.6%。

1. 伊犁州

伊犁州共有 2011 新疆产业转移系列对接活动签约项目 6 个,总投资金额 510.55 亿元,已投产项目 1 个,已开工项目 2 个,现在做前期项目 2 个,正在洽谈项目 1 个。截至 2011 年 10 月已投资 13.1 亿元,占总投资金额 3%。

从现场调研情况看,伊犁州总体投资额较大,但建设周期不长,项目总体投资较好。

2. 克拉玛依市

克拉玛依市共有 2011 新疆产业转移系列对接活动签约项目 2 个,总金额 221.34 亿元,其中现在做前期项目 2 个,截至 2011 年 10 月已投资 0.5 亿元,占总投资金额 0.2%。

从现场调研情况看,克拉玛依市对接活动引进的签约项目少,总投资金额较大,现在项目进展较慢。

3. 石河子市

石河子市共有 2011 新疆产业转移系列对接活动签约项目 13 个,总投资金额 675.861 2 亿元,其中已开工项目 11 个,现在做前期项目 2 个。截至 2011 年 10 月已完成投资 51.698 6 亿元,占总投资金额 8%。

从现场调研情况看,石河子市对接活动引进的项目规模较大,产业层次较高,项目落实情况较好。

4. 哈密地区

哈密地区共有 2011 新疆产业转移系列对接活动签约项目 15 个,总投资金额 291.17 亿元,其中已开工项目 12 个,现在做前期项目 3 个。截至 2011 年 10 月已投资 11.291 5 亿元，占总投资金额 4%。

从现场调研情况看，哈密地区对接活动引进的项目投资额较大，项目较多，进展较快。

5. 吐鲁番地区

吐鲁番地区共有 2011 年新疆产业转移对接活动签约项目 4 个，总投资金额 14.8 亿元，其中已开工项目 1 个，现在做前期项目 3 个，截至 2011 年 10 月已投资 0.15 亿元，占总投资金额 1%。

从现场调研情况看，吐鲁番地区对接活动引进的签约项目规模不大，现在主要做前期工作。

6. 阿克苏地区

阿克苏地区共有 2011 新疆产业转移系对接活动签约项目 22 个，总投资金额 373.1 亿元，其中已完工项目 2 个，已开工过半项目 5 个，另外已开工 2 个，现在做前期项目 13 个，另外，中石化大化肥项目改为浙江华隆食品果蔬加工建设项目已开工过半，在 200 个项目签约项目中没有。截至 2011 年 10 月已投资 19.157 亿元，占总投资金额 5%。

从现场调研情况看，阿克苏地区对接活动引进的项目较多，总投资金额较大。

7. 阿拉尔市

阿拉尔市共有 2011 新疆产业转移系列对接活动签约项目 12 个，总投资金额 392.83 亿元，其中已开工项目 6 个，已过半项目 1 个，现在做前期项目 6 个。另外，阿拉尔 359 钢铁公司 300 吨钢铁建设项目，在 200 个签约项目中没有。截至 2011 年 10 月已投资 12.74 亿元，占总投资金额 3%。

从现场调研情况看，阿拉尔市为兵地一体组织机构，在用地等方面处理较快，加之各级领导重视对接签约项目推进落实工作，在各方面给予支持，项目总体投资较好，大多数项目已开工。

8. 巴州

巴州共有 2011 新疆产业转移系列对接活动签约项目 31 个，总投资金额 291.052 5 亿元，其中已完工项目 1 个，已开工项目 17 个，现在做前期项目 10 个，因资源、土地等原因取消项目 3 个。另外原签约中和静县新型铸管项目取消，现改为新疆隆平高科红安和静辣椒有限责任公司项目。截至 2011 年 10 月已投资 9.15 亿元，占总投资金额 3%。

从现场调研情况看，巴州对接活动引进的项目较多，总投资金额较大。

9. 乌鲁木齐市

乌鲁木齐市共有 2011 产业转移系列对接活动签约项目 10 个，总投资金额

256.05亿元，其中已开工项目1个，现在做前期项目9个，截至2011年10月已投资9.14亿元，占总投资金额3.6%。

从现场调研情况看，乌鲁木齐市其中高新区（新市区）签约项目5个，签约项目投资较大，要办理的前期手续多，有的涉及国家相关部委的审批和配套设施制约，因此，项目进展情况较慢。

10.昌吉州

昌吉州共有2011产业转移系列对接活动签约项目16个，总投资金额2 004.119 8亿元，其中已开工项目5个，现在做前期工作项目11个。截至2011年10月已投资5.114 8亿元，占总投资金额2.6%。

从现场调研情况看，由于昌吉州签约项目较多，且多数主要集中在煤化工领域，投资额较大，建设周期较长，加之受国家产业政策和配套设施建设制约，大多数项目仍在进行前期工作，项目总体投资完成率不高。

因此次调研没有对和田、喀什、克州、阿勒泰、塔城、博州6个地区作现场调研计划，调研组通过发文件对以上地区对接活动签约项目作了了解，现将进展情况反映如下。

（以下略）

二、主要特点

从11个地、州、市、县对接活动签约项目现场调研情况来看，各类企业在推进签约项目建设过程中，能立足本地资源、地缘优势，发挥大企业的主体作用，如曾氏集团、江苏大全集团、新汶矿业集团、河北建设新能源公司、上海盈德气体集团有限公司、山东兖矿集团、新疆信友能源投资有限公司、新疆泰科新能源有限公司，这些企业按照“三高”“两个可持续”的要求真投实干，项目已开工，正在加快建设。各地签约项目已完工的一批企业中，石河子开发区莱蒙钙业有限公司、石河子华孚纤维有限公司、重庆紫光新疆永利化工有限公司等已投产，并取得显著经济效益。

一是各级领导重视，抓项目落实工作的积极性高。各地党政一把手及主管部门领导班子重视项目落地实施工作，作为推进新疆跨越式发展和长治久安的中心工作，并把此项工作列入加快地区经济社会发展的重点，不断完善责任体系和工作机制，全力推进项目建设。石河子市紧紧抓住发展这根主线，以招商引资和项目建设为总抓手，签约项目进展较快。目前单体规模大的曾氏集团天山铝业签约346亿元，一期年产40万吨电解铝配套项目，已累计完成投资40.5亿元，电解一车间、电解二车间、机修车间、铸造车间、阳极车间等土建全部完工，设备安装基本到位，电解槽安装一期全部完成。阿拉尔市领导重视立足地缘优势，各级主管部门领导重视抓好项目落地，项目开工率较高，其中新疆哥兰德新能源有限公司100兆瓦太阳能电池一期200兆瓦项目已投资过半。哈密地委、行署加强和对口援疆省市的经济交流合作，重点关注项目落地，争取早见成效。目前，中广核电力投资股份有限公司2万千瓦并网光伏电站特许招标项目、新疆同顺源能源开发有限公司120万吨/年褐煤热解提质多联产综合利用项目建设进度过半。伊犁州把亿元以上签约项目落实到县市党政一把手，并建立绩效考核体系，加强协调服务，现已有50%项目已开工，其中1个项目已完工，1个项目建设进度过半，各项目推进有序。

二是充分发挥园区优势，推动产业集群和产业结构的优化升级。各地结合区域优势、产业优势和资源优势，按照"两带、三块"思路合理确定工业园区定位和产业布局。乌鲁木齐高新技术产业开发区、米东高新技术产业园区签约项目立足重点发展高科技产业，抓好招商引资工作；克拉玛依石油石化工业园区已入驻各类企业突出以石油炼制和石油化工为主；阿克苏纺织工业园区依托丰富的棉花资源，积极发展以纺织产业为主产业集群，一批投资额度大、技术含量高、拉动作用强的项目入园。各地坚持因地制宜，分类确定承接重点，有力推动了煤炭、煤化工、煤电一体化及制造、生物、风光新能源、冶金、纺织、特色资源加工等产业迅速发展，聚集效益日益显现。目前，已签约项目入驻园区开工较好的有阿拉尔工业园、石河子经济技术开发区、库车化工园区、哈密风电工业园、伊宁市边境经济合作区。南疆三地州工业园围绕特色产品资源，重点发展林果、棉花、药材等农副产品加工业的同时，积极引进，促进矿产采选和石油、天然气加工业，正在抓紧做项目前期建设。

三是强化服务意识，为加快项目建设创造良好环境。各地、州、市、县为确保项目早日落地，开工实施，早见成效，在优化投资环境方面开展了大量卓有成效的工作，特别是在项目审批和相关的土地、环境配备及基础设施方面为入驻企业提供各种服务，尤其是通过各级领导现场办公和协调解决有关方面存在的问题，加快项目进度。从现场调研了解的情况来看，入驻企业对各地行政部门办事效率和服务意识反映良好。

第二节　存在的问题

一、招商引资方面

在现场调研中我们发现，一些地州市在招商引资项目中出现有煤就要搞煤化工、有铁矿就要上钢厂、有棉花就要上纺织企业等现象。由于资源有限，在同一地方存在着重复建设，如阿克苏纺织工业园和阿拉尔纺织工业园。有的地州市没有煤矿和矿山资源，但项目已开工，等着要求自治区解决资源和原材料供应，如石河子曾氏集团100万吨高精铝材项目煤炭原料问题。还有的地方工业园区在土地、水源、电力、运输等方面的前期工作和配套建设滞后，影响了签约项目开工建设。

二、考核指标与规划方面

从现场调研和与各地州座谈情况反映，目前各地州市都加强了对县市和工业园区一级的考核力度，有些地区还对项目作了具体考核指标分解，与年终考核挂钩，对推进各地项目建设进度起到积极推进作用。但在内外部环境和国家政策发生变化后，考核指标却未做相应调整，使得一些地区盲目地上项目、抓进度，甚至不按自治区和国家项目审批程序，先上马后报批。由于急于上项目，又缺乏合理规划，造成资源配置混乱。如阿克苏纺织工业园区和阿拉尔纺织园区相隔 120 公里，此次入驻的纺织企业就有近 10 家，规模大多不大，技术含量低，等等。

三、项目推进方面

一是政策方面：目前国家有关部门承诺我区的差别化产业政策缺乏实施细则，各项支持措施没有到位，使得各地在具体操作时仍然受困于原有的条框规定，尤其是在审批环节上没有享受到国家主管部门应兑现的各种支持，直接影响了企业项目规划实施和后续配套项目建设。

二是融资方面：受国家宏观调控政策、信贷政策影响，巴州、阿拉尔市等地大部分签约项目虽已开工，但地方办理银行贷款融资难，影响了投资项目的进度。

三是项目方面：巴州、昌吉、石河子等地一批签约项目如风力发电、太阳能发电项目和煤电化工、专用汽车等，地方和国家审批环节多、时间长、难度大，项目落地前期协调复杂，使一批企业无法正常建设。

四是电力入网接入问题：一批企业的自备电源并网接入后，与电网公司难以确定适宜的过网电价；另一方面，一些新开工建设项目，如阿拉尔市工、农业园区急需电网接入支持。

五是招工难问题：各地许多项目由于劳动力不足，部分投产项目难以发挥产能，一些项目缺少劳动力，导致施工工期延误。

六是铁路运输问题：阿拉尔市、石河子市已投产开工企业因产品和原料的运输问题，受铁路运力和站台仓储设施制约，企业生产和建设进度受到了影响。

第三节　意见建议

第一，加强对现有工业园区的规范化建设，坚持以产业转移为引领，推进我区新型工业化建设。①在高端承接上体现引领性。进一步实现工业集中度、投资强度、产业集聚度、节能降耗等导向指标纳入考核范围，引导园区科学承接。②在创新承接中体现示范性。通过吸收内地一批创新型大企业，使我区企业尽快掌握一批关键技术，培育技术骨干和领军人才，提高入园企业整体素质，形成溢出效应。

同时，进一步吸引大批配套企业入驻园区，以创新吸引产业转移，延伸主导产业链。通过园区这个载体，尽快建成一批上规模、有竞争力的特色产业集群。

第二，尽快协调解决签约项目实施中存在的问题。①建议自治区尽快与国家有关部门对接，尽早落实新疆差别化产业政策实施细则，特别是煤化工、煤制天然气等产业政策。②尽快与国家发改委对接对风电项目、电力等项目审查以及上报申请核准工作，争取入园企业享受优惠电价。③地方政府要尽快解决签约项目开工建设及生产经营过程中涉及的用地、用水、用电、环评、铁路运输等这些单靠企业自身难以解决的重大问题，如石河子天山铝业项目急需解决在石河子火车站建立仓储区用地的问题。④统筹协调我委园区、规划投资、产业、原材料、电力、电子信息等相关处室和行办，综合运用我委现有的各项手段，形成合力，最大化地发挥现有职能，保证重点项目服务到位，公关有力，推进有序。应找准突破点，在有限的时间内，集中精力、集中人力、集中智慧、集中力量，服务于那些真投资、已开工、速度快的项目，抓一个见效一个，扶持一个建成一个。

第三，尽快实施资源配置的动态调整机制。要改变在资源配置上仅以申请的效率为标准，而忽略其资源转换能力的现象。否则将会使有限的资源被某些先到者“圈而不探”，“探而不采”，“采而不深加工”（没有产业链），使有能力的企业又苦于因晚到而没有资源。对此，政府必须尽快启动资源配置动态调整机制，利用规则来平衡效率与公平，兼顾资源利用的效率最大化与效益最大化。如石河子天山铝业煤电铝项目、克拉玛依盈德气体煤制气等项目开工建设进度很快，但急需政府解决的就是煤炭资源配置短缺的问题。我们认为只有将有限的资源向有规模、有能力、有责任、有优势的企业集中，才能达到我们既定的将资源优势转化为产品优势、技术优势和经济优势的目的。

第四，加强对重点签约项目的管理。①以自治区推进新型工业化建设领导小组办公室的名义，建立由自治区经信委、发改委、财政、环保、国土、住建、统计等相关部门组成的签约项目联席会议制度，统筹协调需要报请自治区党委和人民政府的重大事项。②落实签约项目跟踪管理制度，及时将地、州市签约项目中投资规模大、影响带动力强，或出现重大问题的项目纳入政府部门的后续服务之中。③加大对签约投资规模大项目的跟踪督查力度，经信委应继续组织力量对签约项目做进一步跟踪调研，准确掌握进展情况，发现问题及时协调解决或向党委政府提出对策建议。④充分发挥自治区石油石化领导小组、煤电煤化工产业发展领导小组、西煤东运基地建设领导小组、油气管线协调领导小组办公室在协调解决签约项目实施过程中的职能作用，推动签约项目顺利推进，按期投产。

（注：因原文篇幅太长，本文已作简化处理。）

第二十九章

新疆“双百”企业经营管理现状调查分析[①]

（2012年9月3日）

为全面掌握我区企业当前在经营管理中面临的困难和问题，有针对性地为企业做好服务，确保2012年工业经济目标任务完成，经信委下发了《关于开展自治区“双百”企业经营管理现状调查的通知》（新经信企业〔2012〕356号文）。各地、州、市经信委和自治区“双百”企业根据通知要求，结合自身企业经营管理现状，填报了调查表。此项调查工作于2012年7月10日开始，8月25日截止，共发放调查表197份，回收调查表162份，有效率82.2%。其中，百户优强企业发放调查表101份，回收调查表79份，有效率78.2%；百户成长型企业发放调查表96份，回收调查表89份，有效率92.7%。新疆咨询业联合会配合经信委企业处对上述调查表进行了分析，现报告如下。

第一节　调查对象、内容与方法

一、调查对象

此次“双百”企业经营管理现状调查对象，为自治区人民政府《公布自治区重点扶持的两个100户企业名单的通知》（新政办发〔2011〕25号）文件中的企业。

二、调查的内容和方法

（一）调查内容

根据工信部近日对全国企业经营管理现状调查要求，受经信委企业处的委托，我会结合我区经营管理现状，制作了自治区“双百”企业经营管理现状调查表，作为

① 原载：《新疆经济和信息化委员会课题成果汇编》，有删减。

此次自治区“双百”企业经营管理现状调查内容。其主要包括16个方面，分别为：发展战略、经营机制、内部组织、人力资源、财务、营销、技术、质量、设备、能源、生产、物资、安全、现场管理、环境保护、信息管理。

(二)调查的方法

此次调查对16个管理方面中分设52项调查内容，设置156个问答，由“双百”企业根据自身经营管理现状情况进行勾选。在此基础上，为全面掌握我区企业当前在经营管理中面临的困难和问题，有针对性为企业做好服务，在调查表下栏增加两个内容：①本企业经营管理中主要存在什么困难和问题？②本企业需要政府及有关部门解决哪些问题？有何建议？

第二节 调查结果

一、总体情况

调查表设置中将企业主要分为三个级别：

1级：管理进步示范企业；

2级：管理达标企业；

3级：管理粗放型企业。

表29-1 调查综合打“√”情况汇总表

等级	优强企业	占百分比	成长型企业	占百分比
1级	34	43%	23	26%
2级	27	34%	33	37%
3级	18	23%	33	37%

二、企业调查结果分析

通过本次对自治区“双百”企业经营管理现状调查分析发现，从企业分类来看，本次调查表中涉及16个管理方面，带共性较好的有经营机制、内部组织、技术管理、设备管理、生产管理、安全管理、物资管理7个方面，答案显示较好。另外，发展战略、市场营销、人力资源、财务管理、质量管理、能源管理、环境保护、现场管理、信息管理等9个方面，答案显示较差。大部分优强企业在企业经营管理等方面好于成长型企业，表现在这部分企业通过学习、运用国内20世纪90年代以来的先进企业管理新理念、新制度、新方法、新手段，使企业的经营管理达到一个新高度，经济效益提高到一个新的水平，在创新管理方面已取得了显著的成绩。如特变电工、金风科技、天业集团充分利用信息技术成果，带动企业经营管理、技术进步、机制转换等各项工作的创新，实现了管理升级。从调查中发现，我区大部分企业近年来在经营机制、内部组织、技术管理、设备管理、生产管理、安全管理、物资管理7个方面进行探索、实践，根据自身的实际建立起规章制度，改善了内部管理，能积极应对市场竞争，取得了较好的效果。目前，企业反映存在管理薄弱的主要方面有发展战略、市场营销、人力资源、财务管理、质量管理、能源管理、环境保护、现场管理、信息管理9个方面。

从调查表中企业所处的地域来看，乌昌及周边地区企业经营管理现状要好于南疆各地、州(市)企业。这一情况表明，企业经营管理水平与地区经济发展成正比，经济越发达对企业经营管理要求越高。

从自治区“双百”企业经营管理现状调查表中第二部分情况分析，许多企业非常重视这两个问答题：

(1)本企业经营管理中主要存在什么困难和问题?

(2)本企业需要政府及有关部门解决哪些问题？有何建议？

在回收的调查表中，企业对自治区改革开放尤其是中央新疆工作座谈会以来，加速推进新型工业化进程的力度和取得的成效满意度较高，但许多企业反映了当前在经营管理中遇到的突出困难和问题，并提出了一些意见和建议，归纳整理如下。

1.企业资金紧张，融资困难

这次调查中，有90%以上企业受到综合性生产成本至少增加10%～30%的影响。企业反映：一方面，原材料、用工成本、人民币汇率上涨，融资成本上升；另一方面，大部分中小企业的利润率较低，抗风险能力差，同时对生产要素的变化又比较敏感，这些因素对其成本上升造成影响。如沙驼股份、金鑫生物、西域春乳业、昌鼎工贸、阳光沙漠、爱森影视制作传播、际华七五五五职业装有限公司成本上升等。另外，鸿达重工、奎开电器等企业反映，由于原材料价格上升，运行资金紧张，严重影响企业再生产。近年来，银行存款准备金率及存款利率多次上调，且宏观调控要求严控新增贷款规模，银行受到信贷规模受控的双重压力，资金也出现了持续紧张。目前，银行采用“以价抵量”的形式，提高贷款利率水平，增加担保成本和理财费用等，这些因素导致中小企业的实际融资成本远高于大型企业；另一方面，银行的可用信贷规模在缩小，特别是信贷资源要优先满足计划上马的大型项目；第三方面，中小企业的信誉度普遍较低，交易要求使用现金结算，加剧了中小企业的资金紧张。

2.企业招工难，缺乏领军人才

回收的调查表中，有87%的企业反映了人力资源十分短缺、招工难的问题，许多企业每年参加人才招聘会,但收获不理想。目前,具有一技之能的人才较少,来应聘的要求待遇和工资较高,企业也很难。由于企业间人才流动性大,同行业企业出现不良竞争,员工队伍不稳定,专业人才缺乏,制约了企业发展。如“双百”企业中,地处石河子的多家纺织企业,招工难、缺乏领军及管理人才等问题相当突出。另外,北新路桥、新汶矿业、南岗水泥、新疆信息、三宝实业公司,随着企业发展、经营范围扩大,需要大量员工,企业也通过多次人才交流会扩招员工,但至今这部分企业员工严重不足,影响了企业再发展。还有部分企业社会责任意识不强,没能落实 SA8000 社会责任标准,出现一些企业关心利润胜过关心员工的问题,在这些企业中,人员流失严重,职工不安心工作。

3. 物流不畅,车皮紧张

中央新疆工作座谈会召开以来,我区加大了招商引资工作,一大批内地企业在疆设立企业,加之我区本地企业的发展,新疆铁路运输持续紧张。调查表中反映,有 42%的企业进疆原材料进不来,出疆产品出不去,造成部分企业一方面是开工不足,另一方面是库存压力增大,产品的市场占有率下滑。如特变电工、机械研究院、安琪酵母、天业、天盛、顶津等产品出疆较大的企业均受制于车皮问题,库存量与日俱增。满新公司煤炭铁路运输量逐年上升,但铁路管外直达煤量逐年减少,由原 300 万吨下降到 41.34 万吨,企业只能实行铁汽联运,由此增加了运输环节,运输成本上升,煤质下降,企业效益下滑。

4. 产能过剩,经济效益下滑

在调查表中 38%的企业反映,由于我区行业自律滞后,企业间不正当竞争问题也较多,如建材、建筑行业中天山水泥、青松建材、永升集团等一批有实力企业在很大程度上受到一些小企业劣质产品的冲击;另外,劣质施工队伍的冲击也影响企业效益。另据中基实业、蓝山屯河反映,番茄行业无序竞争,造成国内产能过剩,导致行业全线亏损,要求政府整顿、规范市场。

5. 项目审批迟缓,延误企业建设进度

据调查表,33%的企业认为,近年来政府有关部门改进了办事效率,但仍有一些部门办事效率低,程序过于复杂,影响了企业发展进度。如鸿达重工汽车改装项目生产用地问题,多次向有关部门反映,但目前此项目用地仍没能解决。

第三节 建议和措施

一、加大对企业的财政支持力度,促进企业实力的增强

自治区、银行及信用担保机构等加大对企业的扶持政策、措施,自治区在财政

资金许可的前提下，进一步增加对优势产业发展项目建设、中小企业融资等专项资金的支持力度。

二、加强人才队伍建设，培养企业急需科技创新人才

自治区要加快人才引进，建立具有地区特色的人才队伍建设激励机制；自治区经信委要统筹协调培训处、企业处和经信委所属的大专院校、各协会、联合会专业教学、培训优势资源，形成合力，帮助企业培养急需科技创新人才。

三、进一步优化进出疆物资的铁路运输

进一步加快兰新铁路第二双线形成运输能力。对铁路调入空车正常增量外大部分给予一定的补贴，对实施公铁分流、返空集装箱利用给予适当的财政补贴。

四、坚持以规划为引领，鼓励区内企业协作配套建设

自治区要以新型工业化规划项目为依据，充分考虑各地资源禀赋、地缘条件、环境承载等因素，同时对各地州市每年推荐给自治区经信委科技与装备处、企业处、规划与投资处、产业政策处等工业项目要共同协调，引导企业形成协作配套生产，真正形成全区一盘棋，使新型工业化项目能够统筹安排、合理布局、科学推荐。

五、进一步强化服务，优化企业发展环境

政府有关部门应减少行政审批，减轻企业负担，提高办事效率。特别要在土地审批、电力保障、资源配置、扶持政策等方面提供高效服务。

（注：因原文篇幅太长，本文已作精简处理。）

第三十章

北疆地区中小企业资金短缺及融资难现场调研解析[①]

（2012年12月6日）

2012年11月25日至12月3日，新疆咨询业联合会在秘书长沈柏亮同志的带领下，一行四人前往石河子、奎屯、伊宁、哈密等地对十二家中小企业的资金情况进行了现场调查，调查中我们发现，今年以来，受国际及国内经济大环境的影响，十二家企业中有十家发展较以往更加艰难，其中的原因有很多：既有经济因素，如原材料和劳动力成本上涨；又有体制和机制原因，如税负沉重、融资困难等。国家积极的财政政策和适度宽松的货币政策在我区难以显现，困难企业的负面影响日益扩大。要实现保增长、保民生、保稳定的发展目标，从某种意义上讲，帮助中小企业走出低谷，恢复活力已刻不容缓，当下解决中小企业融资难问题就是政府要做的重要工作。

一、部分企业现状

以下就部分企业的情况作简要的解析，供领导及相关部门参考。

1.农林高科公司

农林高科公司是石河子一家干辣椒收储企业，当地的辣椒品质好，在国际和国内市场是抢手货，收储的干椒在来年都能给企业带来可观的收益。为发展和扩大当地的辣椒优势产业，该公司今年年初就向农民签订了干椒收购合同，依据合同共发放种子款3000多万元（这是公司的全部流动资金），辣椒收购后冲抵兑现款，所以农民种辣椒的积极性很高，种植面积迅速扩大到14万亩。八九月份辣椒成熟，收购工作也随即展开，但令企业困扰的是，收购干辣椒要在短时间内向农民支付巨额兑现款，这需要流动资金3个多亿。2012年公司经多方努力，很艰难地才从进

① 原载：《新疆经济和信息化委员会课题成果汇编》，有删减。

出口银行等四家银行贷款共计 9300 万，而且有些银行的贷款利息高达 9%，即便是这样也难贷上款，原因是企业的抵押物少，担保少。辣椒收上来了，却不能给农民全额兑现(兑现额不足 30%)，年初签订了合同，又不能不收，在迫不得已的情况下，为了筹集兑现款，企业甚至在不该销售的季节以低于收购价 2 元/公斤的低价售出了一部分干辣椒，谁愿意做这种伤农、伤企的事？一些拿着白条的农民抱怨说明年再不种辣椒了！原本一个能带动一方的火红的产业，难道就这样夭折了吗？现场调查时我们感触很深，我们的企业并不甘心，他们强烈呼吁政府能在贷款和融资问题上携手相助。

2. 贵航农机公司

贵航农机公司是石河子一家生产采棉机的公司，采棉机替代人工采棉，是降低采摘成本的重要一环，以往我区棉花 95%以上靠人工采摘，近两年人工成本的大幅上涨，使我区棉花价格无法与国外棉花竞争。由于棉价低，农民宁愿棉花烂到地里，也不愿雇人采摘。见过机器采摘棉花的人都说它好，它确实可以降低 60%的采摘成本，其潜在的市场很大。可是生产采棉机的企业却高兴不起来，原因有三：一是产品单一，难以满足多方需求，现只生产五行机，产品品种还很不适应市场需求，要想增加产品系列，三行机和六行机，就需要有很大的扩能投入，企业现在没有钱干这事；二是产品质量和国外机有很大的差距，产品的稳定性和耐用性有待提高，关键是加工设备及加工工艺还比较落后，企业已经意识到这个问题，同样苦于没有资金做这项技改工作；三是无银行愿办理购机贷款，采棉机每台的售价都在 178 万，无银行支持很难推广普及，所以今年只销售了 112 台。一句话，是资金问题困扰着企业的发展，仅是材料、配件及产成品库存就占去了企业的流动资金，企业寻求银行贷款呼声很高。

3. 永升建设集团有限公司

永升建设集团有限公司是克拉玛依一家很优秀的集房屋建筑、水利水电、路桥、装饰装修、园林绿化等工程施工的综合性企业。但是近一两年感到资金十分紧张，捉襟见肘，工资难以发出，运行很困难。现场调查中所反映的问题令人震惊：由于招投标不规范，一些建设单位虽然选中了你(认为你的企业很优秀)，却不是优质优价，签约时要求你一定低于预算价及市场价，这还不够，如一个 7 亿的路桥工程，还没有开工却要先给他(建设单位)交上 2 亿的保证金，即使你承接的施工标段如期完工了，也不能退款，你必须耐心地等上三五年，待其他所有的施工项目全部完工并整体验收合格了，你才能拿回你的保证金。企业真是不堪重负，不干就是等死，干了等于找死。还有就是定额单价与市场价严重脱节，就拿人工单价来说，定额本上的价格每工是 54 元，而现实中一个小工一天也要 200 元，大工每天是300～400 元。还有一些新的特殊的工艺项目，定额本上根本没有对应的子目，需产生措施费却一分钱不给，要企业自行消化，如此等等举不胜举。建筑工程领域乱象丛生，建筑施工企业举步维艰，到了不胡整就没法生存的地步。永升企业呼吁政府及相关部门要深入实际，着手解决这一系列困扰企业的问题，不要让一个个百年大计的工程，毁在我们这一代人的手里。

4. 新华联天宇矿业

新华联天宇矿业是哈密地区的一家集矿产勘探、采矿、选矿及销售为一体的铜镍企业，主要从事矿石加工、生产铜精粉和镍精粉的研发，其设计、生产和管理等方面已跻身国内前列。今年以来，市场行情不好，国际上镍产销平衡，售价由2011年2月的21.8万元/吨降到现在的11.2万元/吨，由于运输、原料及人工涨价，成本处于倒挂，实际成本达到14万元/吨，特别是运输成本，到星星峡就有六个收费站，运输成本就是1400万，企业现在艰难维持，工资尚可按时发出，12月已经停产，现在库存积压严重，只能等待市场复苏。可喜的是，这家企业并没有坐等，而是积极地出击，成立了技术中心，集合企业以往存在的问题，对症下药，有的放矢，苦练内功，推出一些实用创新及发明创新成果，为企业今后的挖潜增效拼成本做好了科技准备。但企业并不满足于此，现在还需要大批的技改资金，因企业无抵押物，四类地不值钱，融资很难，四家银行都进不去，尽管企业今年及时还贷了700万，仍没有银行动心，所以期望政府能给予担保，使企业能尽快得到技改资金，为今后企业的发展壮大打下坚实的基础。也期望政府能在疆内运输上给企业适当的优惠和减免，比如不跨省，哈密地区境内运输能否不缴纳运输年费，如果企业真的垮了，当地政府的损失和社会影响更大。

5. 协力纺织

协力纺织是哈密的一家1200人的棉纺织厂，由于棉纱质量好，在国内市场上一直不愁销路，但由于今年国外棉价大大低于国内棉价，每吨差额5400元，从巴基斯坦和印度等国进口的棉纱与我们的棉花同价，致使该企业生产的棉纱失去市场竞争力，生产越多亏损越大。面对这种形势，企业不能坐以待毙，积极采取自救措施，在多次找银行融资贷款无望的情况下，企业主要领导用自家私人财产抵押贷款，资金全部用于从乌兹别克进口棉纱，再销往内地，这样每吨可获利1000～2000元，企业就是这样艰难地稳定了职工队伍，也为保一方平安做出了贡献。现在企业殷切希望政府能够出面，在电价、运费、增值税、融资贷款等方面给予协调，使企业享受本该享受的待遇。如电价上，石河子及阿克苏的同行电价是0.32/度，协力纺织却是0.50元/度；在增值税上，石河子的同行可享受25%的增值税返还，协力纺织却没有一分的返还；在运费上，农产品都可享受1000元/吨的运费补贴，棉花也应该给予运费补贴；在融资贷款上，政府能否为企业担保，以争取一些贷款，因为企业还有部分设备是20世纪90年代的老设备，功效低、故障率高、用工消耗大，现急需更新换代，以降低单位产品的成本，提高产品的竞争力。去年企业花了3000万用于技改，大大地提高了劳动生产率，减少用工200人，企业尝到了新技术带来的甜头。企业期望政府帮助他们实现新的目标。

二、关于中小企业融资难问题分析

关于中小企业融资难问题，主要有以下两个方面因素：

(1)中小企业的自身因素。一是中小企业规模小、业绩不理想、信用不高是企业贷款的最大障碍，大多数中小企业管理经验不足，基础薄弱，普遍缺乏规范的公司治理结构，财务制度不健全，透明度较低，银行对这些企业的财务状况、经营业绩及发展前景等情况难以了解，故不敢轻易提供信贷支持。二是中小企业缺少足够的抵押资产，担保困难。

(2)外部环境制约因素。一是支持中小企业发展的银行无论在数量和能力上都不能满足中小企业的融资要求，我区也没有建立起专为中小企业服务的金融机构，导致中小企业贷款无门。二是银行金融机构经营理念导致中小企业融资难。银行金融机构嫌贫爱富，喜大冷小。三是中小企业普遍存在固定资产少，土地、房屋等抵押品不足等问题，这与金融机构对固定资产等抵押物偏好相左，妨碍了中小企业从金融机构融通资金。

三、四点建议

(1)提高中小企业自身素质，加强信用制度建设，良好的信用是赢得融资的必要条件，建议政府及相关部门可以办学习班，对企业主要领导及相关人员进行指导和培训。

(2)政府要出面加大对中小企业的财税扶持力度，逐步扩大财政预算扶持中小企业发展的专项资金规模，重点支持中小企业技术创新、结构调整、节能减排、开拓市场、扩大就业，改善对中小企业的公共服务。

(3)政府要出面落实和完善税收优惠政策，进一步减轻中小企业的负担。

(4)政府要加快对中小企业技术进步和结构调整的指导，支持中小企业采用新技术、新工艺、新设备、新材料进行技术改造。

(注：因原文篇幅太长，本文已作精简处理。)

第三十一章

自治区级企业技术中心建设分析报告[①]

（2013 年 10 月 8 日）

摘要：受自治区经信委委托，新疆咨询业联合会根据《新疆维吾尔自治区认定企业技术中心管理办法》的要求，对已认定的企业技术中心的建设与发展进行评价，每两年评价一次。今年 6 月中旬至 9 月 19 日，新疆咨询业联合会对已认定 153 户自治区企业技术中心报来的工作总结和评价材料，通过电话和专访对部分企业技术中心评价数据进行确认，并结合多年来配合自治区经信委科装处对申报自治区企业技术中心进行现场确认评价掌握的情况，现就我区企业技术中心建设现状及存在的问题做分析，在此基础上撰写此报告。

我区自 1996 年开始推进自治区级企业技术中心建设，经过 10 多年的努力，以优势产业中的企业为主要对象，以企业技术创新能力建设与重大产业技术创新项目为手段，以产、学、研合作和人才队伍建设为支撑，以务实创新推进企业技术中心建设为动力，促进我区经济增长、优势资源转换、技术创新和技术改造提升，已取得显著成效。但是，我区企业技术中心建设中存在的一些问题，在很大程度上制约企业的发展。部分企业对技术中心工作不够重视；不同行业和不同地域在推进企业技术中心建设程度上有明显差别；一部分企业技术中心在内部建设方面认识不足，科研经费投入不够，内部组织机构、机制和管理上不健全，科研队伍人才匮乏，技术支撑和创新体系还不完善等，制约了新产品、新技术、新工艺的研制和发展。

建议：加大政府政策支持及引导力度，建立适应企业技术中心的运行机制，完善技术支撑及创新体系；强化宣传及培训，表彰奖励先进单位和工作者，营造社会发展氛围。

关键词：企业技术中心建设分析报告

企业技术中心是企业技术开发体系的重要组成部分，它的中心任务是为本企业的技术进步服务，是企业技术创新和技术进步的主要依托。因此，从分析企业技

---

① 原载：《新疆经济和信息化委员会课题成果汇编》，有删减。

术中心中可以反映企业技术创新工作的重视及实施情况。

第一节 自治区级企业技术中心建设现状

此次，对已认定153户自治区级企业技术中心（其中3户企业因多种原因未报工作总结）上报来的工作总结和评价材料（含兵团企业），能够较全面反映全疆（含兵团）企业技术中心建设情况。按照自治区企业技术中心评价指标体系，逐项进行考核打分。其中，一级指标：创新机制、技术与人才、产出与效益、加分与扣分；二级指标：创新投入机制、人才激励机制、创新合作机制、创新队伍建设、创新条件建设、技术积累储备、技术创新能力、技术创新效益、加分与扣分；三级指标：四项基本要求共计31项。

总体评价反映，我区企业技术中心建设稳定发展，经过10多年的努力，已经取得显著成效，为促进我区新型工业化实施做出了积极贡献。“十一五”以来，我区企业技术中心户数年均增长约12%，2012年三项主要考核指标：企业科技活动经费支出额357 994.05万元，企业研究与试验发展人数13 144人，技术开发仪器设备原值320 857.9万元，同比2011年都有较大幅度增长。新产品销售收入占企业产品销售收入39%，新产品销售利润占企业利润11%，2012年企业产品销售收入总额比2012年产品销售收入总额增长1 447 247.58万元，2012年科技活动经费支出额比2011年同比增长79 709.14万元。尤其是中央新疆工作座谈会以来，自治区加快了新型工业化实施，成为我区企业技术中心建设发展最快最好的时期。

第二节 取得的主要成绩

一、技术中心户数大幅度增加

目前，我区已有国家级企业技术中心10户，分别是特变电工股份有限公司技术中心、金风科技股份公司技术中心、新疆众和股份有限公司技术中心、中粮屯河股份有限公司技术中心、新疆天业（集团）有限公司技术中心、新疆天康畜牧生物技术股份有限公司技术中心、新疆中基实业有限公司技术中心、新疆麦趣尔集团公司技术中心、新疆蓝山屯河化工股份有限公司技术中心、中国彩棉（集团）股份有限公司技术中心，自治区级企业技术中心153户。现共有国家级和自治区级以上企业技术中心163户，比2008年108户，增加55户。

二、技术中心的实力有了明显提高

我区约80%以上企业技术中心的体制、机制建设进一步完善，60%企业技术中心的软硬件基础设施水平得到提高，约20%以上企业研究与试验发展经费多有较大幅度增长，约 75%企业技术中心与高校、科研院所建立产、学、研合作并取得了一定成效和效益，约 78%企业技术中心开发新产品、新技术、新工艺项目，约 80%企业技术中心在发展中其影响力得到了加强。

三、技术中心发挥了技术创新的作用

企业是推进自主创新的主体，企业技术中心是企业集聚创新资源的重要载体，是企业技术创新的核心和骨干力量，代表企业的市场竞争力和发展后劲。加强企业技术中心建设是提升企业技术创新的重要手段和关键环节。

"十一五"以来，我区国家级企业技术中心重视自主创新体系的建设，并做了大量的工作，尤其是国家级特变电工股份有限公司技术中心，紧紧围绕公司"十二五"发展战略，加快高端技术和产品研发，加快产品结构优化，实现了一批重大产品、新技术和新工艺的历史性突破。2011 年完成新产品、新工艺项目 63 项，投入科研活动经费支出 112 061 万元，占产品销售收入的 6.1%，实现新产品销售收入 781 084 万元，占销售收入的 43%；成功研制出世界首台"两机一变"结构的 400MV·A/1000kV 特高压交流变压器，研制开发世界电压等级最高的 1700kV 试验变压器、±400kV 和±500kV 直流套管，自主研发三相共体 28 000 千伏安干式变压器以及 ODESZ-167000/500 变压器；申报国家专利 58 项，其中发明专利 15 件；新增技术秘密 14 件；参与国家 14 项电力行业能源标准和 4 项国标的修订和制定工作；组织完成了 35 项外文标准翻译工作，进一步提升了国际市场竞争力。

国家级新疆金风科技股份有限公司技术中心，坚持秉承"引进技术"到"联合设计"再到"自主设计"创新体系的理念，实现了从技术跟随者到技术领跑者的全新蜕变。通过与国内外高校产学研合作，2011 年完成了 1.5MW 直驱永磁风力发电机组优化与升级，成为国际精品机型；完成 2.5MW 直驱永磁风力发电机组优化设计和定型，已通过第三方认定测试；完成 3.0MW 半直驱传动永磁风力发电机组产业化工作，成为国内唯一真正意义上自主设计、自主制作、完全自主知识产权的风力发电机；完成国家级示范项目——金风科技再生能源智能微网示范工程(2.5MW)机组建设。该公司 2011 年申请专利 61 件，其中发明专利占 80%；参与制定和修订国家风电行业标准 3 项、国标制定工作 2 项，申请立项国标和行标 4 项；与国内 27 所院校建立合作关系，开展风电专业设置、教材编写及师资培养多项校企合作。

近三年来，我区大中型企业加大了对企业技术中心的建设力度，一批自治区级企业技术中心装备和技术水平显著提高，如新疆中泰化学股份有限公司 2012 年为了建立以企业为主体的技术创新体系，提升公司技术中心的自主创新能力，围绕氯碱行业，进行新材料、新产品、新工艺开发研究，在阜康工业园投资 1.5 亿元开工建设中泰化学研发实验基地，该实验基地占地面积 121 亩。该公司技术中心还加强了对股份公司 2012 年新建项目可研发和初设方案的审核，并收集国内外比较先进的生产技术工艺，经过对比调查论证应用到相关项目中，保证项目的技术先进性。

企业实现新产品销售收入 12.409 亿元，新产品销售利润 4 654.20 万元，当年被受理的专利申请数 11 项。

特变电工新疆新能源股份有限公司在扩大生产经营的同时，十分重视对技术中心的建设，仅 2012 年就投入科技活动经费 10 389.5 万元，投入科技活动经费支出额占企业产品销售收入总额的 4.8%。为了提升企业技术中心的研发能力，去年重点增加光伏列模拟器、PLC 组合负载耐压测试仪等，使新疆光伏发电技术研究处于国内领先地位。企业去年完成新产品、新技术、新工艺开发共 10 个项目，拥有的全部有效发明专利共 74 项。

新疆国统管道股份有限公司技术中心，在公司的大力支持下，在 2011 年企业投入科技活动经费支出 3386 万元的基础上，2012 年又投入企业研究与试验发展经费 2620 万元，购置了大量先进研究和试验设备。通过近三年来科技试验经费投入，公司已成为开发及试验集一体的创新科技企业。

新疆泰昆集团股份有限公司技术中心，2012 年为提升企业技术创新能力，共投入企业研究与试验发展经费 1850 万元，主要用于建立饲料发酵工艺与国家工程实验室，取得了对外合作项目 4 项。

新疆机械研究院股份有限公司技术中心，在不断完善企业技术中心内部机制的同时，2012 年投入研发费用 1 265.75 万元，主要用于新产品研发和老产品技术改进和升级工作。当年，实现新产品销售收入 3.726 亿元，占企业产品销售收入总额的 80%，完成新产品、新技术、新工艺开发项目 6 项。

另外，据企业上报 150 户企业技术中心的材料反映，有 86%的企业技术创新项目是由技术中心高管提出并得以较好实施，78%的企业技术中心近两年开发了新产品，45%的企业采用新技术、新工艺，56%的企业采用新材料，90%以上的企业科技活动经费支出额比上一个年度有一定增加，实现我区企业技术创新工作快速发展。

“十一五”以来，我区企业技术中心通过实施产学研合作，借用区内外高校、科研院所科技力量，自治区级企业技术中心技术创新产出有了较大发展。

四、技术中心得到了领导重视和支持

近几年来，我区企业技术中心 85%以上的技术中心主任是由企业主要领导担任的，如特变电工股份有限公司张新、金风科技股份有限公司武刚、新疆机械研究院股份有限公司周卫华等。许多企业领导重视和支持技术中心工作，大多能为技术中心建设创造良好的条件。由于企业领导重视，大部分企业技术中心组织机构不断完善，职责及各项规章制度逐步健全，研究与试验发展经费支出不断增加，技术开发仪器设备不断优化充实。在日常管理上，企业技术中心副主任一般均由有一定实践经验的总工程师和技术带头人担任，目前，企业技术中心人员队伍不断增强，技术人员结构日趋合理。据此次上报总结分析，72%以上技术中心发展规划和年度计划均能得到实施，许多企业技术中心发展规划已列入企业“十二五”发展规划和年度实施目标，还有很多企业把技术中心和技术创新体系列入企业发展战略目标。从150户企业技术中心统计数据看，科技活动经费支出额占产品销售收入的比重为2%，技术中心拥有技术开发仪器设备原值320 857.9万元；技术中心高级专家1072人，技术中心从事研发工作的外部专家1321人。各企业技术中心结合企业发展需求，开展了大有成效的工作，尤其是在围绕自治区优势资源转换战略方面，重点突破了一批制约产业发展的关键技术，开发了一批具有较强竞争力的新产品。如新疆众和股份有限公司加大了对技术中心的科研投入力度，2011年公司技术中心通过不断的努力对技术开发设备进行了较大投入，改造、改善了电极箔产品腐蚀箔存在的正、反容量偏差现象，将腐蚀箔正、反容量偏差由以前的偏差10%降到偏差4%以内，达到了日本腐蚀箔的水平；2011年公司电子铝箔、电极箔申请专利技术5项，其中发明专利技术2项。中粮屯河股份有限公司技术中心重视品牌产品开发，2011年公司开发的新品黑加仑汁、枣酪果蔬系列饮料批量上市，得到了消费者的认可和喜爱，其中芒果汁、蓝莓汁、西番莲汁、花生露、核桃露、杏仁露、樱桃汁、无花果汁、紫胡萝卜汁等已通过内部品评，为开拓新市场奠定了基础。企业取得了一批自主知识产权，获得了一批自主研发的重大科技创新成果，赢得了区内外市场和国际市场，增强了市场占有率。我区各企业技术中心通过大力加强技术创新和技术改造，企业技术中心地位进一步提高。

五、技术中心引进人才和培养

企业技术中心成为集聚企业创新人才的载体。企业技术中心的建立为企业科技创新提供了良好的科研环境，成为企业引进培养研发人才的中心和摇篮。为了提高企业研发水平，我区一批企业技术中心通过引进区内外高端人才来疆工作，同时及时输送企业人员参加高校、科研院所专业培训等手段，壮大了企业科研队伍。目前150户自治区级以上技术中心，拥有科技活动人员24 730人，其中硕士以上学历743人。

自2000年我区实施“创业创新人才”引进计划以来，企业通过社会招聘和赴高校科研院所定向引进一批专业人才，在企业经过几年的工作，其中30%的专业人才成了技术中心负责人。这些领军人才和学科带头人利用企业技术中心较完备的工程化综合配套条件，通过开展技术创新、工程化研究，有效地使单一技术的突破尽快孵化成熟为配套的技术工艺，向产品系列转移和辐射，加快新产品开发周期。同时，通过企业技术中心平台，许多企业培养了一批成熟装备的技术、管理、工艺专业人才。如新疆中亚食品有限公司技术中心外部专家每年来技术中心工作总人数达32人，他们为员工做岗前培训，开办多技能与专业讲座。企业还为我区大中专院校及研究生提供实习基地、建立了博士后工作站，成为我区食品行业集群研发生产一体驿站。东风新疆汽车有限公司技术中心，依托东风集团商用车公司研发中心，针对新疆和中亚区域市场特点，展开整车匹配的自主开发和关键技术合作，采用全部委托或双方合作、引进人才合作三种模式，去年公司技术中心自主开发小品牌“东风沙豹”沙漠越野车系列，已被东风集团评为品牌并正式命名注册。新疆中石油管业工程有限公司，每年按销售收入不小于3%提取递增科研经费的同时，多方面聘请技术、信息、行业管理等方面的专家、学者、教授来技术中心做顾问，对企业技术的引进、开发进行指导。新特能源股份有限责任公司技术中心，采取请进来走出去的培训方式，形成“以产带培、以教促学、交流提高”的人才培训模式，大大提高了技术中心人员的整体水平。

六、技术中心加快产学研合作

近几年来，我区一大批企业与区内外重点高校、科研院所的产学研合作层次正由以前的技术成果信息交流、单项技术成果合作，提升为共建联合研究开发中心、工程研究中心、博士工作站等创新服务平台。“十一五”以来，我区一些企业技术中心还以项目为纽带，吸引了一批院士、教授、高级工程师及其团队来帮助和指导企业进行产品研发和技术创新工作。如新疆天山水泥股份有限公司技术中心，长期坚持与各大学、科研院所建立长效的产学研合作机制，先后与成都水泥工业设计研究院、南京水泥工业设计研究院、武汉理工大学、新疆大学开展产学研合作。其中与南京水泥工业设计研究院共同承担100%利用电石渣生产水泥燃料的新型水泥干法生产线，已向国家申报了一项国家发明专利；与南京工业大学合作对工业废渣电石渣物理、化学性能分析研究成功，为建立大规模利用电石渣的试验装置提供支撑数据；与新疆大学合作《电石渣超声法制备纳米碳酸钙》项目，获得合格的纳米级碳酸钙样品等。新疆第三机床厂1992年制定“以科技创新为龙头，加强产学研相结合与对外技术合作，以最小的投入和最短的周期来获取应用技术”的总体战略，已先后与区内外多所高校院所签订产学研合作协议，成绩显著。仅2012年新产品销售收入24 860万元，占企业产品销售收入总额97%；新产品销售利润1352万元，占企业利润总额80%；完成新产品、新技术、新工艺项目5项。新疆有色金属工业集团公司技术中心，多年来通过与国内外高等院校和科研院所研发中心的合作，解决了公司用于储备或带有战略意义的多项课题，2012年与中南大学联合建立“新疆有色中南大学联合研究院”，成为紧密联系合作的纽带，联合开发的《真空溅射用高品质镍靶材的开发》及与新疆大学联合承担的国家科技支撑课题《电解质材料的研究及中试》项目，为企业技术创新奠定了坚实基础，同时也有针对性地培训了一批技术中心骨干。

七、技术中心增强了企业经济效益

“十一五”以来，我区企业不断加强技术中心机构建设，大力加强技术创新，加快技术改造，形成了一批在国内有一定影响的企业和产业，改进提升传统产业，加快企业转型升级，取得了明显经济效益。尤其是中央新疆工作座谈会以来，新疆进入了新的发展时期，国家有关部委先后召开了一个又一个支持新疆发展的专题会议，新疆工业企业连续几年保持较大增长，例如：特变电工股份有限公司、新疆金风科技股份有限公司、宝钢集团新疆八一钢铁公司、中粮屯河股份有限公司、天富股份有限公司、众和股份有限公司等一批大企业、大集团通过对技术中心加大投入，加快新产品、新技术应用，提高市场竞争力，增强企业经济效益，为自治区经济增长发挥了重要作用。2012 年，我区 150 户自治区级企业技术中心的企业实现产品销售收入总额 17 944 873.12 万元，同比 2011 年增长 1 447 247.5 万元；实现企业利润总额 1 378 328.93 万元；实现企业营业收入总额 20 173 464.68 万元。从企业上报材料反映，90％以上企业按照自治区党委、政府要求，在做好稳定工作的同时，实现保增长。尤其是一批大中型企业产品销售收入总额、企业利润总额、企业科技活动经费支出额、企业研究与试验发展经费支出均比 2011 年有较大增长，如：特变电工股份有限公司、神华新疆能源有限责任公司、新疆金风科技股份有限公司、中粮屯河股份有限公司、新疆众和股份有限公司、新疆新能源股份有限公司、蓝山屯河化工股份有限公司、国投新疆罗布泊钾盐有限责任公司、新疆中石油管业有限公司、新疆泰昆集团有限责任公司、永升建设集团有限公司、新疆赛里木现代农业股份有限公司、新疆北新路桥股份有限公司、新疆北新建设工程(集团)有限责任公司、美克投资(集团)有限公司等，在加强企业创新和技术改造的同时，引进国内外先进技术，通过消化吸收实现了二次创新。

第三节　存在的主要问题

近年来，我区自治区级企业技术中心建设有了较快发展，取得了显著成效。但与我区实现经济跨越式发展的要求和与内地先进省区企业技术中心相比，无论在基础条件、建设质量，还是作用发挥上都有一定差距，主要表现在以下几个方面。

一、机构建设还不够

我区通过复核已认定自治区级企业技术中心 150 家，占我区规模以上企业总数不到 0.9％。其中具有创新型、科技型企业数量少，各行业、各地区发展不均衡。南疆地区由于多种原因，技术中心相对较少且没有一家进入国家级企业技术中心行列。我区自治区级企业技术中心和国家级企业技术中心总体技术能力与内地先进省(区)相比还不高，产业发展关键技术掌握不足，核心技术发明专利少，产品附加值不高，技术水平、劳动生产率、工业增加值都比较低。

二、创新意识还不强

有很多企业技术中心满足于小富即安，怕担风险，缺乏自主创新的信心和勇气，缺乏市场意识和办大企业、干大事业、求大发展的创业激情和胆识。有一部分企业技术中心领导没有把提高企业自主创新能力的工作摆到重要日程上，缺乏产品升级的紧迫感，盲目乐观，因此在机构建设、资金投入、人才配置、项目安排等方面没有向技术中心倾斜。这些企业没有技术中心建设成型的方案，也没有技术中心发展的规划，因此，技术中心在企业中没有地位，也没有大的作用，只是申报材料或接受考核时拼成一个整体，平时开发部、研发部、检验室、中试车间分别隶属不同领导，各干各的工作，互相只有松散的合作。调查显示，有40%的我区企业技术中心认为，以企业为主体的技术中心，社会给予的支持不够，还缺乏有效的激励机制。

三、创新资金投入还不足

研发资源的规模及结构是衡量一个国家或地区科技竞争力的核心指标，研发的投入特别是企业研发投入，对一个地区的科技创新和经济持续发展起着至关重要的作用，也是全面奔小康的一个关键性指标。目前产业界对企业研发经费占销售收入总额的比重已形成一个较为客观的评价标准，模仿创新的道路，在4%至5%以上时，企业才具备自主创新的能力和竞争力。目前，我区工业企业研发投入强度为1%，调查显示有90%的企业技术中心认为资金缺乏是阻碍企业技术创新的主要因素之一，居认同率首位。许多企业认为，在当前企业技术创新和名牌产品创新过程中，还没有建立完善的服务于企业创新的社会服务和保障体系，目前政府对开发新产品、新技术、新工艺资金支持还比较少，影响企业对技术创新的积极性，还有相当一部分企业反映，我区企业筹资渠道单一，直接影响企业资金来源。还有企业认为，技术创新成本高、开发风险大也是阻碍企业开展技术创新的一个主要原因。

第四节　对策与建议

技术创新关键在人才，从此次上报的自治区级企业技术中心总结材料分析，2012年我区企业技术中心具有高级技术职称的占科技活动人员总数的9%，我区企业技术中心技术力量总体比较单薄；部分技术中心在技术开发能力上表现不足，有的是数量不足，有的是总体水平不高，一些企业还没有成型或有效的培养、激励企业技术中心技术人员的方案措施；有的是有发展规划和方案，没有真正付诸实施。调查显示，86%的企业反映高级专业人才缺乏，尤其是主要技术骨干和科研领军人才更少。首先，我区地理环境较差，加之内地企业职工年收入高于我区企业职工年薪，也是造成企业技术队伍匮乏的主要原因之一。其次，统筹不够，科技、经信、发改等多个部门都在建立企业研发机构，由于缺少协调，不同程度存在多头建设、资源分散、重复建设现象。再次，引导不到位，有许多地区和部门领导对技术中心建设认识不到位，缺乏应有重视。最后，政策支持不够，尤其是资金支持上与内地相比，力度不够。

一、政策引导，激励创建

政府应进一步加强指导和服务。建议政府有关部门在总结近十几年我区技术中心建设的成效经验和共性问题的同时，深入企业调研的基础上，争取今年由自治区政府下发一个指导性文件——“新疆维吾尔自治区关于进一步推进企业技术中心建设，提高企业自主创新能力的意见”，提出自治区政府对开展此项工作力度，鼓励企业技术中心建设的指导方针、工作意见和扶持政策，包括建立企业技术中心建设专项资金，对各级管理部门和企业提出具体要求。建议增加我区自治区级企业技术中心数量，壮大技术创新队伍，树立一批优秀技术中心，推广先进经验，评选10～15户技术中心工作做得较好的单位，命名为“2010—2012年度自治区优秀企业技术中心”。把这些先进经验汇编成册，在自治区级以上企业技术中心发行，每年组织一次专题研讨会或经验交流会，组织开展赴内地的学习考察活动等，推进我区自治区级企业技术中心健康发展。

二、加大投入，筑牢基础

自治区各方应加大政策支持力度，引导企业技术中心开展技术创新活动。

(1)建议政府完善税收优惠政策，鼓励已认定的自治区级以上技术中心，继续给予一定的资金补助，要确实落实现有的旨在促进自治区级(国家级)企业技术中心的财税和金融扶持等方面的政策。

(2)建议政府对企业提出申请的产学研联合开发项目、企业信息化项目、新产品开发项目等优先给予资金支持。

(3)建议自治区要安排一定的资金用于鼓励有条件的技术中心向中小企业单位提供技术咨询和技术服务。

(4)建议要通过设置专项技术创新风险基金，为具备行业领先的技术研发活动提供资金支持。

(5)建议对重点开展行业项目提供税收返还和税率优惠等政策，鼓励企业自主创新能力。

(6)建议政府鼓励提高现有自治区级企业技术中心自主创新能力，努力引导企业成为技术创新的主体，进一步提高技术中心内在质量，使企业技术中心能够适应满足企业自主创新的需要，不断开发拥有自主知识产权的专利技术和专利产品。

(7)建议政府建立名牌产品奖励制度，激发企业争创“名牌强企”活动，加大知名品牌创建示范建设，促进我区技术中心建设健康发展，真正成为我区经济跨越式发展和后发赶超主力军。

三、统筹规划，科学发展

企业技术创新是一项社会行为，它需要国家、社会等诸多方面的大力支持。技术中心是企业技术创新的发源地，企业是解决社会就业和社会安定的重要集聚地，它是我区长治久安的基础之一。一是按照国家关于加快国家创新体系、区域创新体系、技术创新体系建设的要求，确立企业技术创新的科技投入的主体地位，增强企业的技术创新能力。二是要进一步引导企业树立技术创新和科学发展意识，促使企业引进先进技术，优化产品结构，降低消耗，节能减排，推动机制创新，实现进一步建立和完善企业为主体、产学研相结合的技术创新体系。

四、组织协调，切实推进

面对知识和技术的迅速更新，企业要在市场竞争中立于不败之地，必须要有一支高素质职工队伍。一是政府和有实力的企业要加大引智力度，主动出击，面向全国和海外不惜重金把企业急需的领军人才引进来，逐步形成以三个层次的人才梯队结构，即：以两院院士、国家百千万人才、突出贡献专家学者等在国内同行有影响的领军人才队伍，具有较强技术创新能力、在重点发展产业领域拥有自主创新成果或掌握关键核心技术的拔尖人才队伍，参与过企业重要技术攻关和产品开发的青年优秀人才队伍，为企业研发提供智力支撑，并在各类科技计划的项目立项、评价考核中建立人才考核指标，以技术创新项目任务培养和引进人才。二是要改革分配制度，加大对企业高级科技人才和突出贡献人员项目奖励制度，鼓励技术创新人才在待遇和住房、交通上给予优惠政策，留住人才，并给他们提供出国考察学习交流机会。三要在政府、企业社会中大力营造“鼓励创新、踊跃创新”的技术创新氛围。成立各地、州、市政府分管领导任组长，科技、经信、财政等部门参加的企业技术创新机构建设领导小组，主要负责地区技术创新建设规划和研究制度，加强工作协调，形成各部门各负其责、全疆一盘棋推进企业技术中心机构建设局面。

下面附上自治区级企业技术中心有关数据，以供参考。见表 31－1 至表31－3。

表 31－1　附件一：150 户自治区级企业技术中心 2012 年评价材料 31 项考核指标汇总表

序号	定量数据名称	单位	数据值(合计)
1	企业营业收入总额	万元	20 173 464.68
2	企业利润总额	万元	1 378 328.938
3	企业产品销售收入总额	万元	17 944 873.12
4	上一年企业产品销售收入总额	万元	16 497 625.54
5	企业产品销售利润总额	万元	3 891 168.88
6	企业科技活动经费支出额	万元	357 994.05
	其中：企业研究与试验发展经费支出额	万元	279 549.38

续表

序号	定量数据名称	单位	数据值(合计)
7	上一年企业科技活动经费支出额	万元	278 284.91
8	企业全部科技项目数	项	2284
	其中:研发周期三年及以上的项目数	项	601
	其中:对外合作项目数	项	652
9	新产品销售收入	万元	7 080 602.43
10	新产品销售利润	万元	420 248.198
11	企业技术开发仪器设备原值	万元	320 857.9
12	企业自有品牌产品与技术出口创汇额	万美元	2 400 742
13	企业职工总数	人	228 561
14	企业全体职工年收入总额	万元	914 244.6
15	企业科技活动人员数	人	24 730
	其中:企业研究与试验发展人员数	人	13 144
16	技术中心职工人数	人	9783
17	技术中心人员培训费	万元	35 085.29
18	技术中心全体职工年收入总额	万元	69 859.66
19	技术中心高级专家人数	人	1072
20	技术中心硕士以上学历人数	人	743
21	技术中心从事研发工作的外部专家人数	人	1321
22	技术中心在区外设立开发设计机构数	个	31
23	技术中心与其他组织合办开发机构数	个	54
24	通过国家和自治区组织认证实验室数	个	51
25	完成新产品、新技术、新工艺开发项目数	项	1219
26	企业拥有的全部有效发明专利数	项	770
27	当年被受理的专利申请数	项	1140
	其中:被受理的发明专利申请数	项	345
28	最近三年主持和参加制定的国际、国家、行业标准数	项	195
29	企业获得的自治区级以上驰名商标数	个	85
30	企业获得的自治区级以上名牌产品数	个	158
31	获国家、自治区、兵团自然科学、技术发明、科技进步奖优秀新产品奖项目数	项	205

表 31－2　附件二:科技活动经费支出额前 10 名企业名单

序号	企业名称	科技活动经费支出/万元
1	新疆天山水泥股份有限公司技术中心	45 230
2	宝钢集团新疆八一钢铁有限公司技术中心	39 911
3	新疆中泰化学股份有限公司技术中心	36 832.16
4	国投新疆罗布泊钾盐有限责任公司技术中心	14 461
5	新疆有色金属工业(集团)有限责任公司技术中心	13 800
6	新疆屯河水泥有限责任公司技术中心	11 872.16
7	特变电工新疆新能源股份有限公司技术中心	10 389.5
8	新疆西域春乳业有限责任公司技术中心	8600
9	新疆蓝山屯河聚酯有限公司技术中心	7730
10	新疆天富热电股份有限公司技术中心	5986

表 31－3　附件三:完成新产品、新技术、新工艺开发项目前 10 名企业名单

序号	企业名称	完成新产品、新技术、新工艺项目数/项
1	美克投资集团有限公司技术中心	182
2	新疆天山水泥股份有限公司技术中心	60
3	新疆有色金属工业(集团)有限责任公司技术中心	58
4	新疆金特钢铁股份有限公司技术中心	45
5	新疆国统管道股份有限公司技术中心	44
6	新疆北新路桥集团股份有限公司技术中心	39
7	特变电工新疆硅业有限公司技术中心	39
8	新疆昆仑股份有限公司技术中心	28
9	新疆伊犁南岗建材有限责任公司技术中心	26
10	新疆北新建设工程(集团)有限责任公司技术中心	22

(注:因原文篇幅太长,本文已作精简处理。)

第三十二章

新疆工业企业管理分析报告[①]

（2013 年 12 月 6 日）

前言

经自治区党委宣传部批准，由新疆社会科学院主办《新疆企业发展报告》作为自治区重大社科项目。根据《新疆企业发展报告》编委会的安排要求，新疆咨询业联合会作为该项目合作单位并负责其中“新疆工业企业管理分析报告”的撰稿和“事件案例”专栏的组稿和编辑工作。6 月 18 日，新疆社会科学院、新疆咨询业联合会联合下文《特约自治区一批先进企业撰写管理创新案例经验稿件的通知》，8 月中旬和 10 月下旬，我们先后两次邀请自治区部分先进企业领导和管理专家座谈我区工业企业管理在实现“两个转变”和实施管理创新所取得的成功经验和做法。会后，我们多次深入企业实地调研分析，在此基础上撰写此报告。

企业管理是企业生存与发展的永恒主题，企业管理水平直接影响和决定经济增长的速度，而且在实施上直接影响和决定企业生产管理结构的形成及发展变化，进而影响和决定着经济增长的质量和效益。60 多年来，伴随新疆工业产业经济和现代科学技术的快速发展，我区工业企业管理同样发生了巨大变化。尤其是中央新疆工作座谈会以来，中央发布了《关于推进新疆跨越式发展和长治久安的意见》，出台了一系列促进新疆跨越式发展和长治久安的优惠政策，19 省市对口援疆尤其是工业产业援疆，为新疆迎来了大建设、大开发、大发展的历史性机遇，为推进新型工业化建设注入了强大动力，工业企业管理现代化也进入新的发展阶段。

第一节　新疆工业企业管理 60 多年发展阶段特点和现状

第一阶段，1949 年新疆和平解放前夕，是新疆工业企业管理走入管理萌芽阶

---

① 原载（有删减）：新疆社会科学院，新疆企业联合会，新疆企业家协会。新疆企业发展报告 2014[M]. 乌鲁木齐：新疆人民出版社，2014.

段。在这一阶段,随着国内民族企业发展,新疆已有工业企业 363 个(其中 347 个为私营手工作坊和个体手工业),主要工厂有当时国民党管理的几家军工企业,年产值 0.98 亿元(按当时货币计算)。从整体上说,绝大多数企业管理的特点是:残存着半封建半殖民地的痕迹,沿用作坊式组织生产,不计经济效果,质量无标准,处于传统企业管理阶段。极少数官办企业开始引进西方企业管理的思想,但是还保留了一些东方企业管理传统。

第二阶段,1949—1965 年,是新疆工业企业基础管理初步形成阶段。在这一个阶段,随着新疆的社会主义建设,工业产业不断兴起,企业管理各项专业管理初步形成,我区开始建立了独立的、比较完整的社会主义工业体系和国民经济体系。20 世纪50 年代,我区工业企业管理主要以学习借鉴苏联模式为主,在全区工业行业引进了苏联的整套企业管理制度和方法,并强调集中统一领导,推行苏联的“一长制模式”和“马钢宪法”。例如“一五”时期,苏联援建的新疆十月拖拉机修配厂等企业,在计划管理、技术管理、经济核算制等方面,在学习苏联模式的企业管理中奠定了生产导向型管理的基础。从 20 世纪 60 年代初开始,为克服照抄照搬苏联企业管理方法运作中发现的缺点,我区大部分新建的大中型企业,在内地省市的大力支持和经验传授下,在吸收苏联企业管理模式的基础上,结合兴建企业的特点和现状,开始探索建立与社会主义相适应的企业管理模式。

第三阶段,1966—1977 年,是新疆工业企业管理曲折前进阶段。在这一阶段,我区工业企业管理的特点是通过学习“七十条”和“工业学大庆”,建立以岗位责任制为中心的科学企业管理,各项基础管理开始走向正规化。但由于 1966 年开始的“文化大革命”造成社会动荡,一些原有的企业管理组织结构被破坏,工厂处于无政府状态,许多企业关门,正常的生产经营无法进行,一些已形成和建立的企业管理体系基本上崩溃了。企业管理缺失,产品质量严重下滑,安全事故不断。1975 年,国务院颁布《关于加强工业发展的若干问题》,重点是整顿企业党的领导班子,整顿企业管理,严格规章制度等。自治区人民政府非常重视此次工业企业整顿,要求自治区经委、各工业厅局提出整顿工业企业管理实施细则,我区工业企业通过近三年十二项企业恢复整顿,企业管理工作开始走入良性循环,一些规章制度得到了加强,大部分企业生产管理明显回升,但部分企业管理的混乱局面仍未有根本好转。

第四阶段,1978 年至今,是新疆工业快速发展、企业管理进入现代化管理阶段。党的十一届三中全会以来,我区在贯彻改革开放的方针指引下,新疆工业进入了一个崭新的发展阶段。1992 年起,随着我区工业产业结构优化,工业企业管理模式特点从生产型转向生产经营型,我区大部分国有大中型企业在学习国内外管理知识和经验中,重点从苏联企业管理模式逐渐转向欧、日、美等发达国家企业管理模式的同时,全国开展“学邯钢”经验,我区通过总结八钢、乌石化经营管理经验后,掀起“远学邯钢,近学八钢、乌石化”活动,许多企业通过学习和探索企业管理工作,实案研究,实施运用现代管理方法,大部分国有企业生产经营管理都发生了较大的变化。2000 年以来，我区许多企业和行业通过赴国内外考察学习，尤其是在学习借鉴内地大中型企业和企业集团成功经验的同时，“以我为主、博采众长、融合提炼、自成一家”，形成了符合我区企业管理实际的管理模式。在企业管理研究方面，我区学者和实际工作者开始追踪国内外企业管理学研究前沿，国内外管理权威期刊逐渐被我区企业经营者熟悉，许多实证研究方法受到重视，越来越多的企业研究人员及企业管理工作者研究成果发表在国内外学术期刊上。

近几十年来，我区工业企业改造传统企业管理的理念和方法，从最初的质量、技术、物资、财务和人事等传统管理，逐步提升到企业发展战略、营销管理、物流管理、客户关系管理上，不断创新体制机制，开展企业流程再造，从全面质量管理到追求卓越绩效，创建以人为本的企业文化建设和以企业为主体、产学研相结合的技术创新体系，着力于工业化和信息化，即“两化”融合的信息化管理，提升企业管理内涵和运营效率，强化基础管理，促进企业规范化、科学化。在我区数千个企业中，已涌现出一批国家级企业技术中心和自治区技术创新示范企业，例如特变电工股份有限公司、神华新疆能源有限公司、宝钢新疆八一钢铁厂、乌鲁木齐石化总厂、新疆天业等大企业开展了不同形式的创新实践，使企业生产经营面貌发生了巨大变化，取得了很好成效。这些企业管理创新成果，普遍具有鲜明的时代特征，标志着我区一大批工业企业管理进入了管理现代化创新新阶段。

第二节　新疆工业企业管理现代化的成就

改革开放三十五年来，特别是 20 世纪 90 年代中期以来，新疆工业企业管理取得了显著成就，大体上可以归结为以下几个方面。

一、企业经营思想发生了深刻变化

①客户导向的市场观念已经基本建立。我区工业企业普遍重视市场调查和客户关系管理，重视商品质量和售后服务。②自主经营、自负盈亏的意识增强。企业盈利意识、理财意识、成本意识大大增强。③机遇和风险意识初步确立。为了加快企业发展，大多数企业重视机遇的利用。④社会责任意识建立。企业开始反思自己的经营目标和价值观，单纯盈利的观点得到修正，提升服务水平。⑤以人为本的观念得到了强化。企业注意调动员工的生产积极性，企业文化建设不断提升。

二、企业改革不断深入

①企业产权制度向多元化制度转变，更多的国有企业和集体企业转制为股份制企业。②大中型企业现代企业制度已初步建立并得到实施。国有大中型企业已经按照建立现代企业制度的要求，完成公司化改造，已建立起公司治理构架。③风险管理体制构架已形成，从信用管理体系上避免了财务风险损失。④组织发展取

得进展，企业不断改进管理组织，提高效率。

三、战略管理初见成效

①战略意识普遍增强，战略规划日益清晰。企业成为自主经营主体以后，战略意识普遍增强，各企业制定了长远战略目标和发展规划，企业管理方面的创新成果越来越多，经营管理实践的内涵越来越丰富。②逐步适应区内外竞争，一些有实力的企业勇于"走出去"参与国际竞争，取得了显著成效。例如，特变电工股份有限公司在应用现代化管理的同时，积极开展自主创新体系的建设，坚持走"绿色科技、智能环保、可靠高效"的发展之路，积极利用"两个市场、两种资源"，用自己的品牌产品使一批批变压器持续进入美国、俄罗斯、印度、巴西等 60 多个国家和地区，实现了"中国制造"到"装备世界"跨越发展创新的理念，给我们深刻启示。③重视管理创新，发挥科技第一生产力的作用，我区一批优势企业技术水平与国内外先进水平的差距缩小。例如，神华新疆能源有限公司经过 7 年开发、完善数字矿山建设，形成了一整套较为健全的管理模式，实现了决策科学化、管理信息化、开采自动化、队伍专业化、环境生态化、技术独创化，形成了系列核心技术和标准，支撑该公司成为具有国际竞争力的世界一流煤炭大型企业，取得了很好的成效。还有一批企业管理水平达到国内同行业先进水平，例如：中泰化学股份公司多年来重视强化核心技术自主创新能力，积极推动科技成果产业化开发和发挥精益生产方式管理，取得了很好的效果，为进入国内外市场提供了可靠保证。

四、人力资源管理科学体系初步建成

①企业劳动人事制度市场化速度加快，人力资源管理工作规范化水平提高。②用企业精神促进市场化人事管理体系逐步完善，我区许多企业已经普遍实行了全员劳动合同制以及晋升、股权激励等多种方式的激励机制，调动了员工积极性。例如：新疆天山水泥股份有限公司秉承"凝聚坚持、创造卓越的企业精神"和责任、和谐创新的管理理念，重视人才培养，鼓励职工调动个人智慧，坚持诚信为本，以最优质的产品服务和最大的回报奉献给社会，追求和谐发展，促进了管理水平和市场竞争力的提高。

五、紧跟市场潮流，采用现代化管理方法和手段

①一批企业组织采用先进管理方法与管理模式。许多企业开始利用现代化管理和现代化手段获得信息。②许多企业采用先进的商业模式，在采购环节引进供应链管理模式，优化供应商结构，提高与供应商谈判的水平。③大力推进信息化进程，在我区工业企业中，有约 30％企业核心业务流程开始运用信息化手段。

第三节 新疆工业企业管理发展面临的形势

2013年,自治区内外环境总体有利于自治区工业企业平稳较快发展,机遇大于挑战,有利因素大于不利影响。

一、从国际看

国际经济形势复杂多变,国际金融危机的深层次影响仍在继续,国际贸易保护主义持续蔓延,欧债危机深化,世界金融市场动荡,全球通胀压力进一步加大,这些都将使世界经济更加复杂多变,使我区经济发展面临的外部环境严峻复杂。

二、从国内看

尽管遇到资金流入压力增大、各种生产要素全面上涨引发的物价上涨压力持续加大、中小微企业经营困难增加、出口增长面临较多不确定性等一些新情况和新问题,党的十八届三中全会,分析国内外形势,做出《中共中央关于全面深化改革若干重大问题的决定》,坚持和完善基本经济制度,推动国有企业完善现代制度。全国人大颁布的"十二五"发展规划纲要,是这五年我国经济社会发展的总纲。党中央、国务院不断加强和改善宏观调控,为国民经济保持良好运行,这是企业发展之本。"十二五"纲要文件中两次强调了管理创新问题,"要依靠科技进步、劳动者素质,提高管理创新的转变,加快建设创新型国家",要"推行研发设计、生产流通、企业管理等环节的信息化改造升级,推进先进质量管理,促进企业管理创新"。把管理创新写入国家的规划,这还是第一次,说明国家非常重视管理创新工作,这对广大工业企业来说,无疑是极大的激励和鼓舞。

三、从区内看

中央新疆工作座谈会召开,19个省区援疆为新疆描绘了宏伟发展蓝图,自治区第八次党代会为新疆跨越发展和长治久安做出具体部署,我区工业迎来一个高速发展时期,为推进新型工业化建设发展创造良好条件。

通过对以上国内外和区内经济发展环境的综合分析,我们可以看到当前是推进我区工业腾飞和实现工业企业管理现代化创新的最好时机。

第四节 新疆工业企业管理需要关注和解决的问题

在企业管理走向管理现代化方面,我区工业企业已取得了显著成就,但是与国内先进省市工业企业管理相比,还存在着一定的差距。例如,在经营思想、体制机制、竞争策略、管理方式以及管理现代化创新等方面还存在一些突出问题急需解决。

一、部分企业社会责任严重缺失

虽然我区企业社会责任意识比以前有所增强，但是还明显落后于社会期望，尤其是行动落后于宣言。有些企业过分强调企业自身利益或所有者利益，不注重甚至侵害利益相关者权益，损害正常市场竞争秩序的事件也屡有发生。这些行为与我国社会主义建设的根本目标是不相符合的。

二、员工安全和基本权益缺乏保障

我区企业大多数对员工利益保证缺乏强大制约力。从近几年我们对企业评审和调研中发现，能较好地贯彻 SA8000 社会责任标准的企业只有少数。一些企业关心利润胜过关心员工生命，在这些企业中，员工缺乏安全设施和安全培训。

三、急功近利、短期行为、管理粗放

一些企业急功近利，盲目进入其他经营性领域，造成严重亏损或潜在风险。还有的企业在获得一时成功以后，盲目扩张，甚至进入自己不熟悉的行业，因而导致失败。我区许多中小微企业管理基础工作不扎实，经常出现安全生产、质量问题，严重影响人民健康和自然环境。大部分企业运用现代化方法和工具水平不高，例如在标准化管理、制度管理、设备管理、战略管理、质量管理、安全管理等方面，培训投入不足，使用方法陈旧。

四、创新不足，主体地位尚未确立

首先，企业自主创新应该是包括技术创新、商业模式创新、管理创新在内的全方位创新。但是在我区工业企业中，许多企业认为自主创新通常为单纯的技术创新，结果商业模式创新和管理创新没有得到足够的重视，多数企业缺乏全方位创新的规划。其次是在技术创新方面，我区工业企业大部分依赖引进技术，原始创新和集成创新不足，具体表现之一就是核心技术、发明专利比较少。再次，创新投入不足，缺乏领军人才，创新机制尚不够健全。根据近几年我们对企业申报自治区级企业技术中心的现场审核和评价反映，研发投入占销售收入比例超过 3%的企业约占 30%，大部分企业研发投入在 3%以下。

五、新机制各方面不够健全

新机制方面，思想认识、创新规划、创新组织、创新流程、知识管理等均存在不够健全的情况，因而有许多企业认为本企业创新活动的成效不够显著，创新活动有待继续完善和提高。

第五节 新疆工业企业管理发展的重点工作

企业管理工作千头万绪，当前应当重点抓好以下几项工作：

第一，进一步端正企业经营理念。经营理念是企业生存和发展的根本，决定着企业的生存和发展方向。当前，由于我区企业大多数成长的历史比较短，伴随市场化改革和社会转型，在经营理念上仍存在一些问题。首先，企业必须端正经营理念，从人的全面发展、企业的可持续发展以及企业内部与外部的和谐关系建设等方面进行思考。其次，企业应切实加强商业伦理建设，在依法经营的基础上，诚实可信，互利共赢，既要关注企业的员工和经济效益，更要关注社会反响和生态环境保护等社会效益。

第二，进一步塑造和培育企业独特的文化。企业文化是企业发展的人文力量，是确立以人为本，以价值观的塑造为核心的文化管理模式，是企业可持续发展不竭的力量源泉。当前应从以下几方面着手：①培养具有个性特色的企业精神，尤其是企业家精神。②建立新型的企业价值观，不同的价值观会导致不同的经营理念，会直接支配和影响企业的行为。③构建管理文化。企业文化本身是一种高超的管理方式，企业管理应把自身素质、人的精神、群体共识放在管理诸要素的首位，通过文化环境的感染，诱导和约束激发员工的内在潜力。

第三，进一步加快企业战略转型。在未来几年，我国经济转型和结构调整步伐不断加快，对我区企业来讲，加快战略转型关键是培育核心竞争能力，首先要从“低成本竞争”向“差异化竞争”提升，从“跨越式发展”向“可持续发展”转型。只有这样，企业才能持续发展并具有旺盛生命力。

第四，进一步夯实企业基础管理工作。企业基础管理工作是一个企业稳定、持续运营的保证。当前，夯实企业基础管理，一方面要狠抓规范化管理，从岗位培训入手，全面提高劳动者素质，保证企业各项管理制度和措施的有效落实；另一方面，要突出抓好质量管理和安全管理，通过质量提升来赢得市场竞争占有率，下大功夫减少或杜绝安全事故的发生。同时，要积极采用各种现代化管理方法和手段，提高科学管理水平，降低物耗。

第五，进一步推进企业信息化与工业化深度融合，全面提高信息化水平是促进企业转型升级、提高核心竞争力的重要手段，是企业创新管理的重要内容。企业要围绕产品研发设计、生产过程控制、企业管理、市场营销、人力资源开发、技术改造等环节，加大信息技术应用，提升企业生产自动化、智能化水平，通过信息化提高企业科学管理现代化水平，尽快缩小与国内外企业的信息化差距，全面带动企业的现代化。

（注：因原文篇幅太长，本文已作精简处理。）

第三十三章

中小微企业期盼发展的春天[①]

（2014 年 12 月 26 日）

受全球金融危机的影响，包括中小微企业在内的实体经济正在经历一场严冬。令人欣慰的是，2010 年以来，自治区党委、政府及各职能部门先后出台了一系列促进中小微企业发展的政策措施，在优化发展环境、强化财税支持、缓解融资困难、拓宽服务渠道、促进结构优化、提升管理水平等诸多方面，给予中小微企业前所未有的关心和支持。中小微企业虽然自身都普遍存在着诸如规模小、实力弱、管理不规范、人才缺乏等一系列先天不足，但是，借着新疆大开发大开放、全面实现跨越式发展的强劲东风，本土中小微企业迎来实现结构转型、产业升级、做大做强的最好时机。自治区“十二五”规划提出要加速推进新型工业化，大力实施优势资源转化战略，促进特色优势产业、战略性新兴产业快速发展。在推进新型工业化的过程中，中小微企业大有用武之地，从传统产业中成功转型一批在战略性新型产业领域有所作为的中小微企业，培育一批为大企业大集团实施产业配套的中小微企业，发展一批科技创新型中小微企业是自治区经济发展的大势所趋，也是中小微民营企业所盼。

第一节　中小微企业发展之困

中小微企业在发展过程中遇到了似乎相同的多种困难和问题，这些问题从表象上看，无外乎体制、资金、赋税、人才、市场等具体问题，从深层次看，中小微企业也面临着发展战略层面的问题，具体表现在以下三个方面：

一是有想法，缺战略。目前的中小微企业多为传统产业，竞争激烈。大家也想进入战略性新兴产业，也想跨领域、跨产业发展，但是由于对自己熟悉的传统产业

---

① 原载：新疆经济和信息化委员会《对策研究报告》，有删减。

以外的情况不了解，政策不掌握，信息不灵通，要么不敢涉足，要么盲目涉足，企业的经营风险反而增大了，这就需要政府部门给以引导，在企业发展战略层面指导和帮助，避免中小微企业在扩张中走弯路、走错路。今年以来，自治区有关部门在这方面做了很多工作，但覆盖面还太小，影响力还不够。

二是有梦想，缺支撑。做大做强是每个企业家的梦想，在通往梦想的道路上，困难重重，难以逾越，比如资金、信息、人才、市场、技术，这些都是实现企业梦想的基础。为此自治区党委、政府和有关部门陆续出台了多项扶持中小微企业发展的政策。但是这些政策措施落实得不到位，这么多好的政策，许多中小微企业不要说受益，可能知道的都不太多，更别说用好这些政策，这些政策距离中小微企业还很远。如何落实好这些现有的政策，让这些政策发挥作用是当务之急，也是企业之所急。

三是有信心，缺办法。各级党委、政府为中小微企业发展做了大量工作，努力在减轻税费负担、解决融资困难、搭建市场推广平台、创造公平市场环境方面为中小微企业发展创造优良环境。这也让很多中小微企业看到了希望，大家对未来的发展充满信心，但是对于如何走好眼前的路，怎么把握好当前的机会却没有好的办法，这实际上与企业自身存在的问题有关。俗话说“打铁还需自身硬”，即使有了好的政策，好的机遇，企业自身把握不住也没有用。

第二节 希望和建议

第一，2010 年 7 月，中共中央、国务院下发了《关于深入实施西部大开发战略的若干意见》，这标志着新一轮西部大开发开始全面实施，但时至今日，新一轮西部大开发政策的实施细则尚未出台，中央提出的加大转移支付、财政性投资、金融服务等方面的倾斜政策，究竟力度有多大，如何体现这种倾斜，一直让大家期待。在第一轮西部大开发优惠政策中，没有单独针对中小微企业发展的政策措施，希望在新一轮西部大开发政策中能更多体现出支持中小微企业发展的政策措施，让西部地区的中小微企业得到快速发展的机会，尽快成长起来，为国家和社会做出更大的贡献。

第二，建立政策信息服务平台，为中小微企业提供政策信息服务，确保党和政府的各项扶持政策落到实处。扶持中小微企业的各项政策分布在很多政府部门，很多中小微企业不具备理解、掌握这些政策的能力，这就需要为中小微企业建立政策信息服务平台，让中小微企业更便捷地了解政策，更全面地利用政策，更多地受益于政策。除了政策信息服务，还应当为中小微企业提供产业信息指导和咨询服务，引导中小微企业投资符合国家产业政策、为大企业大集团配套的产业项目，适应产业发展方向和市场需求，从而降低投资风险。

第三，应当尽快出台鼓励社会资本投资中小微企业和鼓励中小微企业自身扩大再生产的政策措施。中小微企业单纯依赖自身积累，企业发展势必缓慢，靠企业融资成本又很高，因此开辟更多有利于中小微企业获得发展所需资金的政策，充裕企业资金，对企业发展壮大至关重要。①政府应当出台鼓励社会各界对中小微企业进行投资的各项政策，特别是鼓励社会闲散资金和风险投资资金进入中小微企业，充实中小微企业的营运资金。②鼓励中小微企业扩大投资。中小微企业自有资金有限，经营规模小，投资面临的风险更大，因此综合运用税收、金融、资金扶持等手段建立一种风险分担机制，不仅可以影响投资者的收益，还可以影响企业对投资的态度和意愿，有利于中小微企业做大做强。

第四，支持中小微企业人力资源开发。人才缺乏是中小微企业发展面临的一大难题。与大企业相比，中小微企业对人才的吸引力较低，人才流失严重。应当制定优惠政策，增强中小微企业对人才的吸引力，降低中小微企业的员工培训成本，提升中小微企业培训员工的积极性。对到中小微企业就业的大中专毕业生和专业人才，除现行的个人所交社保金额返还外，还应增加个人所得税的免征额，或者取消对中小微企业上述人员的税前工资扣除限额，中小微企业可以凭借此项政策提高工资水平，以增加对人才的吸引力。此外，在鼓励中小微企业进行员工培训方面，应当允许中小微企业以高于一般企业的比例提取职工教育经费，并在税前列支，对于各类职业技能方面的培训，应当向中小企业倾斜，降低企业进行员工培训的成本。

中小微企业发展的问题已经引起各级党委政府的高度重视，并将其作为影响经济发展全局的一项民生工程列入了重要议事日程。我们相信，在经历了中小微企业生存发展的严冬之后，中小微企业发展的春天已经不远了。

（注：因原文篇幅太长，本文已作精简处理。）

第三十四章

新疆中小微企业负担问题调查分析①

课题组负责人：沈柏亮　成员：杨桂萍、刘锦升、陈珏

（2015 年 9 月 23 日）

为全面落实自治区党委、政府关于对经济下行压力的各项安排部署，了解和掌握我区落实企业减负工作情况，更好地做好企业解困工作，受自治区减轻企业负担工作领导小组办公室委托，由新疆咨询业联合会常务副会长兼秘书长沈柏亮为组长，减轻企业负担工作调研组，于 2015 年 6 月 16 日至 9 月 22 日，分别赴伊犁、昌吉、塔城、博乐、乌鲁木齐、巴州、喀什、哈密等八地州开展企业减负情况专项调研工作。调研组先后在乌鲁木齐、库尔勒、喀什、克拉玛依市召开四次减轻企业负担座谈会，主要了解：自治区为企业解困已出台政策的落实情况；各地企业的基本情况及其 2014 年财务状况及负担情况；企业在生产经营中各项缴费的项目，建立和实施涉企收费目录清单制度情况；查看涉企不合理收费情况，了解是否有存在擅自提高收费标准及扩大收费范围和损害企业合法权益的行为；中介经营收费是否引入竞争机制等。调研组深入企业现场调阅企业财务凭证，听取企业意见，共走访企业 46 家，发放企业调查表 110 家，通过以上工作，对各地减轻企业负担情况，存在的问题进行分析，在此基础上撰写此调查分析。

第一节　调查情况

《国务院办公厅关于进一步加强涉企收费管理减轻企业负担的通知》和《印发自治区落实国务院办公厅关于进一步加强涉企收费管理减轻企业负担的通知》下发后，我区各地党委、政府非常重视，成立企业减负领导小组，把减轻企业负担工作纳入了年度工作总目标，结合各地情况为企业发展营造良好的社会发展环境。

---

① 原载：《新疆经济和信息化委员会课题成果汇编》，有删减。

一、转变政府职能、激发企业活力

各地制定《清理规范涉企收费减轻企业负担实施方案》，积极推进落实工作，并形成了由主要领导亲自抓，分管领导具体负责的工作机构和职责，各地转变政府职能，在创优发展激发企业活力环境等方面着力推进，制定了《应对经济下行压力措施行动方案》，并将企业减负工作纳入了绩效考核和督查的内容。各地加大媒体宣传，如通过广播电台、报纸、网络、电子屏幕等多种形式，宣传如何进一步减少和规范涉企收费、减轻企业负担的意义和相关政策措施。

二、做好涉企收费管理

各地对各类涉企收费项目和标准进行了全面清理和整顿，规范收费目录，建立收费台账，设立了举报和投诉电话，注销了一批《收费许可证》。将涉企收费目录清单具体实施情况纳入各部门政务公开范畴，采取收费公示制度，向社会公布，接受社会监督。

三、落实企业减负政策

各地通过落实企业减负政策，重点支持一批实体经济，特别是中小微企业。如伊犁暂停征收工业产品生产许可证审查费。对小微企业(含个体工商户)免征组织机构代码证书费、社会公用计量标准证书费等 8 项收费。奎屯市落实企业优惠政策，为 3 家企业申请享受第一批低电价优惠政策，补贴金额 31.47 万元，为一家纺织企业申请运费补贴 16.221 万元。

博州取消、降低、暂停涉企的行政事业性收费项目共 13 项，免征小微企业行政事业性收费项目共 42 项，经预算可减轻企业负担合计 148 万元。

塔城地区及时为 3 家企业办理享受第一批低电价政策，共为企业节约资金 3000 万元；为 8 家纺织企业享受到了 35 万元补贴，并为纺织企业 2015 年新招录新疆籍员工落实岗前培训补贴资金 270 万元。乌苏市从 3 月 1 日起按 2%征缴失业保险费；在 6 月 30 日前全部退还企业已缴纳的 180 万元安全生产风险抵押金；暂缓缴存矿山地质环境治理恢复保证金；取消或暂停征收 12 项中央设立的行政事业性收费。

昌吉州一季度办理享受小微企业税收优惠政策 835 家，减免税额合计 222.57 万元；享受农产品精加工税收优惠企业 3 家，减免税额 114.24 万元；享受纺织业税收优惠政策企业 1 家，减免税额 24.82 万元。

巴州、喀什、哈密地区在今年 5 月 1 日至 12 月底，对职业安全卫生培训考核费、矿山地质环境治理恢复保证金实行缓征。停止缴存企业安全生产抵押金，对以前已收取的进行了退还。巴州尉犁县出台落实有关惠企政策措施 20 多项，涉及金额合计 1200 万元，涉及企业 30 多家；纠正乱收费行为 4 起，涉及金额 10 万元。

乌鲁木齐市向社会公布本市涉企收费目录合计 57 项行政事业收费及政府性基金 15 项。沙区工商局开通了“三证合一”注册登记工作机制，审批“三证”时间由原来 30 个工作日缩短为 5 个工作日。

第二节 存在的问题

通过此次调研我们了解到，国家和自治区为企业治乱减负出台了许多政策，目前，企业的老“三乱”行为(即“乱收费、乱摊派、乱罚款”)现象大大减少。我区通过 5 年的治理，新“三乱”(即“乱评比、乱检查、乱培训”)已被有效遏制。各地企业普遍反映，政府部门为企业服务的意识增强了，行政部门的收费减少了。同时，我们了解到各地在落实企业减负工作中仍存在许多问题，如新常态下向企业收费的关系和收费的形式已发生了质的转变，向企业的合法不合理收费、行政审批前置性经营服务性收费、不合理的政府定价中介服务性收费、垄断企业收费、垄断型经营服务收费和指定的经营服务性收费、为政府审批而增加的服务环节收费等，项目繁多，企业反映压力很大，主要问题有以下几方面。

一、新建、扩建企业手续繁多、收费高

近年来，各地新投资企业和企业上新的项目，经委托有国家资质的设计单位设计图纸之后，有关部门还要委托中介服务组织再进行“审图”，如防雷气象评估、消防评估、环保评估，每个环节都要收费，再加上工地、规划、测绘等部门经营服务收费，各类前期费用支出多、耗时长、协调关系复杂，企业疲于应付，发展环境不利。例如：①某油脂企业在园区内扩大建设两个脱绒车间共占地 71.8 亩，企业在办理建设手续中苦不堪言，先后跑过的部门包括土地勘界、定线、测绘、环评、消防等不下 20 个，仅在建设初期企业缴纳各种费用高达 128 万元，经初步测算已占建设合同总价的 8%。②一些建筑企业反映，各类名目繁多的中介服务收费，如勘测费、检测费、审查费、测绘费等，收费标准很高，仅各类测量的服务事项要进行 5～6 次。如仅“审图”费审一次就要交 2.8 万元，审图中心“审图”只为收中介服务费，不承担任何责任，图纸有问题还要去找设计单位。③墙改资金收费采取就高不就低现象(收费标准为 1.6～10 元/平方米)。企业反映一般都是按 10 元/平方米收费。施工后退款很难。按要求，企业没有违反相关规定就应退还一定比例款，但收款部门以种种理由减少退款额，且收款与退款走两个渠道，收款单位不负责退款，造成退款困难。④一家在建化工企业的工程项目负责人反映，企业建设三年，计划今年 8 月投产，建厂三年了还没有办完。企业反映，建设手续需要盖 100 多个章，企业反映交钱不要紧，跑路求人太难了。

二、防雷电收费较高，企业反映强烈

企业反映：虽然许多经营服务收费是政府定价的，但存在不利于市场经济秩序的“红顶子”中介服务收费。某园区一家招商引资来的化工企业正在建设中，仅一项防雷减灾技术服务费就要交纳200多万元，后经多方协调，企业与防雷减灾服务中心某县公司签订了工程图纸审核、雷电减灾评估、防雷电检测技术服务36万元的服务合同。我们在现场看到企业设备厂房密布了几百处防雷电接地设施，企业反映如果不交费，施工图纸就得不到批准。某房地产投资企业反映，缴纳防雷电技术服务费9次，共计80.15万元。防雷电检测费收费标准不一，有0.4元/平方米和0.8元/平方米不等，评估费则是按工程总造价的1.5‰收取，某纤维企业一次缴纳气象防雷电检测费10万元，据企业反映每年都要检测收费。防雷电收费给企业造成了较大负担。

三、企业贷款门槛多、收费高

企业普遍反映，在市场经济环境下，政府部门的作用是什么？如何梳理银行、企业、中介服务的关系？现在是企业在“流水”作业生产，“他们”在“流水”作业收费。如乌市某著名企业的财务总监在座谈会上说：企业办理贷款要过12道手续，贷款1000万元，所有手续办下来的费用占贷款额的10%。如企业再次贷款或转贷都要走相同的手续，交相同的费用。某开发区粮油企业，在办理2800万元流动资金贷款的过程中，需缴纳担保费48.3万元、公证费2.5万元、房屋所有权登记费550元、评估费1.2万元、土地评估费1万元、财务咨询服务费4800元、土地权属调查费3956元、设备评估费4.35万元、证照和工本费30元等，合计58.2万元。经测算，该企业贷款费用已超过一年期基准利率的一倍以上。企业反映，目前贷款又出现新的问题，土地、房产部门指定的中介评估机构银行不认，银行要指定，以前没有这种现象。县级农商行贷款除指定公证机构外还指定企业参加财保贷款人意外伤害保险，收取保费5100元。某纤维企业在建行贷款时，银行要求企业到自己下属咨询业务部门做了三本工程造价咨询报告书，企业反映报告书对企业来讲没有什么实际用途，但企业要交评估费121.88万元，不做评估不放贷款。某企业属民生工程，资金周转大，仅今年1至4月被收取7次公证费。工商银行强制贷款企业对抵押财产进行保险。如一家棉业企业2次向人保缴纳了23.8万元的保险费。农发行指定中介服务对企业抵押的房产进行评估，收费6万元，企业自己找的中介最多为3万元。企业反映，去银行开一张资信证明，一张纸、一个章子一次收费200元，这样的证明在企业经营活动中经常要去开。

四、消防中介收费，企业不堪重负

自治区在3年前已取消了消防设施建设费，并三令五申下文不得以任何形式和理由再收取费用。但此次调研中,各地仍出现许多种类的消防设施检测有限公司,强制向企业收取消防设施检测费。如某家纺织企业进行检测,每年收费5000元,收费标准为每个检测点0.2元,检测点25万个;还有一家塑业企业被收取消防检测费1.2万元,每个检测点0.2元,检测点60万个。一家商业企业反映,与企业签订检测合同为3万元,但实际收费9万元。一家消防保安服务公司在同一天开出5张消防技术费共计4万元。有两个消防服务公司在同一天向一家棉业企业收取服务费2万元、检测费2.5万元(5个轧花厂每个分别为4000元、5000元)。另外,还有只收费不检测的现象,甚至还有用普通收据向房产企业住宅楼收取消防检测费的现象。国家、自治区三令五申要求不得借节假日庆典接受企业的赞助、捐赠,消防部门仍有在"八一"期间接受企业赞助的服装、空调、电脑等现象,据查有一家重点消防企业总计赞助金额达5.19万元。

五、垄断行业收费,企业难接受

目前,企业对垄断行业收费价格问题反映较强烈,如安装施工费用"一家说了算",价格要得很高。据某企业反映,该单位天然气管道已接入,已缴纳22万元的接入费,但企业要在食堂同一房间另接一用气口,管线长不足10米,只需加装一个减压阀和一个燃气表,要缴纳设计、安装、材料费合计5.43万元。另一家企业需安装30米长的天然气管道,被要价50多万元,其中预算中最高的一个减压阀要14万元,生产该设备厂家如送货上门每个只需6万元,该企业去年9月已交20万元,至今工程仍谈不下来。还有一家企业反映安装一块压力表要2.3万元,企业到市场了解此表价格只有几千元。另有一家企业说,因该企业配电室位置要移动,施工批复、评估、接电等要收费40至50万元。

六、中介机构收费多、随意性大

企业普遍反映,政府简政放权是好事,但缺乏对市场的监督,目前出现"三少、三多"情况,即:行政收费少了,中介收费增多;权力下放了,基层乱用权力的现象增多了;行政审批少了,强制性服务增多了。如某园区招商的创业生物企业在进行注册时,环评、安评中介要收费,分别为40万元和8万元,后经多方协调签订了环评费14.8万元、安评费4万元的服务合同。另一家企业2014年缴纳安评费1.55万元,又缴环评费25.18万元,但至今以上两个手续都未办下来,企业反映现无法正常投产。还有一家企业缴纳环评中介服务费15.8万元。另一家药物企业反映在工程完工后要缴纳环境影响咨询费25万元,经双方协商后收取15万元,不交费环保部门不出报告。据乌市米东区企业普遍反映,该区环保部门干部对企业态度蛮横,尤其是年轻干部,不为企业服务,动不动就要开罚单处罚,企业无奈只有走"关系"跑"人情"。还有企业反映,收取了企业污水处理费后仍收取排污检测费。如一家面粉加工企业只有生活用水,中介机构以环保监测为名向企业收排污检查费。

七、土地中介收费采取“一口价”,企业反映大

企业普遍反映,在办理土地使用证时,交费多、费用贵。如一家教育企业在办理土地手续时缴纳土地审图费 10.9 万元、土地测绘费 30 万元;另一家纺织企业在办理土地使用证时,缴纳土地测绘费 4 万元、土地权属调查费 0.8 万元、土地交易费 4.52 万元、工本费 30 元;企业还反映,土地“变性”坑苦了他们,原来的荒地变成耕地、草地,招商引资时签订的土地购置合同成了一张废纸。如一家净煤企业购置的土地为连草都不长的荒地,2013 年土地“变性”了又要求企业补交 400 万元的“耕地占用费”;还有一家炭黑企业,在签订购置土地合同时已明确土地性质为工业用地,现在又要向企业补征每平方米 20 元的“征地占用费”,企业一来认为不合理,二来也交不起钱。

八、部门“变相收费”问题多

企业反映,当前一些部门以行政收费裹挟服务收费,中介机构就乘机涨价。如一家制药企业反映,质监局每年都对企业的衡器进行检测,300 元的器材检测费收 600 元,此外还要交计量测试服务费 2600 元。工商部门虽然取消了各类行政收费,但工商中介机构收费花样翻新,名目繁多,每个企业去工商中介机构花 720 元购买“密钥”,以后每年还要缴纳 150 元更新升级费用,企业买了软件还要买钥匙,否则企业将进不去网,办不了工商业务,企业认为现在比以前缴费更多。

九、票据不规范现象普遍存在

在调查和座谈会上企业反映,一些部门在收取企业费用时,出具的票据不规范,不使用规范票据的情况较多。如一家建筑企业缴纳噪声排污费 4.7 万元,票据为手工填写。还有一家企业反映缴纳住宅楼消防检测费 4 万元,所开具的票据为手工填写的收据。

十、协会收费不规范

一些企业反映,协会收费没有起到服务企业的作用,有些协会强制要求企业加入行业协会,缴纳会费。如一家化工企业还未开工,就被要求缴纳消防协会会费 15 万元。另一家纺织企业在办理营业证时工商部门要求企业缴纳会费 5000 元,不交费不办证。

第三节 企业反映政策不落实情况

第一,企业反映,前几年银行对民特加工企业按照基准利率的 2.88%贴息,该政策执行得非常好,只要民特委(民特产业评审委员会)将民特企业名单证明提供

给人行，八大银行就可以执行优惠利率给企业放贷，体现了手续简化、高效、透明、实效。但不知道什么原因目前该项政策既复杂又不透明，由简便变为烦琐，落实困难，虽然人行、民宗委、商行开过协调会，但到现在为止商行拖着就是不办，说是没有明确通知等。

第二，2012 年财政部、国家税务总局下发《关于物流企业大宗商品仓储设施用地城镇土地使用税政策的通知》（财税〔2012〕13 号），对物流企业自有的（包括自用和出租）大宗商品仓储设施用地，减按所属土地等级适用税额的 50％计征土地使用税，而企业反映这项政策出台后全国物流行业企业都在执行，如河南有上千家企业享受到这项政策。但自治区地税局以新地税发（2012）65 号转发了该文件，对执行该文件提出了概念限定，附加 3 条规定，降低了国家文件的政策执行力度，制约了新疆物流企业的发展。据物流企业反映，虽然文件 3 年有效期已过，但这项政策仍在沿用，希望尽快为企业解决此问题。

第三，企业反映政府部门一些承诺难以兑现或朝令夕改，例如：①乌市开发区（米东区）承诺企业安全达标后奖励 5 万元，但企业验收达标后政府奖励至今没有兑现。②米东区承诺招商企业减免城市基础设施配套费，去年又下文件不能减免。③头屯河区政府承诺，企业只要达到开发区下达的投资指标任务，都要给企业返还部分税收，如某企业 2012、2013 年的投资返还合计 146 万元，但至今未能兑现。

第四节 调查总体分析

一、企业负担的相关指标情况

此次调查内容还包括：一是被调查企业的基本情况及其 2014 年的财务状况和负担情况；二是企业在生产经营中各项缴费的项目数量；三是国家、自治区政府出台的惠企政策落实情况。

企业反映突出的问题中，企业负担相关指标由四个子项目组成，包括：三项费用（营业费用、管理费用、财务费用），员工工资及福利、缴费和税收。从被调查企业总体来看，毛利率达到了 10％，说明企业控制成本能力较强，具备了一定的获利能力，但平均利润只有 5.1％，扣除所得税后的净利润就更少了，这意味着企业可供留存分配和追加投入再生产的资金有限。在企业负担中，三项费用在主营业务收入中占比最高，达到 13.6％，其中利息支出占比 2.4％，职工工资支出占 6.4％，交纳五险一金占 1.6％，二者共占 8％，缴费占 4.05％，上缴税金占 7.8％。调查结果显示，新疆企业的税收指标依然很重，包括流转税、所得税、财产税和行为税等，其中主要税种为增值税、消费税、所得税、营业税等。企业已交税金占营业收入比重为 7.8％，其中应交增值税占营业收入的 3.7％，应交所得税占营业收入的 1.4％。据了解，全国各地财务费用相关指数均值相比较，东部地区最低，中部和西部地区

(含新疆)较高。

二、当前企业生产经营面临的主要困难

从调查结果看，企业普遍反映存在的困难主要有用工成本攀升(占 71.6%)、原材料成本上涨(占 67.35%)、融资难(占 67.2%)、融资成本高(占 53.94%)等，另外，招工难(占 59%)、市场增长乏力(占 45.84%)、市场恶性竞争(占 37%)等情况较为突出。

三、各级政府出台的惠企减负政策落实情况

从调查结果看，绝大多数调查企业认为不存在乱收费现象，许多企业认为各项惠企政策落实情况不够理想，其中税收优惠政策落实情况不佳。另外，还有较多企业不清楚相关惠企政策的具体内容，可见，此次政策的宣传力度不够。

四、最希望国家、自治区出台的减轻企业负担政策措施

企业普遍希望的主要内容包括：税收减免；简化审批，取消不必要的审批手续，减少对企业的限制；加大政府保险补贴、节能减排支持补贴、研发和创新补贴；降低融资成本，拓展融资渠道，实行信用担保；为企业创造公平的竞争环境，降低行业准入标准；制定严格的规章制度和监督措施，让惠企政策得到落实；等等。

第五节　政策建议

(1)将企业权益保护纳入法制化轨道，从根本上解决增加企业负担、侵害企业权益的问题。

(2)将小微企业的税收优惠纳入制度性安排，建立扶持小微企业发展的长效机制，成立面向小微企业的政策性银行，进一步拓宽融资渠道，缓解小微企业融资难和融资贵的问题。

(3)进一步落实国务院简政放权要求，减少行政事业性收费项目和审批手续，整顿和规范经营服务性收费秩序。重点清理行政审批前置经营服务性收费，针对已公布的政府定价经营服务收费，建议尽快由自治区发改委牵头会同有关部门进行全面清理，消除在企业和社会中造成的不良影响。

(4)抓紧整改存在的问题。针对调研中存在问题的地区，要责其整改，为改善企业投资环境和企业解困创造条件。在改革经营服务收费方面建议允许各地先行先试。进一步加大监督检查力度，让一些隐性收费、“红顶子”服务收费呈现出来，接受社会评价和监督。

(5)大力支持企业建设发展。促进我区企业扩建项目尽快投入生产，建议解除年内企业与气象防雷电减灾中心签订的工程图纸审核雷电减灾评估、防雷电监测

服务合同，并将“合同”收费退还给企业。

(6)进一步加强各地减负工作开展情况的通报。建议适时召开自治区企业减负领导小组会，通报调研检查情况。同时，建立减负工作开展情况的通报反映机制，总结经验，对典型案例进行曝光。同时进一步完善企业负担调查内容和网络系统，为各部门和地方减负机构做好支撑服务。

(注：因原文篇幅太长，本文已作精简处理。)

第三十五章

新疆减轻企业负担问题研究[①]

（2015 年 12 月 10 日）

自 1997 年《中共中央国务院关于治理向企业乱收费、乱罚款和各种摊派等问题的决定》（中发〔1997〕114 号）下发之后，自治区党委办公厅、自治区人民政府办公厅随即下发《关于治理向企业乱收费、乱罚款和各种摊派等问题的通知》（新党办〔1999〕27 号文件），要求各地党委、政府，各地州市党委、政府，各委办、厅局、大专院校、人民团体、生产建设兵团认真贯彻《中共中央国务院关于治理向企业乱收费、乱罚款和各种摊派等问题的决定》，推进我区企业改革与发展，加快建设社会主义市场经济体制的步伐，自治区党委、自治区人民政府决定在全区开展向企业乱收费、乱罚款和各种摊派等问题的专项治理工作。自治区党委书记王乐泉同志 1997 年 2 月 22 日在自治区经委二次会上指出：企业负担沉重是当前一个热点问题。“上面千条线，下面一根针”，我们一些部门，把企业当作“摇钱树”，以这样那样的理由向企业摊派收费，牵枝拽花，只为自己部门和单位捞利益，根本不顾企业死活。在一些企业，各种收费已占同期税收的一半，有的收费甚至超过税收。一方面是企业越来越艰难，一方面又是收费养人越养越多，甚至导致腐败滋生。

自治区主席阿不来提・阿不都热西提 1998 年 2 月 11 日在自治区第九届人民政府第一次全体会议上的讲话要求，坚决贯彻落实《中共中央国务院关于治理向企业乱收费、乱罚款和各种摊派等问题的决定》，逐项检查 1997 年批准取费项目落实情况，重点清理与企业挂钩的不合理收费项目，对需要保留包括降低标准和合并的行政事业性收费、罚款、集资和基金项目，要按照管理权限从严重新审批。在清理向企业乱收费、乱罚款和各种摊派期间，一律不准新出台向企业收费的项目。要普遍推行收费许可证和企业交费登记卡制度。

---

① 新疆维吾尔自治区社会科学界联合会 2015 年重点社科资助项目。

第一节 概况

中共新疆维吾尔自治区委员会办公厅新党办〔1997〕27号文件下发之后，我区各级党委、政府认真贯彻领会中央《决定》精神，按照自治区党委新党办〔1997〕27号文件精神和要求，组织学习并认真做好各种乱收费、乱罚款和各种摊派费用摸底工作。同时坚决取消不符合规定向企业收取的行政事业性收费、罚款、集资、基金项目和各种摊派。虽然1993年分三批公布取消了156个收费项目，降低了19项收费标准，取得了一定成效，但是，这个问题还没有得到很好解决，企业税外负担仍然十分沉重。据统计，仅纳入自治区财政管理的行政事业性收费就涉及60多个部门和单位，收费项目有650多项，1996年收费额达50.5亿元，加上纳入预算管理的罚款2个亿，远远超过同年财政预算收入。企业的交费项目少则几十项，多则100多项，有行政事业性收费、服务性收费、单项建设费、集资性收费，还有各种学会、协会会费以及各类捐款、赞助等。据初步调查，1996年企业税外交费额相当于企业同期上缴税收的23.8%，实现利润的1.9倍，如有一个建筑企业1996年各类交费项目多达134项，税外交费额达1100多万元。

1998年，经自治区减轻企业负担领导小组审议批准，并经自治区人民政府同意，公布取消向企业不合理收费116项，涉及金额10.5亿元，并要求各地、州、市、县(市)公布。

自治区将公安、工商、建设、铁路、电力等行业和部门作为清理整顿的重点进行专项治理。根据国家计委等六部委下发的《关于整顿电价秩序坚决制止乱加价收费行为的通知》，公布取消了17项不符合规定的加价项目，涉及金额12亿元。铁路部门根据铁道部和自治区减轻企业负担领导小组的要求，采取措施，整顿规范各种铁路系统收费，第一批已公布取消收费项目36项，涉及金额8.5亿元，其中仅兰新复线特殊运价一项占7.1亿元。公安、工商、建设等行业的专项治理也取得显著进展。

1998年至2002年自治区先后四次派出检查组对全区各地州市的减轻企业负担工作进行了督促检查，对发生违规收费问题比较严重的地区，给予了通报批评。各地州也分别组成检查组对本地区的减轻企业负担工作进行了专项检查，对一些不符合规定的向企业收费、罚款、集资和摊派行为进行了查处和纠正。据不完全统计，全区共查处纠正违规收费229项，涉及金额4 677.8万元。

同时，各部门建立健全管理制度，加强了对各种收费的管理，建立了严格的审批制度和执收制度。根据自治区的安排，减负办、经贸委、法制局、纠纷办在认真研究的基础上起草了《新疆维吾尔自治区企业负担监督管理条例(草案)》。

2003年，自治区开展了企业治乱、减负“三查”活动，活动期间，全区共查出各类违规违纪收费132项，涉及金额1 559.5万元，并组织开展了3次专题调研活动，初步摸清北坡经济企业负担情况、非公有制企业负担情况和涉及机动车辆的收费情况。由财政厅牵头，有关部门配合，完成了公示行政事业性收费目录，目录中涉及企业负担的收费项目 348 项，其中属于中央出台的 182 项，自治区出台的收费项目 166 项，建议取消的收费项目 12 项，转为经营性收费项目 8 项。收费目录已经人民政府批准发布执行。由计委(物价局)牵头对全区工商部门的收费和向机动车辆的收费进行了全面检查。由减负办、纠风办牵头对全区 10 个各类经济技术边境贸易合作区、开发区企业负担情况进行了专题检查。这次检查共查处各类违规违纪收费 265 项，涉及金额 247 万元，处理典型案件 3 件，建议处理有关责任人 3 人，并对各开发区好的做法和存在的突出问题在全区进行通报。由交通厅牵头对道路“三乱”情况进行检查，并组织有关部门到兄弟省市考察道路站点收费情况。另由减负办、纠风办、乡镇企业局牵头，按照国务院的统一部署，开展了全区性的治乱减负工作大检查，这次检查共查处违规违纪收费 480 项，涉及金额 4221 万元，处理有关责任人 11 人。

虽然自治区政府做了大量的工作，但我区治乱减负的形势仍然不容乐观，一些地方和部门还存在着不少问题，在个别地方有反弹。如：有一个县级市出台的垃圾清运费达 20 多项，还有一些基层部门借庆典向企业摊派、收“红包”等，这些做法严重损害了党和政府在人民群众中的形象。

2009 年，在自治区召开的减轻企业负担领导小组会上，自治区党委常委、自治区副主席库热西·买合苏提指出，近两年由于各种原因，我们的工作重点稍微转移，治理的力度稍有放缓，涉企乱收费现象就有所反弹，国务院规定在全国范围开展治理和规范涉企收费工作，同时，将治理涉企收费列为中纪委纠正行业不正之风专项治理工作的重点之一，国家又召开专项治理涉企收费电视电话会议。近年来，由于政府职能转变不到位、行政许可和执行行为不规范，违规查处机制不健全等方面的原因，乱收费、乱罚款、乱摊派，增加企业不合理负担等侵害企业合法效益的行为还没有根本解决，多年来，国家、自治区取消和停征的收费项目不少，但真正落实没有多少，有的改换名目重新出现，有的甚至将部门利益合法化。所以说，企业减负形势依然严峻，情况更加复杂。

2011 年，自治区减轻企业负担工作在国家减负办和自治区党委、自治区人民政府的正确领导下，在自治区各相关部门的大力配合下，认真落实支持企业发展政策及措施，开展涉企负担专项治理，以《监督办法》和相关政策为依据，重点解决企业反映的突出问题。自治区根据工信部《关于 2010 年减轻企业负担专项治理工作的实施意见》工作安排，部署我区减负工作并提出了具体要求，会后自治区减负办下发了《关于开展减轻企业负担专项治理检查整改抽查工作的通知》，对我区专项治理检查整改抽查工作做了具体安排。乌鲁木齐市纪委把治乱减负工作纳入党风廉政建设责任制考核和行风评议的重要内容。阿勒泰地区地委、行署高度重视企业治乱减负工作，将其纳入地区经济工作的考核目标，把企业治乱减负工作与党风廉政建设相结合，签订责任制，做到年初与经济工作同部署、同安排，年终同考核、同奖惩。巴州研究制定了《2011年自治州减轻企业负担工作要点》和《2011年自治州减轻企业负担工作实施方案》，提出了6类9项任务，制定了各成员单位的职责分工和工作任务，对做好企业减负工作做了全面的部署和安排。阿克苏地区始终把企业治乱减负工作作为优化经济发展环境的一项重要工作，并纳入地区国民经济和社会发展目标考核的内容。吐鲁番地区①把企业治乱减负作为治理经济软环境、推进新型工业化建设、促进经济发展的一件大事来抓，列入重要议事日程。

总之，在企业减负方面，自治区主要做了以下工作。

一、开展调研工作

为掌握、了解我区企业负担情况，切实做好企业减负工作，由自治区企业减负领导小组办公室、自治区监察厅、发改委、财政厅、乡镇企业局等相关部门的工作人员组成的调研组赴乌鲁木齐、昌吉、喀什、吐鲁番等4个地州市就企业减负工作进行了调研。针对国家、自治区出台的企业优惠政策的落实以及中小企业的负担和企业反映的突出问题等情况进行调研，召开座谈会，进行问卷调查和实地走访企业。我区15个地州市按照自治区减负工作安排部署，各地减负办会同各地纠风办、物价监督局、发改委等组成联合检查调研组赴工业园区开展治理“三乱”工作情况及开展企业减负专题调研。其中：乌鲁木齐市减免办、纠风办组成调研组走访企业30多家，召开企业代表座谈会12场次；乌市米东区加强了减负机构和企业的联系，每季度对十家企业进行治乱减负工作的调研和检查；自治区乡镇企业局组成4个调研组，前往319家自治区农业产业化重点龙头企业对税收优惠政策落实情况进行了督促检查，为全区农产品初加工企业免征所得税3亿元，农产品精深加工企业免征所得税1.8亿元。克拉玛依市2011年，共组织检查5次，检查企业21家，建立了克拉玛依市30家地方重点企业负担情况跟踪调查机制。

二、认真做好企业减负投诉案件的调查处理工作

2011年4月，由减负办牵头，组织自治区质量技术监督局、乡镇企业局和乌鲁木齐市企业减负办等自治区减负办成员单位组成联合检查组，赴哈密地区调查减轻企业负担专项治理检查整改工作，对存在的问题进行了反馈，并提出了整改要求。自治区减负办收到企业和群众投诉16件，都及时进行了调查处理，做到了件件核实调查，件件有回音。

三、加强监督检查，严肃查处违纪案件

多年来，始终把抓查处、抓典型、抓曝光作为防止“三乱”反弹的重要措施，不断

① 2015年3月，国务院批准吐鲁番地区撤地设市，现为吐鲁番市。

加大对违规违纪案件的查处力度，对企业和社会反映强烈的突出问题进行调查处理，同时重点围绕确定的“两个 100 户”企业发展，监控了解企业负担情况，做好减轻企业负担工作，加大了对违规违纪案件的查处力度。

四、清理取消各项向企业的不合理收费

按照推进新疆实现跨越式发展的要求，为进一步净化收费环境，切实减轻企业和社会的负担，对我区设立的收费项目，进行了全面清理，取消不合理、不合法的收费。特别是对执行期限较长、不符合自治区经济社会发展的收费项目和标准，及时地进行了清理和调整。

一是取消了 48 项行政事业性收费，降低了两项行政事业性收费标准，每年将减轻企业和社会负担 5000 万元。

二是对国家明确规定的工商、税务、海关、商务、质检、贸促会、国土林业、旅游、民宗委等 12 个部门的 22 项收费和我区出台的财政、商务、民宗委、科技等 6 个部门 8 项收费，暂免征收行政事业性收费。

三是对农机部门核发牌照的农用车辆和整车拉运牲畜、牛奶、蔬菜、瓜果等鲜活农产品的车辆一律实行免费通行，免费额达 18 000 万元左右。

四是在全区范围内取消消防设施建设费、口岸建设费、临时建设用地补偿费等 20 项涉企行政事业性收费项目。自 2010 年开展专项治理整顿以来，全区共取消向企业的不合理、不合法收费 108 项，降低了 2 项收费标准，暂免 20 项收费，免征 8 项收费，约减轻企业和社会负担 6 亿元。

五、进一步优化企业发展环境，积极为中小企业服务

积极推进国家鼓励发展的产业政策，加强园区建设，利用中小企业融资担保平台，改善工业园区及其他中小企业融资、投资环境，促进了小企业和劳动密集型企业的发展。通过对企业进行各项优惠政策的宣传，引导企业开发了更多的就业岗位。乌鲁木齐市为企业进行政策宣讲、解读，指导企业建立培训、考核、使用、待遇相联系的机制，为 33 家中小企业解决银行贷款近 29 950 万元。塔城地区编印了《落实税收优惠政策，助力跨越式发展》税收优惠政策汇编，涉及 17 类、34 个税收优惠项目。2011 年为地区中小企业贷款余额 67.79 亿元，地区各金融机构发放应收账款质押贷款 17 364 万元，办理进口贸易付汇业务 65 笔，金额为 81 767 万美元，累计为中小企业提供融资担保 7000 万元。博州建立 15 户有代表性的企业作为中小企业减负监督联系点。2011 年累计减免中小企业税金 1.39 亿元。巴州 2011 年根据自治区召开的减轻企业负担工作部署电视电话会议精神，严格要求各地、县、市认真贯彻执行《国务院办公厅关于进一步加强涉企收费管理减轻企业负担的通知》(国办发〔2014〕30 号)和自治区对减轻企业负担工作做出的部署。会议提出要进一步推进简政放权，建立和实施权力清单制度，建立涉企收费目录清单制

度，以独立的清单方式反映真实的企业收费政策。另外，由自治区财政厅牵头对我区现行的行政事业性收费、政府性基金进行全面梳理，并会同自治区发改委制定收费项目目录常态化公示办法。由自治区发改委牵头梳理由自治区政府定价或指导价的涉企经营服务性收费目录。由自治区党委编办、自治区发改委、自治区财政厅牵头，负责对现有行政审批前置环节的技术审查、评估、鉴证、咨询等有偿中介服务事项进行全面清理，在公开行政审批事项清单的同时，公开涉企收费的行政审批前置服务项目。在实施涉企收费目录清理方面，凡涉及行政事业性收费、政府性基金、行政审批前置服务项目、目录清单及其收费标准、执收部门等具体情况，经自治区减轻企业负担领导小组审核报自治区人民政府批准后，纳入各地、各部门政务公开范畴，通过自治区人民政府网站和公共媒体实时对外公布，接受社会监督，并形成常态化公示机制。

2014 年 10 月 31 日，自治区新政办发〔2014〕97 号文《印发自治区落实国务院办公厅关于进一步加强涉企收费管理减轻企业负担通知的通知》要求我区各地州认真贯彻国办发〔2014〕30 号文件精神，结合我区社会稳定和经济增长及企业减负工作实际真抓实干，切实减轻企业负担。

第二节　向企业乱收费的主要表现形式

据了解，向企业乱收费主要有以下表现形式：

一是违反规定，越权审批，擅自扩大收费范围。如 2003 年由自治区减负办、纠风办牵头对全区 10 个各类经济技术开发区负担情况进行专项检查，这次检查中查处违规越权审批收费 265 项，涉及金额 247 万元，处理典型案件 3 起，并对各开发区存在的突出问题在全区进行了通报。如博州 2011 年累计清理减轻企业负担的涉企收费项目 5 项，涉及金额 16 000 元。巴州价格部门对 198 个单位的收费政策执行情况进行了检查，查处违纪金额 70.3 万元，已全部进行清退。阿克苏地区联合工商、质监、农业、社保局、卫生局、财政局等部门对化肥、种子、地膜、农药、医疗机构等开展价格专项检查，并对占全地区收费项目 0.4%的各项涉及企业收费项目进行了重点检查，通过年审取消收费金额 11.7 万元。喀什地区共取消了 17 项行政事业性收费，降低了 8 项行政事业性收费标准，涉及金额 51.72 万元，查处违法所得 196 万元，实施经济制裁 160.685 万元。

二是违反规定，擅自提高收费标准。据调查了解，有的地方一些项目收费标准超过几倍，甚至十几倍。如 2003 年由减负办、纠风办、乡镇企业局牵头，按照国务院的统一部署，开展全区的治乱减负工作大检查，这次检查共查处违反规定擅自收费 480 项，涉及金额 4221 万元，处理有关责任人 11 人。

三是变无偿服务为有偿服务。一些基层部门把属于职责范围内的工作“商品化”，本不应收费的项目，现在也收起费来。比如，盖个章要收费，召开会议要收费，举办培训班也要收费。还有一些政府职能部门，通过所办中介机构向企业收费，这些部门也从中捞取好处。如各种代理、审计、检测、评估、咨询等，收费高得很，企业敢怒不敢言，因为不经过这些中介机构，事情就办不成。

四是各种摊派屡禁不止。有的利用行政权力，强制企业赞助、资助、捐献财物，强行向企业长期借人借物；有的社会团体向企业强制收取各类会费；有的强行向企业拉广告，强制企业订购书报刊物、音像制品等。一些本应由企业自愿参加的，如商业保险、信息等服务，也变成了强制服务，变相摊派。

五是向企业乱收费、乱罚款、乱摊派涉及的部门越来越多，范围越来越广，数额也越来越大，不仅加重了企业负担，蚕食了企业利润，造成了国有资产的流失，影响了企业效益和活力，而且背离了为人民服务的宗旨，助长了不正之风，严重损害了党和政府同人民群众的关系。

六是企业利润越来越少，税收越来越重。如 2013 年新疆地税金额收入 7 722.995万元，比上年增收 1 165.492 万元，增长 17.78%，其中营业税增长 16.79%，企业所得税增长 20.14%，而企业大部分毛利只有 6%～12%，企业已无法维持正常经营，许多企业只能缩小规模、裁减员工。又如，我区非公有制企业 2014 年占我区经济比重 28.6%，就业人数占全部就业人数比重 81.2%，占我区国税管辖人员总户数 89%，2014 年纳税额 4 932 481 万元，大部分企业认为税率负担重，没有经营积极性。

第三节　主要问题

第一，惠企政策落实有难度，企业普通反映在政策落实上没有连续性。如某困难企业补缴了职工社保费，还要追溯企业补缴高于社保的滞纳金。再者是涉及部门多、范围广、数额大。据调查，这些不合理收费既涉及国家和自治区很多部门，也涉及各地政府及其部门；既有行政管理和执行部门，也有垄断行业和事业单位。第二，不少部门在未经自治区批准的情况下，将一些管理职能变为有偿服务面向企业收费，在基层涉及工商、税务、劳动、人事、标准计量、公安、交通、环保、卫生、城建、土地、水利、人防、文化、审计等 20 多个部门。第三，不合理收费给企业造成的负担很重，这部分负担约占企业实现利润的 60%，而且增长很快。据有的地、州、市(县)部分企业的调查，2014 年有些企业销售收入增长 25.6%，而不合理收费增长 49.3%。

第二，是收费项目多，其中各项建设集资所占比重大。据有的地、州、市(县)不完全统计，有文件可查的收费项目有 1004 项。从收费项目的分类来看，有行政管理费，如工商登记、税务登记、国有资产登记、许可证管理等；有服务性收费，如工商税务咨询、各种评审、培训及审计等；有单项建设收费，如道路建设、住宅建设等；有集资性收费，如大项目建设基金、电费附加、基础设施建设集资；还有社会治安综合治理费、绿化费、扶贫费及各种学会、协会会费;等等。其中,各种建设集资所占比重较大。

第三,收费形式多,标准不一,随意性大。企业不合理负担,除乱收费、乱罚款、乱摊派外,还存在严重的“吃、拿、卡、要、报”等现象,强行“服务”、强行“赞助”,强行“培训”,强行“捐资”,强卖商品,变着法子向企业收费。有的地方的一些部门还采取通过基层税务部门代征等做法,增加收费的强制性。有的收费罚款完全由执行人员掌握,随意性大。

企业对乱收费、乱罚款、乱摊派现象深恶痛绝,从此次调查的一些企业来看,也普遍存在着思想顾虑,尤其对文件规定外的乱摊派,很多企业都很少提及。有的企业说,我们有意见也不敢提,都是上级主管部门和一些垄断行业部门,怕“一招赢,招招输”。

收费形式多主要表现在以下几方面:

(1)不同部门向企业重复收费。例如:国家水污染法规定,污水处理费和排污费只能收取一项,但企业反映既向供水公司上缴污水处理费,还要向环保部门交排污费。各种向企业的乱收费时有发生,主要表现为:①基层部门搞建设向企业“协议”捐款;②多个部门向企业收取维稳费;③部门搞活动到企业拉赞助费;④向企业摊派超范围的绿化任务;⑤个别地区仍向企业收取群防群治费。

(2)垄断行业企业利用其垄断地位和手段,收取其他企业的利益。如:电力部门对有双回路电源企业都要向企业收取备用变压器的基本电价,即使备用的回路变压器没有使用也要收取。其中由于电力部门提出检修电路造成停电期间也不扣减向企业收取的基本电费。

(3)以各种理由将行政职能、行政行为转化为有偿服务,通过中介组织等形式向企业收费。如消防部门将一些名目繁多的收费行为转到指定的中介部门收取,而且收费的额度要与企业签订消防安保协议相吻合并交安保服务费,还要与企业签订维保合同、检测合同等。又如:工商部门在每年工商营业执照年审时,要求企业要先缴纳个体私营工商管理协会会费才能办理年审手续,同时还要通过税务部门收取工会会费。企业普遍反映要求规范收费行为,如质量技术部门收费标准高,只收费不服务,增加企业产品检测频次,随意扩大检测样本,扩大检测条目。

(4)各类社团组织收费多,企业苦不堪言。如商标协会、粮食协会、个体私营协会、节能减排协会、农业产业研究会等。

第四节 主要原因

造成企业负担重的主要原因有以下几方面:

一是社会主义市场经济条件下的分配机制和经济秩序不健全、不规范,不合理经营服务特别是与行政职权挂钩的各种中介服务收费,逐步成为企业反映的重点。

二是由于各地政府经费不足，上级机关往往通过“给政策”的方式，允许下级政府、非财政部门、各种事业单位通过向企业收费、拉赞助、募捐、集资等方式来解决经费不足问题，如少数权力部门行为不规范，多头重复收费。部分垄断行业强制服务和收费，如供水、供电、供气和消防部门，以审批、验收标准为制约条件，强制垄断建设工程的设备供应安装以收取费用，用于办公费用等。

三是搞建设不量力而行，超出当地财政承受能力，搞一些城市建设和道路等基础设施建设，靠集资摊派弥补资金缺口。如，不少企业已按规定缴纳了城市维护建设税和城市基础设备配套费，但一些地方政府下属部门仍以一些道路、桥洞、绿化、市政工程建设为名要求企业再出钱等。

四是利益驱动，收费越多，当事人和小团体实惠越多。如，一些行政部门和垄断行业利用行政权力或凭借垄断地位，要求企业到其指定的中介机构或社团组织办理评估、签证、咨询、科研等事务，并将其作为审批、验收的前提条件。又如企业的房地产评估、建设项目可行性报告、立项评估和企业改制过程中的评估等，有些部门规定企业到其指定的中介机构办理，否则不予以办理。正是由于利益驱动，使一些特殊部门向企业收费越来越多，形成了各个部门利益关系，一部分收益成为团体的小金库。

五是监管不严，收费项目审批和收费标准缺乏统一规定，收费支出把关不严，监管不力，缺乏有效的监管机制。如，个别部门和单位以种种借口暗中收费的情况仍然存在，有的部门向监管部门强调客观原因，片面理解政策条文，千方百计使违规收费合理化。在涉及“三乱”现象上也反映出政府转变职能上的深层次矛盾，要从根本上解决问题，必须把治乱减负与转变政府职能、理顺财政关系、完善法制建设等紧密结合起来。

第五节　政策建议

一、进一步完善有关法律法规，形成机制上的保障

(1)建立权力清单制度，加大对违规行为的查处力度，保证企业合法权益，完善反馈机制。如美国和日本政府在支持中小企业的立法方面，都已经形成体系。不仅有基本法，还有各类专项法。美国和日本政府扶持中小企业发展的制度设计、机构设置和政策制定，往往都能够找到相应的法律基础。我国目前有关中小企业的法律法规只有一部《中小企业促进法》，国务院及其主管部门还没有出台与减负相应的实施条例或细则，因此，建议自治区党委、政府和人大向全国人大建议成立中小企业委员会，专门负责有关中小企业配套法规体系建设。对于政府行政行为做到前置服务项目及收费清单制，做到清单内做减法、清单外零收费。

(2)进一步完善有关法规和规章。要组织力量调查研究，进一步完善有关政策

规定，健全法制。要通过明确收费审批条件、报批程序、企业承受的最高限额、执收办法、支出使用范围和管理原则等，将减轻企业不合理负担工作纳入规范化、法制化的轨道。

(3)建立健全收费管理制度。对清理后按规保留的各种收费项目，必须按照国务院和自治区人民政府有关文件的要求，使用统一的票据。要建立健全对收费的财务单独列账制度，实行收支两条线，不准挪作他用。要加强对各种收费使用的管理和审计监督。

二、推进税制改革，为企业发展创造良好环境

(一)进一步对中小企业实行优惠政策

在继续落实已出台的中小企业等相关税收优惠以及出口退税等方面政策的基础上，建议：自治区政府加大对中小企业的财政补贴力度，对提供较多就业机会的中小企业给予就业补贴，使其吸收更多的失业者，以缓解目前我区严重的就业压力。如设立专项资金，鼓励协作型中小企业与大型企业的协作，对加入大型企业分工体系中的中小企业给予重点支持，提供优惠贷款、贴息贷款和支持中小企业融资的税收政策，实行减免所得税等。优先支持先进制造等新兴产业发展和传统产业升级改造，对社会前景好、暂时有困难的企业不断贷、不抽贷，对破产重组企业提供必要的资金支持。为提高中小企业的竞争力，我区有必要制定若干促进中小企业发展的税收政策，尤其是目前中小企业经济低速，企业更需金融扶持。建议自治区根据银监局政策加大对辖区银行实行“循环贷”，即针对小微企业生产经营周期与银行贷款周期期限，完善小微企业续贷政策的实施。

(二)实现收费法制化

我区目前仍属于经济不够发达省区，自治区政府财力有限，税收总量无法满足财政支出需要，因而收取税外费是无法避免的。但是，这种收费应当制度化、规范化，不应成为个别部门谋求私利的行为。所有收费项目都应以自治区立法形式明文规定，明确收费义务，统一收费标准，加强监督力度。

三、积极支持企业抵制乱收费行为

(1)企业要做到依法经营，维护自身合法权益不受侵犯。要建立健全内部法制约束机制，明确监督机构，建立并严格执行各项制度。对来自各方面的乱收费、乱罚款、乱摊派款项，一律不得在企业成本中列支。建议：自治区减负办、纠风办对敢于揭发、投诉、制止的，要积极鼓励并给予表彰；对不报告、不制止，使国家和集体资产遭受损失的，要进行曝光，严重的要给予纪律处分，触犯刑律的要移交司法机关处理。

(2)切实加强监督检查。要建立对企业乱收费、乱罚款、乱摊派问题的举报制度,任何单位和个人都有权向审计机关或其他部门控告、检举、揭发乱摊派等行为。企业有权拒绝任何单位的摊派。禁止对抵制摊派的个人和企业打击报复,不得利用职权或业务上的便利给予抵制摊派的企业以歧视性待遇。建议自治区纪检等有关部门对企业和群众的举报应及时调查核实并认真处理,被调查的单位必须如实提供情况,不得刁难和阻挠。自治区减负办、纠风办应进一步加强监督检查,发现向企业乱收费、乱罚款、乱摊派行为,应当及时予以制止。

(3)充分发挥舆论监督作用,加大执法力度。治理向企业乱收费、乱罚款、乱摊派问题,必须有一定的声势和威慑力。

四、开展重点专项领域专项整治

建议自治区减负办、纠风办每年定期组织自治区减轻企业负担专项调查组,对重点行业和地、州、市(县)的企业进行实地调查。同时,建立减负工作开展情况的通报反映机制和信息平台网,不断总结经验,对典型案例进行曝光。同时进一步完善企业负担调查内容和网络建设,为各部门和地方减负机构做好支持服务。

(注:此课题因内容篇幅较长,本文已作精简处理。)

第三十六章

新疆工业质量品牌提升工程项目报告①

第一节　项目概况

本项目主要情况如表 36－1 所示。

表 36－1　2016 年工业质量品牌建设重点项目

项目	内容
项目名称	2016 年工业质量品牌建设重点项目
实施周期	2016 年 5 月—2016 年 11 月
项目单位	新疆咨询业联合会
项目负责人	沈柏亮
主要工作方向（可多选）	☑工业产品实物质量提升　□产业集群区域品牌建设 □先进质量管理方法推广　□工业企业品牌培育 □工业品牌宣传推广
项目必要性	以贯彻落实“中国制造 2025”为引领，新疆经济和信息化委员会制定“中国制造 2025 新疆行动方案”，方案明确提出以新能源、新材料、先进装备等 10 个制造领域作为此次行动方案的重点，以提高制造业创新能力，打造制造业发展新优势。提出要增强制造业创新实力，以加强质量品牌建设等为主要任务。 新疆装备制造行业是新疆工业支柱产业之一，在新疆国民经济发展中具有不可替代作用。近年来，新疆装备制造业重点三大特色领域，即电力电器、石化通用、农牧机械装备制造，面对国内外经济下行压力，主动适应新常态，促进行业质量和效益稳定增长，已经成为自治区装备制造业的重要发展支撑。但这三大特色装备制造企业的产品大多仍处中低端水平，关键技术对外依存度大，质量和可靠性竞争力较弱，质量管理水平不高，国内知名品牌少。此次申报工业产品实物质量提升，对如何提升这三大特色领域企业实现延长产业链和提升价值链，由规模速度型转向质量效益型的跨越，具有现实意义

① 2016 年国家工业和信息化部重点资助项目。

续表

项目	内容
可行性分析	(1)现状。新疆装备制造业重点三大特色领域——电力电器、石化通用、农牧机械装备制造，近几年来有了较大发展，5项主要经济指标均占行业70%左右，取得了可喜成绩。 (2)问题。与国内外先进同行业相比，自主创新能力弱，关键核心技术与高端装备配套能力差，创新体系不完善，产品档次不高，国内知名品牌少。 (3)解决办法。一要引导行业和企业推广与先进制造技术相适合的质量管理技术和方法。二要注重夯实质量管理基础，提升核心零部件生产。三要注重培养高素质的质量管理人才和领军人物。四要重视支持鼓励企业加大创知名品牌活动。五要组织有关专家帮助企业查找关键质量品牌存在的问题，并提供解决方案
主要目标	一是培育一批具有较高质量管理技术水平的企业；二是支持企业走出去开拓中亚地区市场；三是使大多数企业质量管理基础得到加强，产品合格率上一个新台阶；四是企业各层次质量管理人员能力得到提升，激发基层员工参与质量管理；五是组织各行业专家今年为20～30户企业开展共性质量问题攻关，并协助企业查找质量品牌中存在的不足；六是组织高校院所老师举办2～3期质量管理专题培训讲座，培养一批具有较高水平的质量管理骨干队伍和领军人才
项目内容	(1)贯彻自治区党委、自治区人民政府《关于大力推动非公有制经济加快发展的意见》精神，认真做好第一批新疆地方名优产品推荐目录，使一批名优产品进入各级机关、事业单位、行业系统和国有企业优先采购目录，鼓励企业创品牌。 (2)全面提高工业企业产品质量和质量管理水平。 (3)推进品牌建设，创造更多的地方和国家知名品牌。具体项目内容：根据《工信部2016年工业质量品牌建设工作的通知》要求，指导工业企业制定并实施品牌战略，培育一批有影响的企业提升质量管理体系，形成具有较高质量的管理队伍，系统推进品牌建设。 (4)督促更多企业注重夯实质量管理工艺，使产业技术基础得到提升。 (5)组织高校院所教师和行业协会专家为中小型企业和骨干企业做好咨询、培训，现场解决质量问题。 (6)建立健全公共服务体系，促进各行业产业链质量水平整体提升

续表

项目	内容
进度安排	(1)2016年5月至6月,组织自治区工业企业,宣贯《工业和信息化部办公厅关于做好2016年工业质量品牌工作的通知》(工信部科函〔2016〕104号)文件,布置自治区做好此项工作安排,适时发布自治区第一批地方名优产品推荐目录。 (2)2016年6月至8月,在工业企业中培育一批有影响力的骨干企业建立较高质量管理体系,系统推进品牌建设。 (3)2016年7月至10月,在装备制造业中三大特色领域安排特变电工、金风科技等企业做典型经验交流,通过树典型实现有更多企业注重夯实质量管理工艺和产业技术基础工作,使工业产品实物质量得到提升。 (4)组织高校院所、行业协会专家为中小型和骨干企业开办2～3期质量管理专题培训班,做好现场咨询服务;协助20～30户企业攻关和查找关键质量品牌存在的问题,并提供解决方案。 (5)2016年10月至11月,帮助有关行业和企业健全公共服务体系,促进各行业产业质量水平整体提升

第二节 “新疆工业质量品牌提升工程项目”① 工作总结报告

国家工业和信息化部科技司:

“新疆工业质量品牌提升工程项目”,在新疆维吾尔自治区经济和信息化委员会的大力支持下,项目承担单位——新疆咨询业联合会,严格按照国家工业和信息化部科技司批准下达“新疆工业质量品牌提升工程项目”(工科函〔2016〕365号)文件要求,全力以赴推进“新疆工业质量品牌提升工程项目”落地。为做好此项工程,8月初,新疆咨询业联合会成立了由新疆大学、新疆财经大学、新疆质量监督局、新疆科技厅、企业及咨询机构等负责人参加的新疆咨询业联合会为企业诊断(咨询)服务专家组。专家组先后对新疆的7个主要工业地、州、市,即乌鲁木齐、昌吉、石河子、伊犁州、哈密、阿克苏、巴州地区,共31家骨干企业开展工业质量品牌提升现场诊断服务,为企业培养品牌培育专业人员475名,为新疆下一步推进工业质量品牌提升,打下了良好的基础。

新疆咨询业联合会专家组坚持以贯彻《中国制造2025》精神为主线,按照新疆经济和信息化委员会(新经信发〔2016〕82号)文件要求,主要开展以下几项工作,

① 新疆工业质量品牌提升工程项目报告内容很多,本文已作删减处理。

现总结报告如下。

一、积极推广先进质量管理方法

(一)认真配合举办质量标杆学习交流活动

9月8日至9日,工信部、新疆经信委等在乌鲁木齐举办"工信部2016年第二期质量标准经验学习交流活动",来自全国各省市及新疆企业230名代表参加了此次学习交流活动。

开幕式上,自治区经济和信息化委员会副主任毕开春,中国质量协会副秘书长段一弘分别发表致辞。中国质量协会专家吴茂林就"新经济环境下的质量管理与质量竞争战略"发表演讲。福耀玻璃工业集团股份有限公司等6家标杆企业代表分享了实践经验。

9日上午,参会企业参观特变电工股份公司变压器厂并进行现场交流,让大家感受到了质量控制管理方法在提升企业绩效方面的显著成效。

(二)认真组织举办质量管理专题培训

9月26日、28日新疆咨询业联合会先后在库尔勒市、昌吉市组织开展两期"工业质量与品牌管理体系建设"培训班,邀请中质品牌推广中心王琳主任讲授"质量品牌管理基础与体系",来自天山南北各地、州、市经信委科技部门负责人和骨干企业负责人共234名同志参加了此次培训交流。会上,新疆巴州地区经信委党组成员、副主任明生、昌吉地区经信委党组成员、副主任陈义华分别致开幕词。培训班期间,代表们分别参观了新疆瑞源乳业有限公司、新疆笑厨食品有限公司、新疆新华能电器股份有限公司。通过培训推广先进质量管理方法,培养一批专业质量管理人才,为新疆工业企业开展质量品牌提升打下了一个良好基础。

二、认真做好为企业质量品牌现场诊断活动

针对新疆工业企业质量品牌竞争力弱、质量管理水平不高、品牌产品少等现状,新疆咨询业联合会专家组于8月至9月,根据31家骨干企业提出的要求,专家组进行现场诊断,帮助点对点查找管理中的质量品牌问题,并指导解决问题。与此同时,专家组还做了以下几方面工作:一是宣贯质量品牌体系理论与成功案例;二是协助企业总结质量管理已取得的经验,查找存在的关键质量品牌问题,并帮助提出改善方案;三是指导企业建立完善品牌培育管理体系,为企业下一步提升品牌建设和产品升级起到了积极推动作用。

三、大力组织开展工业企业品牌建设

（一）认真开展建立完善品牌管理体系示范试点工作

新疆咨询业联合会专家组在近两个月为企业现场诊断服务的基础上，将重点涉及新疆先进装备、新材料、新能源等制造领域具有竞争力的21家企业，列为重点建立完善培育管理体系示范试点单位。10月至11月，专家组先后帮助这些企业建立完善品牌管理体系，实现了凝聚新功能、加快转型升级、促进建品牌和“互联网＋制造”的跨越式发展之路。目前，这部分企业已经成为“新疆工业质量品牌管理体系建设示范样板企业”，为新疆各地、州、市下一步推进工业质量完善品牌管理体系起到了典型示范作用。

（二）以培训为引导，促进产业区域品牌建设试点工作

为加快发展巴州焉耆盆地葡萄酒产业，促进巴州葡萄酒产业区域品牌建设试点，新疆咨询业联合会在新疆经信委的大力支持下，于11月下旬组织了巴州葡萄酒产业集群品牌体系建设培训班，并邀请国家工信部科技司杨帆博士专程来巴州库尔勒市主讲“产业集群区域品牌建设”讲座。培训期间，巴州经信委副主任张宇与企业专家交流互动。通过研讨，37家葡萄酒生产企业53名代表认识到产业集群是提高企业经济效益和创品牌的成功之路，本次培训增强了政府和企业合力开展产业集群区域品牌建设试点工作的积极性和紧迫感。培训会后，杨帆博士和专家组成员及巴州经信委领导赴焉耆、和静、和硕三个主要加工葡萄酒的县走访，分别到7个主要生产企业调研与交流。专家组在调研的基础上，配合新疆咨询业联合会撰写《巴州葡萄酒产业集群建设现状及提升建议》，供有关部门决策时参考。

四、广泛宣贯《促进装备制造业质量品牌提升专项行动指南》

新疆咨询业联合会采取了以下方式：一是利用赴各地、州、市办培训班之机，在培训教材中加入《促进装备制造业质量品牌提升专项行动指南》《中国制造2025》《中国制造2025新疆行动方案》等文件。为帮助企业提高对质量管理的认识，新疆咨询业联合会专家组编写《大力推进新疆工业质量与品牌建设》宣传及课题大纲内容。二是利用赴各地、州、市与企业交流时积极宣贯《促进装备制造业质量品牌提升专项行动指南》。通过以上做法提高了各级干部和企业掌握文件精神和要求的自觉性，增强了推进新型工业化的信心和责任感，促进了新疆制造业提质增效和转型升级工作。以上各项工作的开展，促使许多地、州、市工业企业提升质量品牌意识，创新管理模式和手段，完善质量品牌管理体系，促进企业经济效益提升。新疆咨询业联合会也得到了有关地、州、市主管部门和企业的好评。

五、今后工作

(1)进一步落实“新疆工业质量品牌提升工程项目”主要内容，做好宣贯《促进装备制造业质量提升专项行动指南》工作，促进新疆工业企业提质增效和转型升级工作。

(2)继续做好对已开展31家企业完善品牌培育管理体系建设的推进工作，协助巴州经信委做好巴州葡萄酒产业集群区域品牌建设试点后续工作。

(3)协助新疆经信委做好对工业质量与品牌管理体系建设示范企业试点工作，推进新疆工业企业长足发展。

六、存在不足

由于项目实施时间紧，加之新疆区域辽阔，交通线长，新疆咨询业联合会水平有限，还有许多工作须进一步改进提高，请贵司给予指导，以便今后更好地工作。

以上各项工作开展，均按照原项目申请书主要目标、项目内容及进度安排实施，其经费使用，坚持多办事少开支的原则，严格按照项目250 000元预算作支出，现实际项目开支252 293.73元，请贵司审核。

附：1.新疆工业质量品牌提升工程项目资金使用清单。

2.帮助有关行业和企业提升品牌质量解决方案。

新疆咨询业联合会

2016年12月12日

第三节　“新疆工业质量品牌提升工程”项目验收意见

自治区经信委组织专家验收组于2016年12月20日在经信委召开“新疆工业质量品牌提升工程项目”验收会，验收组听取了承担单位——新疆咨询业联合会项目工作汇报，审查了有关资料，经过讨论形成如下验收意见：

第一，项目提供的验收材料文件、资料等齐全、完整、可信，符合验收要求。

第二，该项目自2016年7月筹备立项，至今已近半年，在自治区经信委科装处的大力支持下，项目承担单位——新疆咨询业联合会全力以赴，按照项目要求，对主要内容及进度有序开展。

(1)推广先进质量管理方法。2016年9月，配合工信部科技司和自治区经信委组织开展的“工信部2016年第二期质量标杆经验学习交流活动”在乌鲁木齐昆仑宾馆召开，会议组织参观了特变电工股份公司变压器厂。9 月 26 日、28 日先后在库尔勒市、昌吉市组织两期“工业质量与品牌管理体系建设培训班”。11 月 26 日组织一期“巴州葡萄酒产业集群品牌体系建设培训班”。以上活动为我区培养了 280 余名质量管理专业人才，对促进我区工业企业质量品牌提升起到了积极推进作用。

(2)新疆咨询业联合会为做好此项工程项目，成立了为企业诊断(咨询)服务专家组，先后对新疆的 7 个主要工业地、州、市 31 家骨干工业企业开展质量品牌现场诊断活动，协助企业总结质量管理经验，查找关键质量品牌问题并提供改善方案，为企业提升品牌建设和转型升级起到了积极推动作用。

(3)企业诊断(咨询)服务专家组多次赴南北疆地区，指导帮助 21 家企业建立完善品牌培育管理体系，指导巴州葡萄酒产业开展区域品牌建设试点工作，为各地推进品牌培育管理体系建设起到了示范作用。

(4)在新疆工业企业中广泛宣贯《促进装备制造业质量品牌提升专项行动指南》《中国制造 2025 新疆行动方案》，为实施打好了坚实的基础，使一大批企业提高了对质量管理的认识，开拓了工作思路。新疆咨询业联合会为企业诊断(咨询)服务专家组编写《大力推进新疆工业质量与品牌建设》宣传及课题大纲，帮助企业提升质量管理理念和认识，推动新疆制造业提质增效和转型升级。

第三，根据财务决算报告，该项目总经费 25 万元由工信部全额拨付，现实际支出经费 252 293.72 元，经查经费使用合理，符合项目资金要求。

验收组认为：新疆咨询业联合会认真完成“新疆工业质量品牌提升工程项目”，工作踏实、主动、富有成效，为我区下一步开展质量品牌建设起到了积极的推动作用。新疆咨询联合会已完成和达到了“工信部科技司项目合同书”规定的各项任务要求，一致同意通过验收。

验收组组长：田新

新疆经济和信息化委员会

2016 年 12 月 20 日

第四部分

访谈录篇

第三十七章

新疆电视台主持人对沈柏亮的访谈录

采访对象：新疆财经大学客座教授、硕士生导师、MBA 学院学位论文答辩委员会主席，新疆咨询业联合会党支部书记、常务副会长兼秘书长沈柏亮。

主持人：新疆电视台主持人袁子。

时间：2017 年 6 月 18 日。

【主持人】您好，沈老师，首先请您给我们介绍一下，您当初是什么原因来到新疆的。

【沈柏亮】好的。我当初是响应党的号召来到新疆的，"好儿女志在四方"，"到祖国最需要的地方去"，那时是每一位青年学生心中最崇高的理想。

我出生在上海，在上海市读完小学、中学。我记得当时学校报名要去建设新疆的工业，得知这个消息后我非常激动，立即报了名，然后高兴地跑回家给父母说，我要去新疆，他们听说我要去那么远的地方工作，坚决反对，不想让我去。1966 年，当时那个年代，很多人想去大城市工作，尤其到像上海这样的城市工作是一件很难的事情。那年，我父亲单位同意我去他们那里上班，所以我的父母想让我留在上海。最后，在我的坚持下，我毅然而然地选择来到新疆，为新疆建设贡献我的一份力量。

【主持人】那你们是报了名后，直接就来到新疆吗？

【沈柏亮】不是，我们报了名的学生在上海机械工业局下属上海革新电机厂等 7 个企业实习培训之后，再来新疆机械工业局（就是现在的新疆机械电子工业厅）报到，分配到下属企业工作。

【主持人】那是你第一次去那么远的地方吧？当时的心情您还记得吗？

【沈柏亮】嗯，那是我第一次去那么远的地方，也是去的时间最久地方，一来就是50多年。当时的心情永远也忘不了,那是1967年5月5日,我和这批同事一样满怀着青春的豪情壮志和对遥远边疆的好奇与幻想乘上开往乌鲁木齐的火车,当时大家在车厢内唱起歌曲《送你一束沙枣花》,那种激情,至今难忘。5月8日,火车到达乌鲁木齐,我分配在新疆第二汽车配件厂(现在的新疆汽车厂)工作。

【主持人】大家都知道新疆是1949年和平解放的,1955年10月1日成立自治区。沈老师您刚才说您是1967年来到新疆,也就是说新疆自治区成立12年后您来到新疆,当时新疆的工业发展还是非常需要像您这样学工业的年轻人。

【沈柏亮】是的,新疆非常需要具有工业专业知识的人才,那时新疆的工业还是比较薄弱的,能生产的工业产品特别少,像汽车零部件的加工,本地能生产的很少,多半都靠内省产品运到新疆来的。

【主持人】嗯,能感受得到新疆的工业建设中有你们辛勤付出的汗水,您到工厂后,主要在哪些部门工作?您对在该厂工作留下了哪些印象?

【沈柏亮】到厂后,我先在配件车间、机修车间技术革新小组工作,在王万更、严美川等师傅的带领下,从事制作配件和气缸体、曲轴流水线设备加工和装配工作,这一期间,师傅们的高超技术和细心传教,让我从中学到了许多专业知识。

【主持人】那您一直是在这两个部门工作吗?

【沈柏亮】1970年,我在厂工人宣传队时,领导安排我去新疆联合收割机子女中学,在那里我工作了两年,任初三两个班的语文老师,兼一个班的班主任,在校时除了教好学生外,我最喜欢的就是学习毛主席著作,后来被学校评为"学习毛选积极分子"。

离开学校后,回到工厂,就在机动科负责设备资料,后来负责对外协作加工。1978年到厂质量检查科任成品检验站站长,后任检验大组长,到1986年3月,这8年工作经历对我来说印象特别深刻。时任检查科长饶群章同志是印尼华侨,回国后在我厂工作,饶科长为人很好,工作很敬业,还有张立生技术员专业知识强,工作认真,他们对我的工作给予了很大的帮助和支持,增强了我对做好大组内27个同志的管理工作的信心。在全体同志的共同努力下,我所负责的检验大组连续五年获得厂"先进集体"。在厂期间,我也连续多年获得"先进工作者""党的优秀宣传员""工会积极分子"等荣誉。

虽然当时的新疆生活条件比较艰苦,但厂里的领导还是想办法,帮助职工改善生活条件。尤其是一些老师傅对我们这批上海来的单身青年非常关心,星期天他们都会叫我们去他们家做客,吃上一顿好饭。我在新疆汽车厂工作18年,是新汽培养了我,是新汽锻炼了我,为我后期的发展奠定了扎实的基础,我永远不会忘记在新汽工作过的这段岁月，永远不会忘记各位师傅和同事们的关心和帮助。这 18 年的生活和工作经历，在我心中一直是鲜红的。

20 世纪 70 年代末，全国恢复高考，当时我做梦也想上大学，但那时我已工作并有了孩子，后来我终于有了上北京大学函授分校的机会，我努力地学习并获得证书。

【主持人】 沈老师，在您的简历中，我看到您长期在新疆机械电子工业厅工作，您是怎样调入政府机关的？在那的工作中又有哪些经历是您最感兴趣的？

【沈柏亮】 1986 年 3 月，为适应行业快速发展，新疆机械电子工业厅决定要创办《新疆机械电子》杂志，在厅领导召开企业宣传工作会议上，厅领导对办好这个杂志提出要求之后，要求参会同志出主意，尽快将杂志办起来。会上，我结合多年来在新疆汽车厂主编《质量报》的体会和参会的同志一样说了自己的想法。会后，我很幸运，厅里以借调的方式让我踏进了《新疆机械电子》编辑部，从此，我就进入了新疆机械电子工业厅，并深深地爱上了这份杂志。

因杂志编辑室刚成立，许多工作要从头做起，例如要跑资金、跑编制、找印刷厂、办杂志刊号等。在厅里主要领导李范林、聂伦伍书记、莫罕买提·马木提厅长等的大力支持和各处室的帮助下，我跟着厅办公室张永乐同事，边干边学。3 个月后，杂志出版了，一切工作走上了正轨。我也被正式调入机关，当我拿到正式调令去新疆汽车厂办理离厂手续时，我非常激动，从此我的人生轨迹改变了。我默默下定决心，要以敬业的工作态度，不辜负厅领导和同事们的信任，把各项工作做好。

1986 年下半年，新疆机械电子工业厅领导班子作了调整，同时厅党组决定召开“新疆机械电子工业 2000 年发展战略认证会”，并向全行业发出“振兴新疆机械电子工业献计献策有奖征文”启事，一时全行业精神振奋。1987 年为推动行业大发展，时任厅党组书记聂伦伍、厅长莫罕买提·马木提、副厅长王士生、总工程师汪铁等厅领导分头带领调研组，日夜奔赴在行业各大中型企业，了解企业发展状况和行业发展规划。人的一生是会有不同机遇的，我的命运真好，此次有机会进入厅领导带队的调研组，跟着厅领导先后去了许多企业，了解到企业和行业一些情况，这次学习机会使我开始步入咨询行业发展、探索。“有奖征文”启事得到了区内外各方面专家、学者的大力支持，截稿时共收到稿件 56 篇，结合 1988 年 4 月在东风宾馆召开的新疆机电工业“2000 年发展战略规划论证会”会上，新疆体改委、经委、计委、社会科学院等多个综合部门专家的发言稿，我们在编辑部主任缪宏良的带领下，先后完成了新疆机械电子工业《发展战略与规划文集》《新疆机械工业 2000 年发展规划》《新疆电子工业 2000 年发展规划》单行本的编辑和发行工作。在工作中，我体会最深的是我们厅领导和机关各处室的领导和同事非常敬业和勤奋，尤其是朴实的工作作风，给我留下深刻的记忆，也是一直鼓舞鞭策我去努力工作的动力之源。在这段时期，我除了白天努力工作之外，还充分利用业余时间，分别在新疆职工大学、新疆大学上学读书，获得毕业证书。

【主持人】 据了解，您在1989年调到厅企管办，主要从事“企业升级”工作，对吗？

【沈柏亮】 1989年10月，根据厅里安排，我被调到厅企业管理办公室，主要负责行业企业管理和新疆机械电子工业企业管理协会秘书处日常管理工作。当时，新疆机械电子工业厅根据新疆经委的要求，在机电行业开展“抓管理、上等级、全面提高企业素质”(即企业升级)活动。我积极配合段尚洁主任和吴副主任起草机电行业各专业企业升级评价标准和考核办法，并有机会向厅综合计划处王淑春工程师请教，向她了解行业企业管理发展状况和行业进展情况，她严谨的工作态度，悉心指导、诲人不倦的高尚品格，深深地感染和激励我去研究、探索行业发展。我们在厅各处室的大力支持下，到年底先后完成了32个单项考核标准及实施细则。

【主持人】 沈老师，您作为新疆经委制订企业升级标准成员和《企业管理》丛书编委和责任编辑，这个标准对企业来说，能起到怎样的促进作用？

【沈柏亮】 首先，“企业升级”活动是新疆贯彻国务院《关于加强工业企业管理若干问题的决定》，提出“七五”期间，要把提高产品质量、降低物质消耗、增加经济效益、实现安全生产等作为考核工业企业管理水平的主要标志。当时，我作为新疆经济委员会《企业管理》丛书编委和责任编辑，主要是配合完成《企业升级资料汇编》《企业管理评价标准》《企业升级标准》一套三本书160万字的编辑、撰稿及审稿工作。为尽快推进此项工作开展，1992年至1993年，我应新疆经济委员会(简称新疆经委)邀请，先后为新疆经委、乌鲁木齐经委、兵团经委等6个厅局举办了8期《企业升级培训班》授课，我在授讲中主要采用理论与企业案例相结合的方式，得到了学员和主办单位的好评。

【主持人】 通过你们的努力，当时新疆工业企业有多少家获得了企业升级达标？

【沈柏亮】 新疆企业升级达标工作从1992年开始，截至1995年年底，新疆共有176家企业分别荣获“自治区一级企业”“自治区二级企业”“国家二级企业”称号。其中新疆机械电子工业行业中有16家企业先后获得“自治区一级企业”“自治区二级企业”称号，新疆综合电机厂荣获“国家二级企业”殊荣。“企业升级”活动有力地推动了新疆工业企业管理上水平，为后来企业大发展奠定了坚实的基础。

【主持人】 特变电工股份公司是新疆较早的上市公司，对此，新疆机电厅做了哪些促进工作？

【沈柏亮】 为使特变电工股份公司早日上市，新疆机械电子工业厅领导调动了一切积极因素，各处室也都为该公司上市做了大量前期工作。记得1996年，厅领导安排我和规划处赵生成处长、特变电工张新总经理前往国家机械工业部，拜访部里有关司局，汇报特变电工上市和110千伏变压器上马项目。后来工作出现困难，我们立即向当时正在北京参加会议的新疆机电工业厅党组书记王士生汇报情况，在王书记的带领下，我们又连夜到国家机械工业部包叙定部长家，向包部长汇报有关情况，请部里给予新疆支持。在机械工业部和国家相关部门的大力支持和关心下，1997年4月特变电工股份有限公司在上海证券所上市发行。特变电工股份有限公司上市，为新疆机电工业腾飞奠定了坚实基础。

【主持人】沈老师，您曾在南疆搞过社教工作，能谈谈当时的情况吗？

【沈柏亮】好。那是1991年10月至1992年5月，根据新疆维吾尔自治区党委开展"奔小康""农民致富"两个规划目标安排，新疆机械电子工业厅领导安排我和几名同志参加新疆维吾尔自治区党委组织的"第三期社教"工作团，工作团主要任务是帮助各地、州制定"奔小康"规划和"脱贫致富""二项工程"工作。我被分到克孜勒苏柯尔克孜自治州社教工作分团，兼任分团秘书长。克孜勒苏柯尔克孜自治州（以下简称克州）是全国贫困地区，当时生活条件较差，我们要开展此项工作难度较大。在团长的带领下，工作团全体同志克服种种困难，努力工作，各县市"二项工程"开始启动。经过三个月的工作，各地"二项工程"初稿形成，经我一个星期的整理和修改，克州"二项工程"初稿形成，经克州党委、政府专题论证之后，我又负责审稿，审后报新疆维吾尔自治区党委、人民政府。之后，经克州党委研究决定，由我带队组成工作（组）赴各县（市）宣传和布置"二项工程"，推进实施具体安排。在各县（市）领导的大力支持下，克州"二项工程"有序展开，得到了新疆维吾尔自治区党委的肯定。此次下南疆工作经历，让我感受最深的是，各民族的团结是取得安定致富的重要前提和保障。南疆地区相对较贫困，但确实很锻炼人。我通过自身的努力以及同事们的支持，工作取得了一些成绩。经自治区党委社教工作团推荐，我获得新疆维吾尔自治区党委授予的"第三期优秀社教干部"荣誉称号。

【主持人】沈老师，您1995年参加"新疆百家企业调研"活动，每天奔赴在各企业，当时这项工作是必须要做的吗？您自己有何感受？

【沈柏亮】那是1995年4月至5月，新疆维吾尔自治区党委为加快推进国有企业改革，通过改组，重点实现企业扭亏为盈，开展了"新疆百家企业调研"活动。此次调研，由新疆人民政府副主席张云川为团长，120名成员分成14个调研组，分赴新疆110家大中型企业。活动要求各工作组深入企业，了解经营状况，帮助企业解决困难，实现扭亏增盈。我被分到第四调研组，由新疆建材工业局刘副局长为组长，我和建材局齐处长为副组长，成员来自各厅局9位同志。我们组主要调研新疆八一钢铁厂、新疆水泥厂、乌鲁木齐石化总厂等9个大中型国有企业。此次调研工作，对我来说很新鲜，我有机会能接触除机电行业之外，钢铁冶炼、建材、石油石化、轻工、纺织、有色金属等行业，并有机会与各厅局同志一起为这些企业扭亏增盈作探讨，要为这些大企业解决困难，做经营管理咨询工作就有意义。通过三个月的工作，在大家齐心协力下，最后9家企业扭亏增盈措施总结报告由我负责定稿。说心里话，这一个星期修改很辛苦，但我最终赢得了企业和工作组的认可。这次调研活动提高了我对相关行业的经济分析能力，也对我后来承担新疆经济和信息化委员会带队调研及负责多项评审和课题研究报告工作有很大的帮助。

【主持人】沈老师，您在1994年至2000年工作中，帮助许多企业做管理咨询服务工作，有哪些体会呢？

【沈柏亮】嗯，这个时期，我在主管厅领导的支持下，先后组织新疆机械电子工业企业管理协会的专家和新疆财经学院教授先后赴新疆齿轮厂、新疆微型汽车厂、乌鲁木齐高频钢管厂、七一风机厂等30多家企业帮助起草“九五”发展规划、企业改制方案等，促进这部分企业经营管理水平有了较好的提高。

尤其是应特变电工股份公司董事长张新的邀请，为尽快提高企业管理水平，以便企业上市后能适应市场竞争的需要，我在1996年8月至12月，深入特变电工有关车间和班组，了解现场管理和定额管理情况，通过整改现场管理，推进该公司现场管理优化，针对粗放的定额管理中出现的问题，对每个产品定额做现场摸底，重新测算，帮助该企业起草了40多万字的公司内部管理考核标准，较好地促进了各项管理规范化、科学化，受到张新董事长的好评。

1997年10月，为进一步推动新疆机电行业深化改革和强化现场管理，根据厅领导安排，由我负责筹备在特变电工股份公司召开企业管理现场交流会。经过一段时间的筹备，新疆机械电子工业学特变管理交流大会如期召开，时任新疆机电工业厅党组副书记、厅长艾力更·依明巴海到会作重要讲话，他要求全行业通过学习特变，“外抓市场，内抓管理经验”，提高企业整体管理水平，适应市场竞争需要。新疆经济贸易委员会白志杰秘书长也带领有关工业厅局的同志参加此次交流大会。之后，新疆多个行业也多次组织企业亲临特变电工学习。这项工作的成功，让我体会最深的就是，只要我们脚踏实地工作，就一定能有收获，就会有成就感。

【主持人】新疆机械电子工业管理协会的成立，对推动行业管理进步有何意义？

【沈柏亮】1999年5月，随着国家机构变革，为适应新疆机电行业发展需要，新疆机械电子工业厅党组，决定对厅归口管理社团进行调整改组，并以原有的新疆机械电子工业企业管理协会为依托，由该协会一个口对厅，负责对各社团的工作进行组织、协调、服务，原新疆机械电子工业统计协会，新疆汽车工业联合会等9个协会(学会、研究会、联合会),作为新疆机械电子工业管理协会的分支机构。将这个决定报新疆民政厅,同月,新疆民政厅批文同意成立新疆机械电子工业管理协会,6月28日至29日,新疆机械电子工业管理协会成立暨第一届会员代表大会在乌鲁木齐市博格达宾馆召开。国家机械工业局党组成员、纪检书记、中国机械工业管理协会理事长孙祖梅等专程前来祝贺会议。新疆机械电子工业厅党组书记王士生、厅长艾力更·依明巴海到会讲话,副厅长王永吉代表筹备组做工作报告,筹备组成员沈柏亮做关于《新疆机械电子工业管理协会》章程的修改说明。大会选举艾力更·依明巴海为名誉理事长,王永吉为理事长,沈柏亮为秘书长。新成立的新疆机械电子工业管理协会负责对10个管理性社团的管理工作,改变了原10个协会分别在原厅各处室的管理体制,是标志着新疆机电行业管理进步的一项重要变革。为推动行业企业改制工作,厅领导积极发挥新疆机械电子工业管理协会的作用,在厅各处室的大力支持下和各分支机构秘书长的共同努力下,新疆机械电子工业管理协会的工作开展得有声有色,下属各分支(分会)机构结合自身的特点开展活动。例如,新疆机电工业财会学会、新疆汽车工业联合会定期组织会员单位开展论文征集评审和专题讲座活动,新疆机电工业统计协会、新疆机电工业企业管理协会组织企业搞管理知识竞赛和专业岗位培训等。新疆机械电子工业管理协会结合厅里中心工作,做到年初有工作安排、年度有工作总结,我作为专职秘书长要定期召开各分会的秘书长联席工作会议,并协调指导各个分会开展好工作。那段时间我工作信心很足,虽然工作忙些,但心里很踏实。

【主持人】新疆机械电子工业厅随着机构改革宣布撤销,成立新疆机械电子工业行业管理办公室,协会工作有何变化呢?

【沈柏亮】2000年8月4日,新疆人民政府进行机构改革,将新疆机械电子工业厅等5个工业厅局归新疆经济和贸易委员会管理,将原新疆机械电子工业厅撤销,成立新疆机械电子工业行业管理办公室。在2002年2月,召开新疆机械电子工业管理协会一届二次代表大会上,通过表决同意将新疆机械电子工业管理协会更名为新疆机械电子工业协会,大会选举张启曾为会长、王基友为常务副会长、沈柏亮为专职秘书长(后又兼行管处正处级调研员)。经新疆民政厅批复同意,新疆机械电子工业协会以新的面貌开展工作。

新疆机械电子工业协会(简称协会)在张启曾会长的带领下,紧紧围绕新疆机械电子工业行业管理办公室中心工作开展各项活动。那时候,协会的主要工作是推进行业企业改制和现代企业制度工作,同时落实中国机械工业联合会开展的"全国机械工业企业管理达标""企业管理进步示范企业"各项活动。

在张会长的支持下,我先后组织新疆机械电子工业协会管理咨询服务组,先后在乌鲁木齐、昌吉地区举办管理达标培训班,根据中国机械工业联合会达标内容和要求，结合新疆机电行业管理发展现状给学员辅导授课，会后又组织管理咨询现场服务组，赴企业提供专项帮助，通过宣传，我区机电行业企业厂长（经理）增强了管理意识，很快就有一批企业，如特变电工股份公司、东风新疆汽车有限公司、新疆新能源有限公司等企业获得“全国机械工业管理达标”荣誉，为使此项工作扎实开展，新疆机械电子工业协会还结合新疆机电工业企业管理“十五”发展规划，组织会员学习应对入世挑战，强化企业管理创新目标要求，开展专题研讨，进一步明确新疆机电工业面临的机遇与挑战，抢抓机遇，推进现代企业制度建立。截至 2006 年 7 月，新疆机械电子行业有 12 家企业获得“全国机械工业企业管理进步示范企业”荣誉。张新等 14 位厂长（经理）获得了“新疆机电工业优秀经营者”称号。

2001 年 11 月 16 日，新疆机械电子工业协会在张启曾会长、王基友副会长的大力支持下，组织行业内 10 家大中型企业的企业家，由我带队参加中国机械工业联合会组织的赴欧洲五国考察团，考察团先后到荷兰、比利时、法国、德国、卢森堡五国的四家先进企业考察。此次考察对我来讲，是终身受益的。我看到了多年向往的欧洲，并亲身见证了欧洲工业文明的辉煌。我有幸担任了此次出国团的秘书长，除管理好日常安排，每到一地，我都认真做好记录，所到之处都有我要学习的东西。尤其是欧洲四家企业管理现代化程度之高，他们经营管理模式很值得我们学习。回国后，我代表考察团起草了《赴欧洲五国考察学习汇报材料》，作为代表团向中国机械工业联合会的汇报材料。这份汇报材料，也是每个代表回到各省（市）的统一汇报材料。回新疆后，我专程向时任新疆维吾尔自治区政府副主席艾力更·依明巴海做了专题汇报。后根据协会领导安排，我又在新疆机械电子工业协会代表大会上做了专题报告，报告之后行业内企业反响很大。

【主持人】沈老师，什么叫“3C 认证”？你们怎样帮助行业企业推进“3C 认证”工作？

【沈柏亮】“3C 认证”全称为“中国强制性产品认证”，是 2001 年 12 月国家为保护消费者人身安全、保护国家安全，加强产品质量管理，依照法规实施的一种产品合格评定制度，以下简称“3C 认证”。为推进“3C 认证”在新疆机电行业实施，在机电行办张启曾主任的支持下，针对新疆机电行业电控设备制造企业规模较小、专业技术人员少、管理粗放等困难，我先后组织电控设备生产企业的专家，按照“3C 认证”的具体要求，起草了《新疆电控设备制造行业 3C 认证程序文件》《3C 强制认证质量手册》共约 6 万字，作为指导该行业开展此项工作的统一版本，帮助企业尽快掌握“3C 认证”，并按要求组织开展认证前的资料和现场整顿工作。为推进这项工作，协会又先后举办两期“3C 认证”专题培训班，由我和专家作专题辅导讲座，并组织专家为南北疆企业提供咨询服务，通过一年的努力，新疆机电行业 60 多家电控生产企业获得了“3C 认证”和 ISO9001 质量体系认证证书，企业步入了正常经营活动。

2002年初，针对外地电气开关板生产企业纷纷入疆，以低价抢占市场，影响了本地企业积极性的局面，在新疆经济和贸易委员会的大力支持下，自治区成立了由新疆机电行办、新疆质量监督局、新疆电力公司、新疆建设厅组成的新疆高低压电气开关板行业整顿和强制达标办公室，时任新疆机电行办副主任王基友任整顿领导小组组长，我兼办公室主任。协会先后召开整顿规范专题大会3次，在此基础上，由我组织带队，邀请工商、质监局等单位参加整顿小组，深入南北疆各地进行专项检查，对不合格的企业限期整顿，较好地促进了市场规范发展。针对开关板行业企业反映的市场招标中存在的弊病，为帮助行业中优良的企业能中标，协会还专门组织新疆各招标公司联手为行业企业召开联谊会，使一大批开关板企业拿到了订单，取得了较好的经营业绩，许多企业职工有了保障，安心工作。此项工作的推进，受到了新疆经济和信息化委员会、新疆机械电子工业行业管理办公室的好评。

由于工作成绩突出，2004年4月，在中国机械工业联合会代表大会上，新疆机械电子工业协会荣获“2000—2003年全国机械工业先进协会”荣誉，我也获得“2000—2003年全国机械工业优秀协会工作者”称号。

【主持人】沈老师，新疆机械电子工业协会在推进东联西出招商引资工作中做了大量工作，您作为两次赴吉国参展会秘书长，给我们谈些体会吧。

【沈柏亮】为贯彻新疆人民政府“东联西出招商引资”工作要求，新疆经济和信息化委员会于2005年和2007年8月两次组织新疆企业和邀请浙江、江苏、广东等多地企业参加在吉尔吉斯斯坦国举办的“2005比什凯克中国（新疆）机电建材产品展览会”“2007丝绸之路比什凯克中国商品展览会”，这两次展览会新疆机械电子工业协会都作为协办单位。我作为两次展览会的秘书长，主要工作是做好展览会前期的联络和展会期间贵宾接待等协调工作。两次参展报名包括内地及新疆企业共计178家。“2005比什凯克中国（新疆）机电建材产品展览会”开幕式上，我国驻吉国大使张延年和经济参赞刘传武到会祝贺，吉国多位部长，独联体和中亚各国的领导非常重视，参会并现场观看展览，张延年大使对此次展览给予高度评价。“2007丝绸之路比什凯克中国商品展览会”是新疆人民政府与中国贸易促进会主办的展览会，来的企业多一些。开幕式当天，我国驻吉国刘大使到会祝贺，吉国和独联体及中亚多国部长到会并参观展览。这两次展览会共成交6500多万美元，签约合同56项，总金额17 000万美元。两次展览为我国和新疆企业“东联西出”“招商引资”开拓中亚市场奠定了良好基础。

两次展览会期间，我虽然很累，但看到企业有较大收获，心里十分高兴。通过参加在吉国的两次展览，我对该国经济、人文有了一定了解。我先后撰写两次参展团总结报告，并建议下一步向中亚出口主导产品和向西开拓工作要点，上报新疆经济和信息委员会供领导决策参考。

这些年来,新疆机械电子工业协会在新疆机械电子工业行业管理办公室各处室的关心支持下,始终坚持以"服务行业"为中心工作,"一切为企业服务"为出发点,协会工作扎实推进,受到了有关方面的肯定。

2005 年,在新疆社会科学界联合会上,新疆机械电子工业协会获得"新疆先进学术团体"称号;2006 年,新疆机械电子工业协会又在新疆民政厅大会上荣获"新疆先进社会团体"荣誉,我也被评为"自治区级先进协会工作者"。

【主持人】沈老师,您从 1995 年起担任新疆大学经管系兼职教授,沈阳工业大学新疆分校教师,至今仍在新疆财经大学兼任客座教授、硕士生导师、MBA 学院硕士学位论文答辩委员会主席等职,您对大学工作有何感想?

【沈柏亮】嗯,我很幸运从 1995 年起,应邀兼任新疆大学经管系教授;2000 年至 2003 年,又在沈阳工业大学新疆分校兼教;2005 年至今在新疆财经大学担任客座教授、硕士生导师、MBA 学院硕士学位论文答辩委员会主席。20 多年来,我在大学的主要工作是承担一部分授课和做专题讲座。我现在主要是在新疆财经大学 MBA 学院负责带硕士研究生并主持新疆财经大学 MBA 学院硕士学位论文答辩工作。这 20 多年,我有机会在多所大学和有学问的老师一起学习和工作非常荣幸,尤其是老师们的学识之渊博、专业理论功底之扎实,以及他们谦虚、谨慎的敬业精神,都很值得我学习。说心里话,我年轻的时候想圆大学梦,20 世纪 80 年代实现了,90 年代我又有机会融入大学校园,从事兼教,我是幸运的,我有机会静下心来做些大学学术研究工作,真的很幸福。

【主持人】沈老师,您是新疆咨询业联合筹备组组长,后又长期在联合会担任党支部书记、常务副会长兼秘书长,法人代表等。您给我们介绍一下该联合会的筹建情况,以及这十年所做的主要工作和取得的成绩吧。

【沈柏亮】2006 年 3 月,根据新疆经济和信息化委员会职能发展的需要,委里领导研究要组建新疆咨询机构,统一做好为新疆企业深化改革和推行企业现代制度服务。那年,委领导安排我来负责咨询机构筹建工作,当时,我还兼任新疆企业联合会咨询委员会主任,这是个有利条件。根据委领导要求,我先后拜访新疆企业家协会、兵团企业联合会、新疆企业管理协会领导,征求组建新疆咨询业联合会相关事宜,后经这三个单位支持,联合会筹备组很快就成立了。在大家共同努力,将组建成立联合会的意见上报新疆经济和信息化委员会,经委领导研究,批文同意成立新疆咨询业联合会,报新疆民政厅批准。2006 年 8 月 1 日,新疆咨询业联合会第一届会员代表大会在乌鲁木齐市徕远宾馆召开,中国企业联合会管理咨询委员会赵天乐秘书长专程前来祝贺,新疆经济和信息化委员会副秘书长、协会办主任楼亚平宣读新疆维吾尔自治区副主席艾力更·依明巴海发来的贺电,新疆经济和信息化委员会党组成员、副主任王晓宁到会，主持揭牌仪式，并代表新疆人民政府主席助理、新疆经济和信息化委员会党组书记、主任王永明讲话。大会选举王永明为名誉会长，马洁为会长，我为常务副会长兼秘书长、法人代表，并由我全面负责联合会工作。当时，我还兼任着新疆机械电子工业协会专职秘书长工作，直到2007年8月在新疆机械电子工业协会第二届代表大会上，我向代表大会说明我已在新疆咨询业联合会任职，请求辞去新疆机械电子工业协会专职秘书长。从此，我就一心扑在新疆咨询业联合会工作上。

回想起近10多年来，新疆咨询业联合会(以下简称联合会)开展的工作，主要有以下几项。

(1)新疆咨询业联合会是新疆经济和信息化委员会直管协会，其主要工作是要配合委中心工作，开展联合会各项活动，同时要组织会员单位开展管理现代化推进工作和为企业做好各项咨询服务工作。从2006年9月，联合会受新疆经济和信息化委员会委托，由我带队先后赴乌鲁木齐、昌吉、克拉玛依、伊犁等地20多家自治区重点企业了解企业经营管理现状和“十一五”发展战略规划及实施情况，通过调研，帮助许多企业总结成功经验和改革中遇到的突出问题，协助企业做好服务，并及时向有关部门反映情况。我们在搞好调研的同时，为各地、经信委举办了三期专题讲座，听课人员600多人，并帮助10多个企业起草深化企业改革和配合修订“十一五”发展规划。

(2)2006年至2013年，联合会受新疆经济和信息化委员会委托，配合委科装处组织有关行业专家对企业申报新疆重点技术创新项目及自治区产学研项目，严格认真做好评审，坚持以“公开、公正、公平”的原则，先后将500多家企业评审推荐意见上报新疆经信委。

(3)2006年至2013年，联合会受新疆经济和信息化委员会的委托，先后配合委科装处，由我带队对已获自治区级企业技术中心164家单位进行复查，并对企业申报自治区级企业技术中心进行现场审核。赴企业帮助做好数据复查和确认，并指导企业技术中心的建设。在此基础上，我们编制完成了164家自治区级企业技术中心评价指标体系汇总表，历年企业技术中心现场复查评价意见，上报新疆经济和信息化委员会确认。

几年来，联合会受新疆经济和信息化委员会委托，先后配合委科装处，由我负责带队对企业申报2006年至2013年新疆维吾尔自治区级企业技术中心160多家进行现场审核。审核组深入南北疆(含兵团企业)企业，克服种种困难，严格按照文件要求做好企业各项评审，在全组同志的辛勤工作下，较好地完成了审核和推荐上报工作，多次受到企业、地州和新疆经济和信息化委员会的肯定。

(4)2012年7月至8月，受新疆经济和信息化委员会委托，我有幸参加了新疆科技兴新实施考评委员会，由新疆人大常委会副主任杜秦瑞任考评委员会主任，时任新疆人民政府副主席靳诺为副主任，先后到申报自治区级科技兴新 14 个厅、局(办)作实地评审。按照两位主任的要求，由我起草拿出 5 个单位的评审意见，后经考评委同意，向被评审单位宣布评审结果。在主持评审和审阅评语时，我见证了两位自治区领导严谨工作作风，很值得我们学习。

(5)联合会发挥专家集聚的优势，先后完成新疆及国家级的多项课题研究项目。

①2006 年 6 月至 2009 年，咨询业联合会先后与新疆财经大学、新疆人事厅、新疆商务厅等单位共同承担"新疆农牧区生态环境保护与新农村建设"国家社会科学基金项目，"新疆未来十年人才发展战略与对策研究""乌鲁木齐国家高新技术开发"新疆重点科技攻关重点项目。根据 3 个课题要求，联合会与有关部门专家先后深入基层专题调查、研究、分析，在此基础上，提出若干可操作的对策，这 3 个课题都顺利通过验收。

②2009 年 11 月，联合会应哈密地区经济和信息化委员会邀请，先后组织新疆财经大学、新疆机电子工业行业管理办公室、新疆煤炭工业局部门主管领导和专家对哈密地区制造业发展和"十二五"地区发展做专题调研，我深入各县、市及经济开发区了解情况，在此基础上完成《新疆哈密地区制造业发展十二五规划研究》，受到地委、行署的肯定和好评。

③2014 年至 2016 年，联合会先后承担了多项专题发展报告研究工作。2014 年联合会配合新疆社会科学院组织"新疆企业发展报告(年度)"重大科研项目，我撰稿完成《新疆工业企业管理分析报告》。2015 年联合会承担了新疆社会科学界联合会重点资助研究课题"新疆减轻企业负担问题研究"，针对新疆企业负担过重问题，我带领调研组深入企业专题调研，并组织新疆财经大学、新疆大学等有关专家进行分析，较好地完成了课题研究，此报告后被中国机电杂志刊登。2016 年，经新疆经济和信息化委员会推荐，联合会承担国家工业和信息化部重点课题资助项目"新疆工业质量品牌提升工程"，我先后三次带队赴南北疆召开专题会，对 32 家大中型企业进行宣贯质量品牌、《中国制造 2025 新疆行动方案》精神，并在各地主管部门的支持下，大力推进新疆工业质量与品牌建设，推广先进质量管理方法，指导 22 家先进企业建立完善品牌培育管理体系，并通过管理咨询指导新疆巴州葡萄酒产业集群开展区域品牌建设试点工作。由于联合会工作扎实，提升工程措施有力，得到了新疆经济和信息化委员会和国家工业和信息化部的肯定。

④承担完成新疆经济和信息化委员会课题研究，为委领导科学决策提供参考。

多年来，联合会紧紧围绕新疆经济和信息化委员会中心工作，结合联合会每年的工作安排，有针对性地开展课题研究，并获得新疆经济和信息化委员会系统课题研究多项优秀成果。按照时间顺序，主要有以下课题：

A. 新疆工业企业管理分析报告。

B. 新疆维吾尔自治区企业技术中心建设分析报告。

C. 新疆中小微企业负担问题调查分析。

D. 2011 年新疆产业转移系列对接活动签约项目调研汇报。

E. 新疆北疆地区中小企业资金短缺及融资难现场调研分析。

F. 中小微企业期盼发展的春天。

G. 新疆减轻企业负担研究。

(6)根据中国企业联合会《关于做好 2006 年度管理咨询师职业水平考试考务工作的通知》和国家人事部《关于 2006 年度管理咨询师职业水平考试有关问题的通知》精神，联合会认真负责做好全国管理咨询师职业水平考试辅导工作。近 10 年来，新疆地区 450 人报名参加考试，联合会作为国家批准的“全国管理咨询师职业水平考试地方管理机构”，又是新疆管理职业水平考试领导小组成员单位，我还兼任该领导小组组长，联合会秘书处是该项工作设立的管理办公室负责部门。为组织好新疆考生考前培训，我和马会长认真学习相关知识并按要求做好考前辅导授课，经我们双方的共同努力，新疆地区考生合格率较高，一大批考生获得了“全国管理咨询师职业水平”证书。联合会也多年荣获全国管理咨询师职业考试办公室颁发“全国管理咨询师考试先进单位”荣誉，我本人连续多年获得“全国管理咨询师考试工作先进工作者”，王翠芳同志连续多年获得“新疆职业考试先进工作者”荣誉。

(7)10 多年来，联合会还应新疆和田、阿克苏、伊犁、乌鲁木齐等地经济和信息化委员会和企业的邀请，先后免费为以上地区企业举办经营管理、技术创新、节能降耗、企业发展战略专题辅导班 68 期，参加学习的约 5600 人次，并完成企业申报专项资金项目和“十一、十二”发展规划及改制方案 108 项。面对企业和深化改革中遇到的难点，组织咨询队伍协助企业现场咨询解决问题，帮助新农开发股份有限公司等 46 家企业起草节能专项考核标准和企业发展战略。以上各项管理咨询服务活动，推进了各地企业管理水平上台阶，使一批企业获得新疆和国家级企业技术中心称号，还有一部分企业获得了新疆维吾尔自治区技术创新、新产品开发专项资金。

新疆咨询业联合会成立 10 多年来，紧紧围绕新疆经济和信息化委员会中心工作，积极开拓、创新、优质服务，赢得了有关方面好评，先后荣获“2014 年全国社科界先进协会”称号，并在 2015 年新疆社会科学界联合会秘书长工作会议和 2016 年新疆经济和信息化委员会行业协会工作会议上做经验介绍。总之，联合会获得了一定成绩，有机会能为新疆各部门及各地、州的企业服务，首先，我要代表联合会衷心感谢新疆经济和信息化委员会主要领导王永明主任、胡开江主任、贺晓江秘书长等委领导和委各处室给予的关心、帮助和大力支持，以及全体会员单位和全体工作人员的鼎力相助和积极配合。如果没有以上的关心和大力支持，新疆咨询业联合会也没有今天的成绩。

【主持人】 您对新疆管理咨询行业现状有何评价？对进一步发展有何见解？

【沈柏亮】 好的。

一、现状

随着改革的深入，新疆经济快速发展，市场竞争日趋激烈，新疆企业的管理咨询需求也逐年增长，管理咨询内容不断深化，许多管理咨询机构相继成立并壮大，为企业开展多方位的咨询和服务，受到许多企业的好评。据不完全统计，10 多年来新疆管理咨询行业为企事业单位起草改制方案 1400 多项；为企业起草"十五至十三五"发展战略 168 个；开展多种形式专业培训，参加学习的达 118 000 人次；配合各行业加强和改善企业管理，协助企业招商引资和策划营销管理等项目 1316 个；咨询机构邀请国内外管理专家来疆做专题讲座 108 期；为企业起草申报"技术创新""节能降耗"等项目 142 项，争取到各级政府扶持资金 9800 万元。通过管理咨询服务，一大批企业先后获得新疆及有关部门奖励和荣誉称号，并为新疆企业培养了一大批管理人才。随着工业化进程推进，很多企业进入了大发展时期，新疆管理咨询业也有了较大的发展。截至 2016 年下半年，已在新疆工商管理局注册登记的管理咨询机构（企业管理咨询、财务审计咨询、法律咨询等专业）达 496 家，其中 2010 年下半年至 2016 下半年注册登记咨询机构就有 338 家，从机构组织形式来看，股份合作制 206 家，有限责任公司 290 家。有管理咨询从业人员15 441人，具有高级职称的人数为 272 人。管理咨询行业已成为推动新疆企业提高经营管理水平、促进经济发展的一支新生的社会力量。

二、存在问题

由于新疆管理咨询业发展历史短，又缺少行业主管部门统一的管理，目前存在着许多问题。

(1)新疆大多数管理咨询机构规模较小，经济实力较弱。在快速发展过程中，新疆管理咨询机构在咨询人员、注册资金、咨询收入上还存在着经营规模较小、经济实力弱等情况。如人数少，多数在 6～15 名；注册资本一般在 30 万～100 万元；年营业收入大多在 80 万～120 万元。

(2)新疆大多数管理咨询机构主要业务处于中低水平。大多数管理咨询的主要业务是财务审计、工程技术、专利咨询、法律咨询、企业管理咨询等。咨询课题基本处于中低水平，服务对象主体是广大的中、小、微企业。能做企业发展战略、集团风险管控、组织变革、绩效考核与评价等难度较大的咨询课题的还较少。

(3)新疆管理咨询从业人员素质仍然偏低。咨询机构中咨询人员大多缺乏企业基础实践的经验，实案分析功底较弱，专业水平还不高，真正符合咨询职业要求的咨询人员十分匮乏。

(4)新疆管理咨询机构发展不平衡。例如在人员素质方面，北疆地区尤其是乌鲁木齐市、昌吉州等地工业基础较好、经济增长较快地区，管理咨询机构及从业人员也较多，整体素质也较高。南疆地区和北疆部分经济发展相对滞后地区，咨询机构和从业人员较少，规模小。

(5)缺乏统一管理。由于没有政府主管部门，管理咨询行业的发展得不到行业组织的自律管理和政府部门权威性的指导及强有力的政策支持和扶持。

三、对进一步发展的对策建议

新疆管理咨询行业，经过30余载的成长历程，逐步从“政府角色”走到了“市场角色”，从感性分析走到了理性分析，从“点子公司”成长为今日的“智库”，逐步成为新疆企业在发展与竞争过程中必不可少的有力推手。然而，在得到社会各界认可的同时，管理咨询业自身仍然面临着较大的市场挑战与发展机遇。由于这些挑战与机遇，来自社会、行业内部和咨询机构内部，需要政府、行业组织、管理咨询机构与企业需求方的共同努力。

(一)政府要加大对管理咨询业的市场监管和扶持力度

结合“一带一路”国家政策推进，新疆迎来了一个大发展的大好机遇，企业发展必将需要管理咨询服务，管理咨询业作为经济发展的有力推手，在新疆中长期人才发展规划中扮演着重要角色，建议政府从以下两个方面入手。

1. 制定行业发展规划，规范管理咨询市场

建议：政府相关部门对新疆管理咨询行业按照地域分片管理原则，结合当地经济发展情况和企业改革需求，进行总体和局部的管理咨询发展规划，同时实施针对当地的管理咨询服务供需双方的战略发展步骤，以促进和规范当地管理咨询服务的市场交易。

2. 减轻行业税负，支持鼓励企业购买咨询服务

近年来政府一直出台中小企业范围内施行减轻税负的优惠政策，但没有颁布针对管理咨询行业的税负减免政策。

建议：政府在规范管理咨询市场的同时，出台相关减免税负政策，以鼓励支持企业购买咨询服务，达到提高企业生产运营效率和收益的目的。

(二)协会组织应加大对行业机构的引导和服务力度

1. 建立行业诚信体系，协助政府规范市场行为

行业组织应逐步建立星级行业诚信体系，通过该体系选拔星级行业示范机构，以其模范服务为参照模型，确定行业服务规范，以点带面，规范市场行为。

2. 鼓励机构创新与开发，加大对创新成果的宣传力度

行业组织应利用各种先进宣传媒体，对行业内进行创新与开发的机构组织进行鼓励。

(1)推进业务创新与研发，提升核心竞争力。

(2)实施差异化策略,避免恶性竞争。

随着新疆市场经济的不断发展,管理咨询业已经进入优胜劣汰的发展过程。在这样一个过程中,树立自身独特竞争优势的差异化策略已经成为管理咨询机构赢得市场竞争,取得市场份额的关键性策略,是各咨询机构采取的主要战略之一。

(三)企业应正确认识管理咨询,积极参与相关活动

随着新疆经济的跨越式发展和"一带一路"国家战略的推进,在自由竞争中,越来越多的新疆企业借助管理咨询机构的专业力量来解决发展过程中存在的问题。在企业实施管理现代化的过程中,会由于各种原因,如咨询市场不规范、咨询机构管理不严、机构与企业之间沟通误解等,导致企业对咨询活动服务质疑,这是可以理解的。

我想,新疆管理咨询行业是一个朝阳产业,在这个新的产业中咨询机构良莠不齐,对企业而言,能否选择优秀的管理机构作为服务提供商尤为重要。在此,我衷心祝愿新疆管理咨询工作者要再接再厉,以务实创新的工作态度为新疆长治久安做出新的贡献。

【主持人】2015 年 11 月 15 日,您在上海主持"上海市支边青年赴新疆机电行业建设 50 周年座谈会",参会代表同志很感动,您有何感悟?

【沈柏亮】2015 年 3 月,原上海支边青年赴新疆机电行业的同志,想于 2015 年 11 月在上海举行庆祝赴新疆机电行业 50 周年座谈会,并准备在上海成立此次会议的筹备组。我在 6 月向新疆经济和信息化委员会党组书记、主任胡开江,秘书长贺晓江汇报此情况,胡主任当场批文表示支持,同时要求原新疆机械电子工业厅(现新疆机械电子工业行业管理办公室)领导参会并给予经费的支持。胡主任要求我组织和筹备好此次座谈会。受胡主任委托,我与上海筹备组的成员柳新华、包聿民、刘广福、张一信、方晋元、周祝放取得了联系。在各企业联络员的大力支持下,各项筹备工作顺利推进。

2015 年 11 月 15 日,座谈会在上海市举行,当天一大早,当年上海支边来新疆机电行业的 260 多名退休回上海的老同志先后兴高采烈来到会场。我主持了此次大会,新疆经济和信息化委员会代表、新疆机械电子工业行业管理办公室党委成员、副主任王银歧致辞,上海企业联合会、上海企业家协会王秘书长,新疆碧水源股份公司杨董事长到会祝贺,会议在热烈欢快的音乐声中结束。参会全体同志深深感谢新疆经济和信息化委员会、新疆机械电子工业行业管理办公室对上海支边青年的关怀,表示感谢,并表示"新疆永远是我们留恋的家园,我们永远和新疆各族人民心连心"。

【主持人】沈老师,在新疆工作 50 多年来,由于您的努力,您也获得了许多荣

誉，我为您感到高兴。

【沈柏亮】说心里话，我在新疆工作了50多年，在各级领导和同事们的关心帮助下，我的工作有了些成绩，在此我要感谢引我走上职业之路的一双双温暖的手及社会上曾帮助过我的人；要感恩我永远的家园——新疆，她给我的每一段经历都是我宝贵的财富。在此，我也非常感谢新疆电视台主持人袁子专访！

附录

已编著、出版主要管理类著作目录

一、《企业经营与管理应用指南》，新疆《管理丛书》，1997年。

二、《企业基础管理应用指南》，新疆《管理丛书》，1999年。

三、《企业管理评价标准》（合著）作者为编委和责任编辑，新疆维吾尔自治区经济委员会，1990年。

四、《企业升级资料汇编》（合著）作者为编委和责任编辑，新疆维吾尔自治区经济委员会，1990年。

五、《企业升级标准》（合著）作者为编委和责任编辑，新疆维吾尔自治区经济委员会，1990年。

六、《简明公共关系学》，宋岭、沈柏亮编著，新疆大学出版社，1989年。

七、《企业管理诊断理论与方法》，新疆大学出版社，1993年。

八、《企业管理咨询与案例研究》，新疆大学出版社，1998年。

后记

管理咨询业作为高智力、知识密集型的高端服务业，在我国经济建设和社会发展中发挥着越来越重要的作用。作为一名高级管理咨询顾问，我的职责就是为进一步提高新疆工业企业管理现代化做好服务，帮助企业增强活力，不断改善内部管理，实现少投入多产出，增加经济效益。

年初，中国企业联合会管理咨询委员会赵天乐秘书长与我联系，说："全国搞管理咨询的新人多、经验少、咨询功底差、素质有待提高，你作为管理咨询委员会执行常务理事，一名资深咨询专家，多年主持新疆维吾尔自治区管理咨询工作，并多次在国内咨询大会上做过经验介绍，理论与实践经验丰富，很有见地，希望把你的文稿汇集起来出本书，留给各地同行学习借鉴。"他的支持唤醒了我编纂的激情，我静下心来，把自己从事管理咨询工作以来的一些已发表的文章、咨询案例成果及调研报告等汇集整理成《企业管理咨询理论与实践》这本书。

这本书是从 1986 年至 2017 年这 31 年间我写的近百篇文章中选出的一部分文章、专题管理咨询案例和研究及实践工作总结，它是继《企业管理诊断理论与方法》(1993 年 12 月由新疆大学出版社出版)和《企业管理咨询与案例研究》(1998 年 10 月由新疆大学出版社出版)之后，第三本出版的企业管理咨询专题的书籍。

此书分为四个部分：第一部分为企业管理咨询理论与咨询案例篇，第二部分为赴企业调查与研究篇，第三部分为专题研究与报告篇，第四部分为访谈录篇。这些年来，我们共同经历着新疆企业的大事小事。变幻多彩的现实生活和工作，给我驰骋想象和探索实践的空间，记录了这段时间学习工作实践过程中的一些照片，并真正地记录了我的工作点滴思绪、点滴感悟。

新疆是我的第二个故乡，自 1966 年 7 月，我由上海报名支援新疆工业建设至今，我就一直在这片美丽富饶的大地上工作、学习、生活。如果说上海是生育我的地方，那么，第二故乡新疆就是养育我的地方。现在笔耕多年的篇章，总算有了着落与结果，在此，我想谨以以上文字对以往给予我培养、关心和支持的领导和同志表示衷心感谢，他们是：王永明、胡开江、聂伦伍、莫罕买提·马木提、王士生、艾力更·依明巴海、张启曾、贺晓江、田治民、张惠恩、王永吉、汪铁、葛忠芳、刘继飞、刘振江、崔光莲、帕拉提·阿布都卡迪尔、王基友、楼亚平、赵生成、丁兴本、赵天乐、宋岭、马洁、杨新顺、龚海涛、郗健等，还有帮助过我的张家立、王银岐、段尚洁、邓克民、缪宏良、焦金平、王淑春、张永乐、郭强、郑培业、严美川、毛克寒、王万更、张立生、杨桂萍、刘锦升、齐天喜、王本富、杨建军、王建江、张哲文、梅树亚、秦云、金洪良、田长珍、金素娥、柳新华、包聿明、刘广福、张一信、方晋元、周祝放、凌晋武、吴建平、魏强、廖其华、李健、梁建平、穆印政、赵少辉、王翠芳、龙奕凡等。再次感谢我的领导，时任新疆维吾尔自治区政协副主席、自治区经济和信息化委员会党组书记、主任、新疆咨询业联合会名誉会长王永明先生。感谢新疆财经大学党委副书记、校长帕拉提·阿布都卡迪尔为本书作序。同时，向原新疆汽车厂（现东风新疆汽车有限公司）、原新疆机械电子工业厅（现新疆机械电子工业行业管理办公室）、新疆经济和信息化委员会、新疆大学、新疆财经大学、新疆社科联等单位的领导、同事、朋友们致以谢意！向新疆咨询业联合会全体同志对我的支持和帮助致以谢意！

本书得以问世，要感谢西安交通大学出版社张伟社长、魏照民主任、袁娟编辑付出的辛苦劳动；感谢我指导的硕士研究生李桂龙帮我做了大量的整理录入工作；感谢新疆电视台的主持人袁子对我的专访，让我从与读者的交流转换到与观众的交流；感谢我多年的好友——新疆社会科学院葛志新副院长，给了我很多良好的建议和热情的鼓励。

还要特别感谢我的夫人葛凤珍，是她多年来承担了全部家务，使我能一心一意地学习、工作。衷心希望本书能得到广大读者的喜爱！

一个人的一生总有一个美好祝愿，我的心愿是：祝新疆各族人民和谐、富裕、团结、幸福！祝我们伟大的祖国繁荣昌盛！

沈柏亮

2019 年 3 月 18 日